2011 年度国家社会科学基金项目"大福利视阈下的我国社会福利体系整合问题研究"（批准号：11BSH064）

云南省哲学社会科学成果文库

# 大福利视阈下的
# 中国社会福利体系整合研究

毕天云 \ 著

中国社会科学出版社

图书在版编目（CIP）数据

大福利视阈下的中国社会福利体系整合研究／毕天云著. —北京：中国社会科学出版社，
2016. 11

（云南省哲学社会科学成果文库）
ISBN 978-7-5161-9372-3

Ⅰ.①大… Ⅱ.①毕… Ⅲ.①社会福利—研究—中国 Ⅳ.①D632.1

中国版本图书馆 CIP 数据核字（2016）第 280308 号

| | | |
|---|---|---|
| 出 版 人 | 赵剑英 | |
| 责任编辑 | 孙 萍 | |
| 责任校对 | 胡新芳 | |
| 责任印制 | 王 超 | |

| | | |
|---|---|---|
| 出 版 | 中国社会科学出版社 | |
| 社 址 | 北京鼓楼西大街甲 158 号 | |
| 邮 编 | 100720 | |
| 网 址 | http://www.csspw.cn | |
| 发 行 部 | 010-84083685 | |
| 门 市 部 | 010-84029450 | |
| 经 销 | 新华书店及其他书店 | |

| | |
|---|---|
| 印刷装订 | 三河市君旺印务有限公司 |
| 版 次 | 2016 年 11 月第 1 版 |
| 印 次 | 2016 年 11 月第 1 次印刷 |

| | |
|---|---|
| 开 本 | 710×1000 1/16 |
| 印 张 | 16.75 |
| 插 页 | 2 |
| 字 数 | 265 千字 |
| 定 价 | 65.00 元 |

# 目　录

# 导　论

自改革开放以来特别是 21 世纪以来，我国社会福利体系在适应社会主义市场经济和保障改善民生的过程中不断健全和完善，基本建成了覆盖城乡居民基本福利需求的普遍型社会福利体系。但是，在扩大社会福利覆盖面和普遍性的同时，也产生了制度分设、城乡分割、管理分离、信息分散等"碎片化"现象，严重影响社会福利的公平性、适应性和持续性。在普遍性基础上加快推进社会福利体系整合，既是我国社会福利发展中亟待解决的重大现实问题，也是我国社会福利研究中迫切需要回答的重要理论课题。

## 一　研究背景

社会科学领域的任何一项研究，归根结底都是为了回应社会发展的现实需要，本书亦不例外。本书从大福利视角出发，系统研究我国社会福利体系整合中的理论和实践问题，及时回应中国社会福利发展的现实需要。

### （一）普遍型社会福利体系基本形成

新中国成立以来，我国的社会福利发展总体上可分为改革开放前和改革开放后两个阶段。改革开放前，作为高度集中计划经济体制的子系统，社会福利保障体系的显著特点是国家保障和单位保障（企业保障）。改革开放后，计划经济条件下形成的社会福利保障体系难以完全适应经济体制改革和社会发展的新要求，需要与时俱进地改革、调整乃至重构。改革开放 38 年来，中国社会福利体系建设取得了辉煌成就，其标志性成果就是基本建立了全面覆盖城乡居民基本福利需求的普遍型社会福利体系。

从大福利①视角看，普遍型社会福利体系是一个以民生为本的社会福利体系，全面覆盖了广大人民群众的教育保障需求、就业保障需求、医疗保障需求、养老保障需求、住房保障需求和最低生活保障需求，主要包括六个子系统：一是实现"学有所教"的教育保障体系。教育福利是现代社会福利保障体系的一个基本内容，在个人发展、民族振兴和社会进步中具有非常重要的作用。我国现行的教育保障体系主要包括学前教育、义务教育、高中教育、高等教育、职业教育、继续教育和特殊教育。② 二是实现"劳有所得"的就业保障体系。就业是民生之本，党和国家高度重视就业保障体系建设。我国现行的就业保障体系主要由就业促进制度、失业保险制度、工资保障制度和劳动保护制度构成。三是实现"病有所医"的医疗保障体系。截至2015年底，我国已实现了基本医疗保险制度全覆盖，基本建成"全民医保"体系，包括城镇职工基本医疗保险、城镇居民基本医疗保险、新型农村合作医疗、城乡居民大病医疗保险、城乡医疗救助和生育保险制度。四是实现"老有所养"的养老保障体系。截至2015年底，我国已实现了基本养老保险制度全覆盖，基本建成"全民养老"的保障体系，包括机关事业单位工作人员养老保险、城镇企业职工基本养老保险、新型农村社会养老保险和城镇居民社会养老保险。五是实现"住有所居"的住房保障体系。我国现行的住房类型主要包括商品房、自建房和保障房三种，其中保障房具有社会保障性质。中国政府高度重视城镇低收入住房困难家庭的住房问题，通过实施保障性安居工程，不断健全和完善住房社会保障体系，主要包括城镇廉租房制度、城镇经济适用房制度、限价商品房制度、公共租赁住房制度和住房公积金制度。六是实现"贫有所助"的最低生活保障体系。针对贫困人群的最低生活保障是现代社会福利保障体系的最后一道"安全网"，我国现行的最低生活保障体系包括城市居民最低生活保障、农村居民最低生活保障、农村五保户供养和城乡临时生活救助制度。

（二）社会福利普遍化中的碎片化

普遍型社会福利体系的形成与发展，一方面扩大了社会福利的覆盖面和

①　关于"大福利"概念的内涵与外延，将在"基本概念界定"部分专门讨论。

②　郑功成主编：《中国社会保障改革与发展战略：救助与福利卷》，人民出版社2011年版，第207—216页。

共享性，提高了社会福利的公平性；另一方面也不可避免地产生和形成了社会福利的碎片化。首先是制度多轨制。养老保障领域的"多轨制"最为典型。一是基本养老保险制度"四轨并行"：新型农村社会养老保险制度、城镇居民社会养老保险制度、城镇企业职工基本养老保险制度和机关事业单位工作人员养老保险制度；不同制度之间相对封闭运行，较少统筹性、衔接性、协调性和统一性。二是农村社会养老保险内部"四保并存"："老农保"（传统农村社会养老保险）、"新农保"（新型农村社会养老保险）、"失地保"（失地农民社会养老保险）和"民工保"（农民工社会养老保险）。其次是管理多头化。医疗保障管理最为典型：人力资源和社会保障部门主管城镇职工基本医疗保险、城镇居民基本医疗保险和城乡居民大病医疗保险，卫生部门主管基本公共卫生服务和新型农村合作医疗，民政部门主管农村医疗救助和城市医疗救助。社会救助管理也存在类似问题：民政部门主管城乡最低生活保障、农村五保户供养、城乡医疗救助、灾害救助、流浪乞讨人员救助等，而就业援助、教育救助、住房救助、法律援助却分属人力资源和社会保障部门、教育部门、住房建设部门和司法部门。再次是社会身份区隔化。社会成员被区分为不同身份群体，不同身份群体参加不同的福利保障制度，享受不同水平的保障待遇。我国社会福利保障领域主要有四种社会身份：机关事业单位职工、城镇企业职工、城镇居民和农村居民，养老保障制度和医疗保障制度的设置分别对应不同的身份群体，被老百姓称为"干部保"、"工人保"、"居民保"和"农民保"。最后是城乡分割化。在城乡二元经济社会结构基础上建立城乡二元社会福利体系。如最低生活保障分设城市居民低保和农村居民低保，医疗救助分为农村医疗救助和城市医疗救助，基本养老保险被分为城镇居民社会养老保险和新型农村社会养老保险，基本医疗保险分为城镇居民医疗保险和新型农村合作医疗等。

客观地说，碎片化是我国社会福利发展过程中不可避免的历史现象，具有过程合理性。在特定的历史条件下，公民的福利需求有轻重缓急之分，福利保障制度的建立也有先后之别，覆盖面的扩大需要逐步从窄到宽。当然，过程合理并不等于结果合理，碎片化已产生了一系列消极后果：导致新的福利不公平、增加行政管理成本、阻碍人口合理流动、强化部门利益、引起社会矛盾、危及社会和谐等。要走出福利碎片化困境，必须加快推进社会福利体系整合，在普遍性基础上提高整合性，实现普遍性与整合性的有机结合，建设普遍整合的社会福利体系。

总之，我国的社会福利体系建设已进入一个新的历史阶段，即从以"制度全覆盖"为重点的阶段进入以"体系大整合"为重点的阶段。"制度全覆盖"实现了中国社会福利从"有限福利"向"普遍福利"的"飞跃"，"体系大整合"将推进中国社会福利从"碎片型普遍福利"向"整合型普遍福利"的"飞跃"。因此，系统研究我国社会福利体系整合，是当代中国社会福利发展的迫切需要。

## 二　文献回顾

社会福利"碎片化"现象引起了社会福利保障学界的关注，一些学者分别从"统筹"、"衔接"、"并轨"、"合并"等角度研究中国社会福利体系整合。

### (一) 社会福利保障整合的重要性研究

赵建国和杨燕绥从就业方式变革的角度论述了中国社会保障体系整合发展的必然性和重要性，提出了中国社会保障体系整合发展和重构的基本思路和具体对策建议。[①] 杨燕绥提出，社会保障整合发展是全面建设小康社会的必要条件，要将整合发展社会保障列为政府的长期战略任务和重点政治任务。[②] 景天魁认为，我国的社会保障和社会福利建设已取得了实现制度覆盖的历史性成就，今后发展的重点是积极创造条件，逐步实现制度整合，并进一步实现体系整合；有步骤地推进社会保障和社会福利的制度整合，是增强公平性、适应流动性、保证可持续性的关键。[③] 夏学銮认为，构建整合的社会福利制度是减少福利发送成本的必然趋势，是构建和谐社会的内在要求，对加强社会建设具有重要的现实意义和历史意义。[④] 丁建定提出，中国虽然已基本建立了覆盖各个社会群体的社会保障制度体系，但中国社会保障制度

---

①　赵建国、杨燕绥:《中国社会保障体系的整合发展与重构——基于就业方式变革趋势下的分析》，《劳动保障世界》2010 年第 1 期。

②　杨燕绥:《小康社会目标与社会保障整合发展》，《中国社会保障》2003 年第 3 期。

③　景天魁:《社会福利发展路径:从制度覆盖到体系整合》，《探索与争鸣》2013 年第 2 期。

④　夏学銮:《构建整合社会福利制度探讨》，《北京大学学报》(哲学社会科学版) 2006 年第 3 期。

的内容、结构与层次体系都还存在不完善的地方，只有通过制度整合的途径才能实现中国社会保障制度体系的完善。① 关信平提出，社会保障一体化有利于提高社会保障制度的整体社会效益和总体运行效率，有利于促进社会成员在基本社会保障待遇方面的平等性，有利于加强社会保障制度的计划性、稳定性和平衡性，有利于促进社会保障与经济一体化之间的协调。② 郑秉文全面分析了我国社会保障碎片化的各种弊端和危害，特别强调和论述了加快社会保障体系整合发展的必要性和紧迫性。③

（二）社会保障体系整合模式研究

该类研究从不同角度、不同层次探讨中国社会保障体系的整合模式，具有宏观性、整体性、战略性等"宏大叙事"的特点。景天魁等认为，中国社会保障发展的目标是建立"基础整合的社会保障体系"，该体系"以保障民生基本需求为目的，以社会救助为基点，以社区服务为依托，实行资金保障和服务保障相结合，资金筹集多渠道，保障内容多层次，保障方式多元化"④。李迎生强调以社会保险制度为重点，探讨我国社会保障体系城乡整合的基本模式与实现途径，提出我国城乡整合的社会保障模式为"有差别的统一模式"。⑤ 常宗虎认为，我国应建立"目标整合的社会保障体系"，该体系以"补救模式"为目标，以社会救助制度为基础，以社会保险为主体，以社会福利为补充。⑥ 王国军认为，从"碎片化"到"一体化"是我国社会保障制度建设的必然选择，提出了"多维度一体化"模式，并系统论述了"多维度一体化社会保障制度"的理论基础与国际借鉴、发展模式与制度层次、重点领域与关键环节、法律体系和技术措施。⑦ 中国发展研究基金会提出构建全民共享的"发展型社会福利体系"构想，其整体框架包括教育保

---

① 丁建定：《中国社会保障制度整合与体系完善纵论》，《学习与实践》2012 年第 8 期。

② 关信平：《论我国社会保障制度一体化建设的意义及相关政策》，《东岳论丛》2011 年第 5 期。

③ 参见郑秉文《中国社保"碎片化制度"危害与"碎片化冲动"探源》，《甘肃社会科学》2009 年第 3 期；郑秉文：《扩大社保制度覆盖范围：国际经验与教训》，《思想工作》2009 年第 4 期。

④ 景天魁主编：《基础整合的社会保障体系》，华夏出版社 2001 年版，第 257 页。

⑤ 李迎生：《探索中国社会保障体系的城乡整合之路》，《浙江学刊》2001 年第 5 期。

⑥ 常宗虎：《中国社会保障制度的总体思考——论建立目标整合的社会保障体系》，《中国民政》2002 年第 11 期。

⑦ 参见王国军《中国社会保障制度一体化研究》，科学出版社 2011 年版。

障、就业保障、基本生活保障、养老保障、健康保障、住房保障和其他保障七个组成部分。① 杨燕绥、张曼在分析我国社会保险"五险分立"运作模式弊端的基础上，提出"五险整合"运作模式；认为该模式能够整合资源和提高社会保险经办机构的行政效能，具有促进"社会保险银行"的建立和推进服务型政府的建设等政策效应。②

（三）养老保障制度整合研究

养老保障是我国社会保障体系的重要组成部分，养老保障制度"多轨制"是我国社会保障碎片化的典型代表，养老保障制度整合受到社会各界的广泛关注。鲁全认为，研究我国养老保障制度整合需要建立一个总体性的分析框架，并提出了由制度目标、制度外部环境、制度内部结构、制度运行状况四个模块构成的分析框架。③ 韦樟清从养老保险关系转移接续视角探讨了社会养老保险制度的整合模式，提出建立由普遍型国家基本养老保险、个人账户制度、企业年金或职业年金、个人商业养老保险构成的"养老保险四支柱模式"。④ 陈颐探讨了实现政府机关工作人员养老保障制度、事业单位工作人员养老保险制度、城镇企业职工基本养老保险制度、新型农村社会养老保险制度之间有机整合的理念、原则和思路，并提出三个政策建议：四大养老保险均应实行"统账结合"的基本制度，实现体制并轨；"基础养老金"全国统筹，实现各种养老保险的可转移接续；国家调节"基础养老金"，逐步缩小养老金差距。⑤ 刘昌平、殷宝明深入分析了我国农村社会养老保障体系碎片化的现状、原因和危害，提出建立"以新农保为基础，构建制度模式统一、待遇标准灵活的大一统制度"。⑥ 白维军从农村经济发展的区域差异角度探讨农村养老保障制度整合的思路，提出发达地区、贫困地区、欠发达

---

① 中国发展研究基金会：《中国发展报告 2008/09：构建全民共享的发展型社会福利体系》，中国发展出版社 2009 年版，第 27—28 页。

② 杨燕绥、张曼：《社会保险"五险整合"运作模式研究》，《广西社会科学》2010 年第 9 期。

③ 鲁全：《养老保障制度的整合分析框架及其应用》，《中国人民大学学报》2008 年第 3 期。

④ 韦樟清：《社会养老保险制度整合模式研究——基于养老保险关系转移接续视角》，《福建农林大学学报》（哲学社会科学版）2012 年第 3 期。

⑤ 陈颐：《论我国社会养老保险的整合》，《学海》2009 年第 6 期。

⑥ 刘昌平、殷宝明：《农村养老社会保障体系整合路径及政策选择》，《西北大学学报》（哲学社会科学版）2013 年第 4 期。

地区农村养老保障制度整合的具体对策。① 贾丽萍以吉林省为案例,分析新型农村养老保险与城镇居民社会养老保险整合的必要性、可行性以及可能的障碍和解决对策。② 此外,学术界还研究了企业职工基础养老金全国统筹、机关事业单位工作人员养老保险与企业职工养老保险"并轨"等问题。

（四）医疗保障制度整合研究

我国医疗保障领域同样存在着突出的"碎片化"现象。2009 年 3 月,国务院下发《关于深化医药卫生体制改革的意见》,明确提出:"要逐步缩小各种医保制度保障水平的差距,最终实现制度框架的基本统一。"基本医疗保障制度整合是社会保障体系整合研究中的一个重点领域,近年来发表了一系列研究成果,涉及医疗保障制度整合的方方面面。郑功成主持的"中国社会保障改革与发展战略"课题组,对城乡居民基本医疗保险制度整合进行了系统研究,分析了城乡居民基本医疗保险制度整合的必要性和可行性、整合的具体内容（筹资、管理、支付、服务、外部环境的统筹衔接）以及整合的地方实践经验,提出了整合城乡居民基本医疗保障制度的战略目标、核心内容、路径步骤和关键措施。③ 申曙光、侯小娟深入分析了我国社会医疗保险制度整合的内涵、条件和目标,提出社会医疗保险制度整合就是要打破城乡分割、地区分割、人群分割和管理分割,将分散、分割的社会医疗保险制度进行规范、重组、协调和融合,建立起制度相对统一、责任明确、分担合理、互助共济的社会医疗保险体系,实现多种基本医疗保险制度和政策在内容、服务、管理等方面的协同配合,并逐步提高统筹层次、筹资水平和保障水平,缩小保障水平差异,最终建立起统一规范的制度框架。④ 申曙光、侯小娟还提出我国社会医疗保险制度整合的总目标是:通过协调、规范和重组现有医疗保险制度,从城乡分割的三元制体系变成城乡融合的二元制体系,再发展成省级统筹范围内（乃至全国统筹范围内）统一的社会医疗保

① 白维军:《我国农村养老保障的"碎片化"与制度整合》,《经济体制改革》2009 年第 4 期。

② 贾丽萍:《新型农村养老保险和城市居民养老保险运行情况及制度整合研究——以吉林省为个案的分析》,《社会科学战线》2013 年第 5 期。

③ 郑功成主编:《中国社会保障改革与发展战略:医疗保障卷》,人民出版社 2011 年版,第 38—101 页。

④ 申曙光、侯小娟:《我国社会医疗保险制度整合的内涵与条件》,《湖湘论坛》2012 年第 4 期。

险制度，确保人人享有较充分的基本医疗保障。[①] 顾雪非从社会公平角度探讨了城镇职工医保、城镇居民医保和新农合的整合路径，提出医保制度整合的目标应是缩小人群之间的待遇差异，而不是仅仅追求大一统的制度。[②] 赵东辉、汪早立从覆盖人群特征角度探讨基本医疗保障制度整合途径，认为城镇职工医保和城镇居民医保覆盖人群的收入支出水平接近，医疗消费习惯和医疗费用水平较为接近，年龄结构和疾病经济负担具有互补性。我国基本医疗保障制度的整合重点应放在职工医保与居民医保上，同时保持农村居民基本医疗保障制度的独立性，形成城乡并行的基本医疗保障制度体系。[③] 何克春等探讨了城镇职工基本医疗保险、城镇居民基本医疗保险和新型农村合作医疗相互衔接的思路与建议。[④]

（五）社会救助体系整合研究

林闽钢对我国社会救助体系整合进行了系统研究，提出社会救助体系整合的目标是构建制度完整、相互协调、功能配套的社会救助体系，实现多层次的"基础+分类"的社会救助体系定型化；社会救助体系横向整合的途径是实现救助制度的互联、互补、配套，纵向整合的途径是城乡社会救助的一体化；社会救助体系整合的重点是整合社会救助职能、整合社会救助资源、整合社会救助服务、整合社会救助信息资源和整合社会救助监督机构。[⑤] 李薇、丁建定提出，完善我国社会救助制度体系的关键在于促进多元主体整合，体现政府主体、社会主体与个人主体之间的共同责任，以政府主体为主导，社会主体为补充，同时发挥个人主体的主动性。[⑥] 代恒猛以北京市为案例，分析我国社会救助体系存在的部门分割、制度分割、城乡分割问题，提出加强社会救助政策的转型与整合，构建部门协作、制度

---

①　申曙光、侯小娟：《我国社会医疗保险制度的"碎片化"与制度整合目标》，《广东社会科学》2012 年第 3 期。

②　顾雪非：《基本医疗保险制度整合路径的探讨——基于公平的视角》，《卫生经济研究》2013 年第 11 期。

③　赵东辉、汪早立：《我国基本医疗保障制度整合路径探析——从覆盖人群特征分析》，《卫生经济研究》2013 年第 5 期。

④　何克春、袁红梅、陈亚炜等：《基本医疗保险制度下三种不同险种制度之间的整合与衔接》，《中国社会医学杂志》2012 年第 5 期。

⑤　林闽钢：《中国社会救助体系的整合》，《学海》2010 年第 4 期。

⑥　李薇、丁建定：《主体整合：构建中国多元化社会救助制度》，《社会保障研究》2013 年第 2 期。

统一、城乡统筹的社会救助体系。① 刘明慧认为，推进社会救助城乡整合的重点应该是加强社会资金的整合、实施社会整合政策、制定科学合理的方法。② 李薇提出，城乡最低生活保障制度结构体系的整合是中国最低生活保障制度发展的核心，包括农村居民最低生活保障制度的内部结构整合、城镇居民最低生活保障制度的内部结构整合以及城乡最低生活保障制度之间的结构整合。③ 王争亚和吕学静从基本公共服务均等化视角研究我国最低生活保障制度城乡一体化的实现过程，提出我国低保一体化必然要经历城乡分治、城乡统筹、城乡一体化的三个发展阶段。④ 祝建华和倪克敏提出，最低生活保障制度城乡统筹发展过程中服务输送机制完善的发展方向是实现法制化、协调性与专业化。⑤

（六）就业保障体系整合研究

杨宜勇和高言对我国就业保障体系整合问题进行了比较全面的研究，认为我国现行就业保障体系存在八个突出问题：覆盖面不广，不能达到普惠；劳动力流动仍然存在"制度性藩篱"，没有建立全国统一的劳动力市场；就业失业登记制度不完善；失业保险金计发标准及给付期限设计标准缺乏科学性、合理性；失业保险基金管理不规范，资金缺口大；就业培训体系缺乏市场导向性、针对性与规范性；就业保障项目单一，无法满足不同群体的需求；就业保障资源整合度低，存在浪费现象，地区、城乡、群体间互济性低，缺乏统筹安排。⑥ 针对存在问题，他们提出五条整合对策：一是促进信息化、市场化、有序化的劳动力统一市场的建立与完善；二是提供覆盖面广、多层次、多功能、系统化、规范有序的公共就业服务平台；三是在全国范围内形成一个全面的、为所有劳动力提供便利的服务网络；四是建立规范

---

① 代恒猛：《社会救助政策的转型与整合——北京经验》，《当代世界社会主义问题》2009 年第 2 期。

② 刘明慧：《社会救助的城乡整合研究》，《财政研究》2005 年第 4 期。

③ 李薇：《论城乡最低生活保障制度结构体系的整合》，《探索》2013 年第 5 期。

④ 王争亚、吕学静：《我国最低生活保障制度城乡一体化研究——以基本公共服务均等化为研究视角》，《中国劳动》2014 年第 8 期。

⑤ 祝建华、倪克敏：《最低生活保障制度城乡统筹发展过程中服务输送机制的完善》，《浙江工业大学学报》（社会科学版）2015 年第 3 期。

⑥ 杨宜勇、高言：《关于整合我国就业保障体系的建议》，《中国经贸导刊》2012 年 8 月（下）。

化、科学化、有监督的就业保障基金体系；五是实现就业保障体系全国一体化，把国家的宏观统筹管理与基层社区有效执行有机结合。高和荣、廖小航分析了我国失业保险制度存在的主要问题，探讨了促进失业保险制度普遍整合的对策建议。[①] 唐钧提出“基础—整合的失业保障方案”。所谓“基础”，是指失业保障要着眼于长期可持续发展的目标，主要立足于基层社区；所谓“整合”，是指要把失业保障同促进就业的社会政策融为一体，实现失业的资金保障和就业的服务保障有机结合。[②] 翟雅娟探讨了劳动保障信息平台整合在促进城乡统筹就业中的积极作用，提出整合农村劳动力和城镇劳动力资源数据库，实现城乡劳动力资源统一管理，建设就业服务和信息网络一体化平台。[③]

（七）住房保障体系整合研究

2011 年度国家社会科学基金重大项目“我国住房保障问题与改革创新研究”课题组，从顶层设计角度探讨我国住房保障体系重构与整合的总体设想，系统论述了我国构建现代住房保障体系的目标、原则和基本内容框架。[④] 邓宏乾、王贤磊、陈峰等人从“并轨”视角探讨保障性住房供给体系整合问题，提出以公共租赁住房为主体的住房保障供给体系，实行住房保障体系的“目标并轨、政策并轨、建设并轨、对象并轨、补贴方式并轨、资金并轨、腾退并轨、管理并轨”。[⑤] 王逵昱针对我国住房保障管理中存在的问题，提出整合住房保障管理机构、完善住房保障政策、制定动态住房保障标准等建议。[⑥] 安华认为，养老保障和住房保障存在着一定的内在关联性，提出养老保障和住房保障整合发展的思路和对策。[⑦] 吕萍、甄辉通过分析我国现有城乡住房状况以及住房保障体系运行中的问题，提出建立城乡统一的住房保

① 高和荣、廖小航：《我国失业保险制度的实施与普遍整合》，《西北人口》2012 年第 1 期。

② 唐钧：《基础—整合的失业保障方案》，《中国改革》2001 年第 5 期。

③ 翟雅娟：《劳动保障信息平台的整合与城乡统筹就业的促进》，《中国就业》2007 年第 2 期。

④ 陈峰：《我国住房保障体系的优化重构——基于体系顶层设计视角的探讨》，《华中师范大学学报》（人文社会科学版）2012 年第 5 期。

⑤ 邓宏乾、王贤磊、陈峰：《我国保障住房供给体系并轨问题研究》，《华中师范大学学报》（人文社会科学版）2012 年第 5 期。

⑥ 王逵昱：《整合住房保障机构 完善住房保障体系》，《中国房地产》2008 年第 4 期。

⑦ 安华：《养老保障和住房保障整合发展的探讨》，《中国行政管理》2006 年第 8 期。

障体系的设想和途径。①

综上所述，学术理论界对我国社会福利保障体系整合问题进行了积极探索，提出了一些富有启发性的思想、观点和建议，同时也存在着一些不足，需要继续深化研究。一是理论视角不统一。有的从"大保障、小福利"视角出发，有的从"大福利、小保障"视角出发，但绝大多数研究者尚未突破"小福利"概念，没有"大福利"视阈的宏观视野。二是深度和广度有待拓展。需要更加深入地研究我国社会福利保障体系整合的理论基础，需要更加全面地分析我国社会福利保障体系整合的制约因素，需要更加明确地规划我国社会福利保障体系整合的实施策略等。三是系统性有待加强。现有成果涉及社会福利保障整合的诸多方面，有的比较宏观，有的比较微观；有的比较笼统，有的比较具体，有的相互重复。需要进一步梳理、归纳、提炼与整合，形成一个更具逻辑性的分析框架。四是需要与时俱进地联系实践。最近几年来，国家不断出台新的社会福利保障整合政策，社会福利保障整合进度加快。但现有成果发表时间不一，有的观点已经过时，有的观点脱离客观现实，一些新的实践问题尚未纳入研究范围，迫切需要跟踪中国社会福利保障整合的实践前沿，及时回应社会实践中提出的新问题。总之，无论从理论角度还是实践角度看，我国社会福利体系整合问题仍是一个尚未完全解决的课题，有必要继续进行更加全面深入的系统研究。

### 三　基本概念

本书有三个基本概念，即"大福利"、"社会福利体系"和"社会福利整合"。为规范本书中概念使用的统一性和准确性，下面进行简要分析与界定。

#### （一）大福利②

本书从大福利视角研究社会福利体系整合，首先必须明确"大福利"概念的内涵和外延，以便为分析研究奠定科学统一的概念基础。

在我国的社会福利和社会保障研究中，主要在广义、中义和狭义三个层

---

① 吕萍、甄辉：《城乡统筹发展中统一住房保障体系的建设》，《城市发展研究》2010 年第 1 期。

② 景天魁、毕天云：《从小福利迈向大福利：中国特色福利制度的新阶段》，《理论前沿》2009 年第 11 期。

次上使用社会福利概念。一是广义的社会福利。该类观点属于"大福利观",认为社会福利的外延大于社会保障,社会福利包括社会保障和社会服务。二是中义的社会福利。该类观点属于"中福利观",认为社会福利的外延与社会保障相同,二者所指项目完全一致。三是狭义的社会福利。该类观点属于"小福利观",认为社会福利是社会保障的一个组成部分,主要指特殊群体的社会福利服务,包括老年人福利、残疾人福利和妇女儿童福利。这个意义上的社会福利服务,实质上就是我国民政部门分管的"民政福利"。我国理论界和实务界对社会福利概念的界定和使用存在着不同的理解,长期以来占主导地位的观点是"小福利"概念。

笔者认为,深入研究中国社会福利体系建设与整合,应当突破"小福利"概念局限,从"大福利"视角出发。本书中的"大福利"概念即广义的社会福利,包括五个方面的含义:一是从福利对象看,大福利是覆盖全体社会成员的普遍福利,而非针对少数弱势群体的特殊福利;二是从福利范围看,大福利是全面涵盖教育保障需求、就业保障需求、医疗保障需求、养老保障需求、住房保障需求、生活保障需求等基本民生需求的社会福利;三是从福利类型看,大福利包含货币福利、实物福利和服务福利,并非仅是货币福利;四是从福利主体看,大福利强调供给主体多元化,既包括政府(国家)主体,也包括工作单位、家庭、社会组织、社区和个人等非政府主体;五是从福利供给方式看,大福利的供给方式包括社会救助、社会保险、公共福利和社会互助。

由于本书从大福利角度界定和使用社会福利概念,为减少不必要的误解,需要简要说明本书中社会福利与社会保障、社会保险和社会救助的关系。一是社会福利与社会保障的关系。从大福利角度看,社会福利的外延大于社会保障。在大福利概念中,社会福利类型不仅包括货币福利和实物福利,还包括服务福利;社会福利的范围不仅涉及就业保障、养老保障、医疗保障、最低生活保障,还关注教育保障、住房保障。二是社会福利与社会保险的关系。从大福利角度看,社会保险是现代社会福利体系的核心部分。在大福利概念中,社会保险是政府主办的非营利性社会事业,是一种先尽缴费义务才能享受权利的缴费性福利,主要为社会成员提供资金保障,包括社会养老保险、社会医疗保险、失业保险、工伤保险和生育保险。三是社会福利与社会救助的关系。从大福利角度看，社会救助是主要依靠公共财政支撑的非缴费性福利，是现代社会福利体系的基石。

（二）社会福利体系

社会福利体系是一个综合性、整体性的概念，其构成要素可以从不同角度分析。根据本书对"大福利"概念的界定，社会福利体系可以从四个角度理解：一是从民众的基本福利需求角度看，社会福利体系包括教育保障体系、就业保障体系、养老保障体系、医疗保障体系、住房保障体系和最低生活保障体系；二是从福利类型角度看，社会福利体系包括货币福利体系、实物福利体系和服务福利体系；三是从福利供给主体角度看，社会福利体系包括国家福利体系和非国家福利体系（单位福利、社区福利、慈善福利等）；四是从福利供给方式角度看，社会福利体系包括社会保险体系、社会救助体系、公共福利体系和社会互助体系。

（三）社会福利整合

"整合"（intergration）最初是一个物理学概念，主要指将各个分散的零部件通过某种方式组合在一起，使之形成一个有机整体，并发挥整体功能。[①] 在我国的社会福利研究中，社会福利整合是针对社会福利碎片化、分散化、封闭性、断裂性等现象提出来的，强调社会福利要素之间的相互联系、相互衔接与相互融合。与此相近的说法还有社会福利"统筹"、"衔接"、"合并"、"并轨"、"一体化"等概念。查阅现有研究文献发现，许多使用"整合"概念的研究者，基本上没有对这个概念进行明确界定。有的强调制度整合，有的强调管理整合，有的强调类型整合，有的强调机制整合，有的强调资源整合，有的强调信息整合，但大多数研究者主要指社会福利制度整合。

在本书中，社会福利整合既指社会福利制度整合，也指社会福利的管理整合、类型整合、主体整合、机制整合、信息整合、监控整合等。就社会福利制度整合程度的高低和强弱差异而言，从弱到强、从低到高，可以分为四种基本形式。

一是统筹式整合。"统筹式整合"是最低程度的整合，基本含义是社会

---

① 高和荣：《论整合型社会保障制度的建设》，《上海行政学院学报》2013 年第 2 期。

福利制度之间的统一考虑、兼顾平衡、协调发展。如"统筹城乡养老保险制度"、"统筹城乡最低生活保障制度"、"统筹城乡义务教育资源均衡配置"、"统筹城乡就业服务体系"、"统筹城乡医疗保障制度"、"统筹城乡社会救助体系"等。在"统筹式整合"中，两个或多个福利制度之间仍然是相互独立运行，本质上属于低水平、低层次的"形式整合"。

二是衔接式整合。"衔接式整合"是指在不改变单个福利制度独立性的前提下，不同福利制度之间实现相互衔接与相互融通。"衔接式整合"主要有两种形式：（1）同一制度的地区间衔接。为了适应人口流动需要，促进人力资源合理配置和有序流动，保证参保人员在跨统筹地区（省、市、县）流动就业时社会保险关系的顺畅转移接续。（2）不同制度间的衔接。参保人在同一大类不同子类制度之间进行选择和转换，如从城乡居民基本养老保险制度转入城镇企业职工养老保险制度、从城镇企业职工养老保险制度转入城乡居民基本养老保险制度等。

三是并轨式整合。"并轨式整合"的典型模式是"一个制度、多种标准"，即把两个制度合并为一个制度，实行多种标准。例如，把城市最低生活保障制度与农村最低生活保障制度合并为城乡居民最低生活保障制度，但同一制度内的城镇居民和农村居民分别享受不同标准的最低生活保障金。又如，我国把新型农村社会养老保险制度与城镇居民社会养老保险制度合并为城乡居民基本养老保险制度后，设立了 12 个缴费档次，增加了城乡居民缴费的自主选择权。

四是合并式整合。"合并式整合"的典型模式是"一个制度、一种标准"，即把两个相互独立的社会福利制度合并为一个新的社会福利制度，实行一种社会福利标准。例如，2013 年 4 月，苏州市民政局等部门联发的《苏州市居民最低生活保障实施细则》第 3 条规定："低保标准，实行城乡一体的保障标准。"①

---

① 苏州市民政局、苏州市财政局等：《关于印发〈苏州市居民最低生活保障实施细则〉的通知》（苏政民规〔2013〕1 号）（http：//www. zfxxgk. suzhou. gov. cn/sjjg/szsmzj/201304/t20130419_ 222290. html）。

### 四 研究方法

#### （一）文献研究法

一是收集研究社会福利保障统筹、衔接、并轨、合并、一体化等方面的著作和论文，及时跟踪学术界的最新成果，把本书置于不断发展的学术脉络之中。二是收集中共中央、国务院、人力资源和社会保障部、国家卫生和计划生育委员会（原卫生部）、民政部、教育部、住房和城乡建设部等部委下发的相关政策文件，收集部分省（直辖市、自治区）、市（州）两级地方政府制定和实施的地方性政策文件，为本书的结论提供政策依据。三是收集国家统计局和地方政府统计部门公开发布的国民经济和社会发展统计数据，社会保障、社会服务发展统计数据，增强定量数据来源的权威性和可靠性。四是收集地方政府开展社会福利保障整合的工作总结、经验材料和个案资料，为本书的结论奠定实践基础。

#### （二）深度访谈法

深度访谈法是收集生动具体的定性材料比较有效的调查方法，能够深入了解调查对象深层的思想价值观念。深度访谈贯穿于整个研究过程中，其对象主要包括两类：一是从事社会福利保障管理和政策执行的工作人员。具体包括政府的教育部门、发改委、财政部门、医疗卫生部门、人力资源和社会保障部门、民政部门、住房建设管理部门、乡镇政府或街道办事处、企业人力资源部门的工作人员。这些部门的工作人员比较理解和熟悉相关社会福利保障政策的运行情况，对社会福利整合的制约因素、制度设计、实现路径、时间安排、策略选择等方面具有切身体会和发言权。在实地调查过程中，充分利用座谈会和个别访谈等方式，听取调查对象对推进社会福利体系整合的评价、看法、意见和建议。二是从事社会福利保障研究的专家学者。主要是党委政府政策研究部门、高等院校、科研机构中从事社会福利保障研究的专家学者，利用学术会议、个别拜访、邮件沟通等形式，共同讨论和听取他们对我国社会福利体系整合的观点、看法和建议。

#### （三）问卷调查法

为深入了解社会公众对社会福利体系整合的意愿、态度、要求、意见和建议，本书根据经济社会发展水平和统筹城乡社会福利体系建设状况，选择重庆市、厦门市、苏州市、红河州四地进行公众问卷调查,① 调查对象包括普通公务员（含参公人员）、事业单位工作人员、城镇企业职工、城镇居民、农村居民以及农民工等六类人群。在调查过程中,根据调查地的实际情况,主要运用非概率抽样方法选取调查对象,总共完成有效问卷 2000 份,每个地区 500 份。在调查样本中,男性 944 人,占 47.2%；女性 1048 人,占 52.4%。40 岁及以下 928 人,占 46.4%；41—60 岁 839 人,占 41.95%,60 岁以上 225 人,占 11.25%。非农业户口 1228 人,占 61.4%；农业户口 753 人,占 37.65%。初中及以下 845 人,占 42.25%；高中及中专 510 人,占 25.5%；大专及以上 642 人,占 32.1%。具体如表 0—1 所示。

表 0—1　　　　　　　　　　　问卷调查样本基本情况统计

| | 变量 | 频数（个） | 百分比（%） | 重庆市（个） | 厦门市（个） | 苏州市（个） | 红河州（个） |
|---|---|---|---|---|---|---|---|
| | 总计 | 2000 | 100 | 500 | 500 | 500 | 500 |
| 性别结构 | 男 | 944 | 47.2 | 221 | 240 | 250 | 233 |
| | 女 | 1048 | 52.4 | 279 | 256 | 246 | 267 |
| | 缺失值 | 8 | 0.4 | 0 | 4 | 4 | 0 |
| 年龄结构 | 30 岁及以下 | 411 | 20.55 | 70 | 124 | 96 | 121 |
| | 31—40 岁 | 517 | 25.85 | 104 | 161 | 112 | 140 |
| | 41—50 岁 | 549 | 27.45 | 159 | 135 | 115 | 140 |
| | 51—60 岁 | 290 | 14.5 | 101 | 41 | 85 | 63 |
| | 61 岁及以上 | 225 | 11.25 | 66 | 35 | 88 | 36 |
| | 缺失值 | 8 | 0.4 | 0 | 4 | 4 | 0 |
| 户籍结构 | 非农业户口 | 1228 | 61.4 | 289 | 315 | 331 | 293 |
| | 农业户口 | 753 | 37.65 | 211 | 179 | 156 | 207 |
| | 缺失值 | 19 | 0.95 | 0 | 6 | 13 | 0 |

---

①　重庆市是国务院批准的"全国统筹城乡综合配套改革试验区",具有"大城市大农村"的特点；厦门市是中国最早实行对外开放的经济特区之一,也是国家综合配套改革试验区之一,户籍人口城镇化率超过 80%；苏州市是江苏省"城乡一体化发展综合配套改革试点区",2010 年荣获全国首个"统筹城乡社会保障典型示范区"称号,城镇化率已超过 70%；红河州是云南的"经济社会与城乡综合改革试点地区",具有"小城大农"特点。

续表

| 变量 | | 频数（个） | 百分比（%） | 重庆市（个） | 厦门市（个） | 苏州市（个） | 红河州（个） |
|---|---|---|---|---|---|---|---|
| 文化程度结构 | 小学及以下 | 284 | 14.2 | 109 | 30 | 37 | 108 |
| | 初中 | 561 | 28.05 | 163 | 125 | 114 | 159 |
| | 高中/职高中技/中专 | 510 | 25.5 | 110 | 144 | 166 | 90 |
| | 大学专科 | 296 | 14.8 | 65 | 96 | 74 | 61 |
| | 大学本科 | 298 | 14.9 | 35 | 89 | 94 | 80 |
| | 研究生 | 48 | 2.4 | 18 | 15 | 13 | 2 |
| | 缺失值 | 3 | 0.15 | 0 | 1 | 2 | 0 |

（四）小组座谈会

一是农村居民座谈会。主要听取农民群众对推进城乡最低生活保障制度整合、农村社会养老保险整合、新型农村合作医疗整合、城乡义务教育整合的态度、意愿和意见。二是城镇居民座谈会。主要听取城镇居民对推进城乡最低生活保障整合、城乡医疗救助制度整合、城乡居民社会养老保险制度整合、城乡居民基本医疗保险制度整合、义务教育整合的态度、意愿和建议。同时了解他们对参加城镇职工基本养老保险和基本医疗保险制度的态度、看法和意见。三是农民工座谈会。重点了解农民工在参加社会保障过程中遇到的问题和困难，了解农民工在城镇职工社会保障、城镇居民社会保障和农村社会保障之间的选择意向。四是企业职工座谈会。主要了解城镇企业职工参加基本养老保险、基本医疗保险、失业保险、工伤保险和生育保险的基本情况，重点听取企业职工对基本养老保险和基本医疗保险关系转移续接、统筹层次、待遇标准、制度并轨等方面的意见和建议。

（五）案例分析法

在研究过程中，重点对重庆市、厦门市、苏州市和红河州四地的社会福利体系建设情况进行实地调查，撰写四地社会福利体系建设的调研报告，总结四地推进社会福利体系整合的做法、成效和经验。还对云南省昆明市城乡居民社会养老保险发展状况进行了专题调查，分析该市城乡居民社会养老保险体系的突出问题，提出加快昆明市城乡居民社会养老保险整合的对策建议。此外，还重点关注全国各地开展的城乡居民基本养老保险制度整合、城乡居民基本医疗保险制度整合、城乡最低生活保障制度整合等地方性实践。

（六）统计分析法

使用 SPSS 19.0 统计软件对调查问卷数据进行录入和统计分析，运用的统计分析方法主要包括单变量描述性统计分析和双变量描述性统计分析。

## 五　创新及意义

（一）主要创新之处

一是理论视角新颖。本书从"大福利"视角审视我国社会福利体系整合，突破了传统的"小福利"观念，拓展了我国社会福利体系整合研究的深度和广度。二是研究内容系统。本书系统研究了我国社会福利体系整合的必然趋势、理论基础、政策基础、实践基础、民意基础、制约因素、基本任务和实施对策，对我国社会福利体系整合中的重要问题进行了比较全面的分析。三是提出新的观点。本书中提出区分社会福利制度整合程度的"四层次论"即"统筹式整合"、"衔接式整合"、"并轨式整合"和"合并式整合"；提出我国社会福利体系整合的理论基础包括社会建设理论、普遍福利理论、底线公平理论、基础整合理论和适度普惠福利理论；提出我国社会福利体系整合步骤的"三阶段论"，即"低度整合阶段"、"中度整合阶段"和"高度整合阶段"。四是重视民众视角。在社会福利体系整合研究中，"政府视角"和"专家视角"的成果比较多，但"民众视角"的成果比较少。本书中高度重视民意基础，先后在重庆市、厦门市、苏州市、红河州等四地运用问卷调查了 2000 名公众，尽可能地反映广大公众的意愿、意见和建议，体现了以民为本的理念。

（二）本书研究的意义

1. 理论意义

本书课题从"大福利"视角出发，拓展了我国社会福利体系整合研究的理论视角；全面阐述我国社会福利体系整合的理论基础，有利于提高社会福利体系整合实践的理论认识和理论自觉；构建了社会福利体系整合研究的分析框架，拓展了社会福利体系整合的研究思路；提出了新的观点和结论，丰富了我国社会福利体系整合研究的学术积累，深化了中国特色的福利社会学研究。

2. 实践意义

本书具有较强的实证性和应用性，对党委政府制定、修订和调整社会福利整合政策具有一定的参考价值，对社会福利保障相关主管部门、经办机构及其工作人员具有针对性的指导意义。本书为深刻理解我国社会福利体系整合的必然性、紧迫性和重要性提供了实证依据，为全面认识我国社会福利体系整合的政策基础、实践基础和民意基础提供了丰富的文献资料和实证材料。本书对明确我国社会福利体系整合的制约因素、基本思路和目标任务，对选择和制定社会福利体系整合的实施策略和具体措施，具有直接的借鉴价值。

# 第一章

# 中国社会福利体系整合的必然趋势

改革开放以来特别是 21 世纪以来，我国高度重视社会福利体系建设，不断出台社会福利新政，增加社会福利项目，新建社会福利制度，扩大社会福利范围，加大社会福利投入，提高社会福利水平，基本建成了覆盖全民基本福利需求的普遍型社会福利体系。在扩大社会福利普遍性的同时，也产生了一系列社会福利"碎片化"现象，严重影响社会福利体系运行的公平性、适应性和持续性。因此，在继续扩大社会福利普遍性的同时，迫切需要加快推进社会福利体系整合。

## 第一节　普遍型社会福利体系的形成

从大福利视角看，经过改革开放 38 年的调整、完善和重构，我国基本建立起覆盖广泛的普遍型社会福利体系，主要包括教育保障体系、就业保障体系、医疗保障体系、养老保障体系、住房保障体系和最低生活保障体系六个子系统，总体上实现了"学有所教、劳有所得、病有所医、老有所养、住有所居、贫有所助"的民生目标。

### 一　全面完整的教育保障体系

教育保障是社会福利的一项基本内容，是社会福利的一种重要形式。[1]

---

[1]　郑功成主编：《中国社会保障改革与发展战略：救助与福利卷》，人民出版社 2011 年版，第197 页。

世界上一些发达国家和发展中国家，非常重视教育保障在社会福利体系中的独特地位。教育保障是"国家和社会为了保障国民的受教育权利，提高国民素质，促进教育公平，而承担的责任和义务，以及为此提供的公共资源和优惠条件"[①]。《中华人民共和国宪法》规定："中华人民共和国公民有受教育的权利和义务"，"国家培养青年、少年、儿童在品德、智力、体质等方面全面发展"。将教育保障纳入广义社会福利体系，不仅有利于建设"人力资源强国"，而且能够增加社会福利体系的发展性与可持续性。改革开放以来，我国先后出台了一系列的教育政策，建成了包括学前教育、小学教育、初中教育、高中教育、高等教育、职业教育、特殊教育、成人教育和民办教育在内的全面、完整的教育保障体系。

教育部发布的《2014 年全国教育事业发展统计公报》显示，我国教育事业全面进步，教育公平度进一步提高。[②] 截至 2014 年底，全国共有幼儿园20.99 万所，在园幼儿 4050.71 万人；幼儿园园长和教师共 208.03 万人，学前教育毛入园率达到 70.5%。全国共有义务教育阶段学校 25.40 万所，在校生 1.38 亿人，九年义务教育巩固率 92.6%。其中，全国共有小学 20.14 万所，在校生 9451.07 万人，小学学龄儿童净入学率达到 99.81%；全国共有初中学校 5.26 万所，在校生 4384.63 万人，初中阶段毛入学率 103.5%，初中毕业生升学率 95.1%。

全国高中阶段教育共有学校 2.57 万所，在校学生 4170.65 万人，高中阶段毛入学率 86.5%。其中，全国普通高中 1.33 万所，在校生 2400.47 万人；全国成人高中 546 所，在校生 14.90 万人；全国中等职业教育共有学校1.19 万所，在校生 1755.28 万人，占高中阶段教育在校生总数的 42.09%。

全国各类高等教育在学总规模达到 3559 万人，高等教育毛入学率达到37.5%。全国共有普通高等学校和成人高等学校 2824 所，其中普通高等学校 2529 所，本科院校 1202 所，高职（专科）院校 1327 所，在校本专科生2547.70 万人；成人高等学校 295 所，在校本专科生 653.12 万人。全国共有

---

① 郑功成主编：《中国社会保障改革与发展战略：救助与福利卷》，人民出版社 2011 年版，第203 页。

② 教育部：《2014 年全国教育事业发展统计公报》（http://www.moe.gov.cn/srcsite/A03/s180/moe_633/201508/t20150811_ 199589. html）。

研究生培养机构 788 个，其中普通高校 571 个，科研机构 217 个；在学研究生 184.77 万人，其中在学博士生 31.27 万人，在学硕士生 153.50 万人。

全国共有特殊教育学校 2000 所，在校生 39.49 万人。其中视力残疾学生 3.41 万人，听力残疾学生 8.85 万人，智力残疾学生 20.57 万人，其他残疾学生 6.67 万人。普通小学、初中随班就读和附设特教班招收的学生 3.80 万人，在校生 20.91 万人，分别占特殊教育招生总数和在校生总数的 53.78% 和 52.94%。

全国共有各级各类民办学校（教育机构）15.52 万所，在校生达 4301.91 万人。其中，民办幼儿园 13.93 万所，在园儿童 2125.38 万人；民办普通小学 5681 所，在校生 674.14 万人；民办普通初中 4743 所，在校生 487.00 万人；民办普通高中 2442 所，在校生 238.65 万人；民办中等职业学校 2343 所，在校生 189.57 万人；民办高校 728 所（含独立学院 283 所），在校生 587.15 万人。

## 二　涵盖全程的就业保障体系

就业是民生之本，就业既是创造福利和获得收入的根本途径，也是社会福利体系的内在因素。我国就业保障体系涵盖劳动者的整个劳动过程，主要包括就业促进制度、工资保障制度、失业保险制度和劳动保护制度。

### （一）就业促进制度

就业促进制度是我国就业保障体系的基石。2007 年 8 月 30 日，第十届全国人民代表大会常务委员会第二十九次会议通过《中华人民共和国就业促进法》，把就业促进政策上升为国家法律。《中华人民共和国就业促进法》提出："国家把扩大就业放在经济社会发展的突出位置，实施积极的就业政策，坚持劳动者自主择业、市场调节就业、政府促进就业的方针，多渠道扩大就业。"[①] 促进就业的主要措施包括：拓宽就业渠道，增加就业岗位；完善覆盖城乡的就业服务体系，为劳动者提供就业服务管理；建立职业教育和培训制度，促进劳动者提高职业技能；建立健全就业援助制度，通过税费减

---

① 中央政府门户网站：《中华人民共和国就业促进法》（http://www.gov.cn/flfg/2007-08/31/content_732597.htm）。

免、贷款贴息、社会保险补贴、岗位补贴、公益性岗位安置等办法，优先扶持就业困难人员。①

《2015年度人力资源和社会保障事业发展统计公报》显示，截至2015年末，全国就业人员77451万人，其中城镇就业人员40410万人。在全国就业人员中，第一产业就业人员占28.3%，第二产业就业人员占29.3%，第三产业就业人员占42.4%。2015年城镇新增就业人数1312万人，城镇失业人员再就业人数567万人，就业困难人员就业人数173万人，全国共帮助5.7万户零就业家庭实现每户至少一人就业；2015年末城镇登记失业人数为966万人，城镇登记失业率为4.05%。截至2015年底，全国各类人力资源服务机构达2.71万家，全年共为用人单位提供各类人力资源服务2432万家次；全国共有技工院校2545所，全年面向社会开展培训477万人次；全国共有就业训练中心2636所，民办培训机构18887所，全年共组织各类职业培训1908万人次，其中就业技能培训1023万人次，岗位技能提升培训620万人次，创业培训211万人次，其他培训54万人次；全年各类职业培训中农民工培训967万人次，城镇登记失业人员培训357万人次，城乡未继续升学的应届初高中毕业生培训80万人次。②

（二）工资保障制度

工资保障制度旨在保障劳动者获得与其付出劳动相对应的劳动报酬，是实现"劳有所得"的重要保障，包括最低工资制度和工资协商制度。1993年11月24日，劳动部发布《企业最低工资标准》，建立企业最低工资标准制度；2004年1月20日，劳动和社会保障部发布《最低工资规定》，扩大了最低工资规定的适用范围；2007年6月12日，劳动和社会保障部下发《关于进一步健全最低工资制度的通知》，进一步完善最低工资标准制度。2015年，全国城镇非私营单位就业人员年平均工资为62029元，比2014年增长10.1%；全国城镇私营单位就业人员年平均工资为39589元，比2014年增长8.8%；2015年末，外出农民工人均月收入水平为3072元，比2014

---

① 中央政府门户网站：《中华人民共和国就业促进法》（http://www.gov.cn/flfg/2007-08/31/content_732597.htm）。

② 人力资源和社会保障部：《2015年度人力资源和社会保障事业发展统计公报》（http://www.mohrss.gov.cn/SYrlzyhshbzb/dongtaixinwen/buneiyaowen/201605/t20160530_240967.html）。

年增长 7.2%。[①]

2000 年 11 月 8 日，劳动和社会保障部发布《工资集体协商试行办法》，规定了中国境内企业开展工资集体协商的内容、代表、程序及工资协议审查，建立工资集体协商制度。截至 2015 年末，全国企业劳动合同签订率达到 90%；经人力资源和社会保障部门审查的当期有效集体合同 176 万份，覆盖企业 356 万户、职工 1.7 亿人；经各级人力资源和社会保障部门审批且在有效期内实行特殊工时制度的企业近 7.2 万户，涉及职工 1560 万人。2015 年，全国各地劳动人事争议调解组织和仲裁机构共处理争议 172.1 万件，办结案件 161.0 万件，仲裁结案率为 95.2%；全国各级劳动保障监察机构共主动检查用人单位 192.5 万户次，涉及劳动者 9569.1 万人次；书面审查用人单位 219.6 万户次，涉及劳动者 8472.8 万人次；全年共查处各类劳动保障违法案件 38.9 万件，共为 481.4 万名劳动者追讨工资待遇等 421.2 亿元，其中为 385.9 万名农民工追讨工资待遇等 331.6 亿元；共督促用人单位为劳动者补签劳动合同 307.1 万份，督促 3.9 万户用人单位办理社保登记，督促 4.6 万户用人单位为 100.3 万名劳动者补缴社会保险费 21.3 亿元。[②]

（三）失业保险制度

失业保险制度是我国就业保障体系的重要组成部分，在我国经济体制改革不断深化和社会主义市场经济发展过程中得以建立完善。1986 年 7 月，国务院发布《国营企业职工待业保险暂行规定》；1993 年 4 月，国务院发布《国有企业职工待业保险规定》，扩大了待业保险覆盖对象；1999 年 1 月，国务院发布《失业保险条例》，保障对象由原来的国有企业职工扩大到城镇企事业单位及其职工，标志着我国失业保险制度的基本框架正式确立。截至 2015 年底，全国参加失业保险人数为 17326 万人，其中参加失业保险的农民工人数为 4219 万人；2015 年末全国领取失业保险金人数为 227 万人，全年共为 456.8 万人发放不同期限的失业保险金，全年共为 71 万名劳动合同期满未续订或提前解除劳动合同的农民合同制工人支付了一次性生活补助；全

---

① 人力资源和社会保障部：《2015 年度人力资源和社会保障事业发展统计公报》(http://www.mohrss.gov.cn/SYrlzyhshbzb/dongtaixinwen/buneiyaowen/201605/t20160530_240967.html)。

② 同上。

年失业保险基金收入 1368 亿元，支出 736 亿元，年末失业保险基金累计结存 5083 亿元。①

（四）劳动保护制度

我国劳动保护制度主要包括工伤保险制度、安全生产制度和职业病防治制度。2003 年 4 月 27 日，国务院公布《工伤保险条例》；2010 年 12 月 20 日，国务院令第 586 号公布《国务院关于修改〈工伤保险条例〉的决定》，修订后的《工伤保险条例》自 2011 年 1 月 1 日起施行，适用范围包括中国境内的企业、事业单位、社会团体、民办非企业单位、基金会、律师事务所、会计师事务所等组织和有雇工的个体工商户。2010 年 12 月 31 日，人力资源和社会保障部公布新修订的《工伤认定办法》，自 2011 年 1 月 1 日起施行。2013 年 4 月 25 日，人力资源和社会保障部下发《关于执行〈工伤保险条例〉若干问题的意见》，进一步明确了执行《条例》中的若干重要问题。2014 年 12 月 29 日，人力资源和社会保障部等联合发布《关于进一步做好建筑业工伤保险工作的意见》。截至 2015 年末，全国参加工伤保险人数 21432 万人，其中参加工伤保险的农民工人数为 7489 人；全年认定（视同）工伤 107.6 万人，全年评定伤残等级人数 54.2 万人，全年享受工伤保险待遇人数 202 万人；全年工伤保险基金收入 754 亿元，支出 599 亿元，年末工伤保险基金累计结存 1285 亿元（含储备金 209 亿元）。② 安全生产制度的主要法规包括 2002 年 11 月 1 日起施行的《中华人民共和国安全生产法》和 2007 年 6 月 1 日起施行的《生产安全事故报告和调查处理条例》。职业病防治制度的主要法规依据有三：一是第九届全国人民代表大会常务委员会第二十四次会议于 2001 年 10 月 27 日通过的《中华人民共和国职业病防治法》；二是第十一届全国人民代表大会常务委员会第二十四次会议于 2011 年 12 月 31 日通过的《关于修改〈中华人民共和国职业病防治法〉的决定》；三是人力资源和社会保障部等十部委于 2016 年 1 月 8 日联合发布的《关于加强农民工尘肺病防治工作的意见》。

---

① 人力资源和社会保障部：《2015 年度人力资源和社会保障事业发展统计公报》(http://www.mohrss.gov.cn/SYrlzyhshbzb/dongtaixinwen/buneiyaowen/201605/t20160530_240967.html)。

② 同上。

### 三　惠及全民的医疗保障体系

截至 2015 年底，我国参加各种医疗保障制度的人数已经超过 13 亿，基本形成惠及全民的医疗保障体系，主要包括城镇职工基本医疗保险制度、城镇居民基本医疗保险制度、新型农村合作医疗制度、城乡居民医疗救助制度和城乡居民大病保险制度，实现了"全民医保"的目标。

（一）城镇职工基本医疗保险制度

1997 年 1 月，《中共中央、国务院关于卫生改革与发展的决定》中提出："改革城镇职工医疗保障制度，建立社会统筹与个人账户相结合的医疗保险制度，逐步扩大覆盖面，为城镇全体劳动者提供基本医疗保障。"国务院于 1998 年 12 月颁布《关于建立城镇职工基本医疗保险制度的决定》，明确要求城镇所有用人单位，包括企业、机关、事业单位、社会团体、民办非企业单位及其职工，必须参加城镇职工基本医疗保险。21 世纪以来，全国各地积极实施城镇职工基本医疗保险制度，不断扩大基本医疗保险的覆盖面。截至 2015 年底，全国参加城镇职工基本医疗保险人数达到 28893 万人，其中参保职工 21362 万人，参保退休人员 7531 万人。[①]

（二）新型农村合作医疗制度

农村合作医疗制度在计划经济时期取得过举世瞩目的伟大成就，曾被世界银行和世界卫生组织誉为"发展中国家解决卫生经费的唯一范例"。改革开放后，随着人民公社体制解体和农村经济体制改革，传统合作医疗制度逐步走向解体。2002 年 10 月，《中共中央国务院关于进一步加强农村卫生工作的决定》中提出"逐步建立新型农村合作医疗制度"；2003 年 1 月，国务院办公厅转发卫生部、财政部和农业部三部门《关于建立新型农村合作医疗制度的意见》；2003 年 7 月，新型农村合作医疗试点正式启动。从 2004 年开始，新型农村合作医疗试点进度加快，参合农民人数和比例稳步提高，到 2008 年实现了新型农村合作医疗制度的全覆盖。截至 2014 年底，全国参加新农合人口数达 7.36 亿人，参合率为 98.9%；2014 年度新农合筹资总额达

---

①　人力资源和社会保障部：《2015 年度人力资源和社会保障事业发展统计公报》（http://www.mohrss.gov.cn/SYrlzyhshbzb/dongtaixinwen/buneiyaowen/201605/t20160530_240967.html）。

3025.3 亿元，人均筹资 410.9 元，全国新农合基金支出 2890.4 亿元。[①]

（三）城镇居民基本医疗保险制度

2007 年之前，我国先后建立了新型农村合作医疗制度和城镇职工基本医疗保险制度，但没有专门建立针对城镇非从业居民的医疗保险制度。为实现医疗保障全覆盖目标，国务院于 2007 年 7 月发布《关于开展城镇居民基本医疗保险试点的指导意见》，决定实施城镇居民基本医疗保险试点，要求到 2010 年实现城镇居民基本医疗保险制度全覆盖。2007 年，全国有 4291 万人参保，2008 年底，参加城镇居民基本医疗保险的人数上升到 11826 万人。[②] 截至 2010 年底，全国所有城市都建立了城镇居民基本医疗保险制度，参保人数达到 19528 万人。[③] 截至 2015 年底，全国参加城镇居民基本医疗保险人数达到 37689 万人，比 2014 年末增加 6238 万人。[④]

（四）城乡居民医疗救助制度

2003 年 11 月，民政部、卫生部、财政部联合下发《关于实施农村医疗救助的意见》，提出建立农村医疗救助制度。2005 年 8 月，民政部等三部委联合下发《关于加快推进农村医疗救助工作的通知》，要求进一步规范和完善农村医疗救助制度。2005 年 3 月，国务院办公厅转发《关于建立城市医疗救助制度试点工作的意见》，提出用五年左右的时间在全国建立起管理制度化、操作规范化的城市医疗救助制度。2009 年 6 月，民政部、财政部、卫生部、人力资源和社会保障部联合下发《关于进一步完善城乡医疗救助制度的意见》，进一步明确了城乡医疗救助的范围、方式、服务内容和补助方案。根据民政部公布的《2014 年社会服务发展统计公报》，2014 年全国实施医疗救助 9119 万人次，其中住院救助 1106.6 万人次，门诊救助 1288.7 万人次，资助参保参合 6723.7 万人；共支出医疗救助资金 252.6 亿元，其中住院救

---

① 国家卫生和计划生育委员会：《2014 年我国卫生和计划生育事业发展统计公报》（http://www.nhfpc.gov.cn/guihuaxxs/s10742/201511/191ab1d8c5f240e8b2f5c81524e80f19.shtml）。

② 中华人民共和国卫生部：《2009 中国卫生统计年鉴》，中国协和医科大学出版社 2009 年版，第 348 页。

③ 人力资源和社会保障部：《2010 年度人力资源和社会保障事业发展统计公报》（http://www.mohrss.gov.cn/SYrlzyhshbzb/zwgk/szrs/ndtjsj/tjgb/201107/t20110720_69907.htm）。

④ 人力资源和社会保障部：《2015 年度人力资源和社会保障事业发展统计公报》（http://www.mohrss.gov.cn/SYrlzyhshbzb/dongtaixinwen/buneiyaowen/201605/t20160530_240967.html）。

助 180.2 亿元，门诊救助 24 亿元，资助参保参合 48.4 亿元；住院救助、门诊救助、资助参保参合水平分别达到人次均 1628 元、186 元、72 元；2014年全年累计医疗补助优抚对象 474.6 万人次，人均补助水平 661.8 元，各级财政共支出优抚医疗补助资金 31.4 亿元。①

（五）城乡居民大病保险制度

2012 年 8 月 24 日，国家发改委、卫生部、财政部、人力资源和社会保障部、民政部、保监会六部门联合下发《关于开展城乡居民大病保险工作的指导意见》，提出建立城乡居民大病保险制度。《指导意见》全面规定了城乡居民大病保险的社会性质、基本原则、筹资机制、保障内容、承办方式和监督管理，明确了城乡居民大病保险在医疗保障体系中的地位。根据 2015 年 1 月 12 日国家卫生计生委例行新闻发布会提供的数据，截至2014 年底，全国所有省份都已开展了大病保险试点工作，其中 10 个省已全面推开，全年筹资 155 亿元，243 万人受益，大病患者实际报销比例提高 10—15 个百分点。②

2015 年 7 月 28 日，国务院办公厅印发《关于全面实施城乡居民大病保险的意见》提出：2015 年底前，大病保险覆盖所有城镇居民基本医疗保险、新型农村合作医疗参保人群，2017 年建立起比较完善的大病保险制度。2016 年 1 月 15 日，国家卫生计生委例行新闻发布会提供的数据显示，截至2015 年底，城乡居民大病保险全面实施，覆盖城乡参保居民超过 10 亿人，报销比例不低于 50%。③

## 四  全面覆盖的养老保障体系

我国已基本建立起覆盖全民的养老保障体系，实现了基本养老保险制度的全覆盖，主要包括机关事业单位职工养老保障制度、城镇企业职工基本养老保险制度、新型农村社会养老保险制度和城镇居民社会养老保险制度。截

---

① 民政部：《2014 年社会服务发展统计公报》（http://www.mca.gov.cn/article/sj/tjgb/201506/201506008324399.shtml）。

② 中国新闻网：《中国所有省份均已开展大病保险试点 243 万人受益》（http://www.chinanews.com/gn/2015/01-12/6958686.shtml）。

③ 国家卫生计生委网站：《2016 年 1 月 15 日国家卫生计生委例行新闻发布会文字实录》（http://www.nhfpc.gov.cn/xcs/s3574/201601/b3ba99c5611143dba51b2dd6e5a81831.shtml）。

至 2015 年底，全国参加基本养老保险人数为 85833 万人，全年基本养老保险基金收入 32195 亿元，支出 27929 亿元，年末基本养老保险基金累计结存 39937 亿元。[①]

（一）机关事业单位职工养老保障制度

从新中国成立到 2014 年的 65 年间，我国机关事业单位总体上一直实行公共财政供养的退休金养老制度。2006 年 6 月 14 日，国务院颁发《公务员工资制度改革方案》；6 月 15 日，人事部、财政部印发《事业单位工作人员收入分配制度改革方案》；6 月 21 日，人事部、财政部印发《事业单位工作人员收入分配制度改革实施办法》和《关于机关事业单位离退休人员计发离退休费等问题的实施办法》（以下简称《实施办法》）。《实施办法》规定："1. 公务员退休后的退休费按本人退休前职务工资和级别工资之和的一定比例计发。其中，工作年限满 35 年的按 90% 计发；工作年限满 30 年不满 35 年的，按 85% 计发；工作年限满 20 年不满 30 年的，按 80% 计发。2. 事业单位工作人员退休后的退休费按本人退休前岗位工资和薪级工资之和的一定比例计发。其中，工作年限满 35 年的，按 90% 计发；工作年限满 30 年不满 35 年的，按 85% 计发；工作年限满 20 年不满 30 年的，按 80% 计发。3. 机关技术工人、普通工人退休后的退休费分别按本人退休前岗位工资和技术等级工资之和的一定比例计发。其中，工作年限满 35 年的，按 90% 计发；工作年限满 30 年不满 35 年的，按 85% 计发；工作年限满 20 年不满 30 年的，按 80% 计发。[②]"

2008 年 3 月 14 日，国务院印发劳动和社会保障部、财政部、人事部制定的《事业单位工作人员养老保险制度改革试点方案》，但没有实现预期目标。由于机关事业单位未建立真正意义上的社会养老保险制度，实际参加基本社会养老保险的人数有限，退休职工养老主要还是依靠公共财政支付的退休金。2012 年 11 月，十八大报告中提出"改革和完善企业和机关事业单位社会保险制度"。截至 2013 年 10 月，全国只有 2153 万机关事业单位职工参

① 人力资源和社会保障部：《2015 年度人力资源和社会保障事业发展统计公报》（http://www.mohrss.gov.cn/SYrlzyhshbzb/dongtaixinwen/buneiyaowen/201605/t20160530_ 240967.html）。

② 转引自开封市人力资源和社会保障局《关于机关事业单位离退休人员计发离退休费等问题的实施办法》（http://www.kfrs.gov.cn/E_ ReadNews.asp? NewsID=1753）。

加城镇职工基本养老保险。[①]

2013年11月，十八届三中全会通过《中共中央关于全面深化改革若干重大问题的决定》，继续强调"推进机关事业单位养老保险制度改革"。2015年1月3日，国务院颁布的《关于机关事业单位工作人员养老保险制度改革的决定》规定：从2014年10月开始，机关事业单位不再实行公共财政供养的退休金养老制度，建立和实行单位和个人共同缴费的基本养老保险制度和职业年金制度，这在我国机关事业单位养老保障制度发展史上具有"分水岭"和"里程碑"的意义。

（二）城镇企业职工基本养老保险制度

1991年6月，国务院颁发《关于企业职工养老保险制度改革的决定》，提出在全民所有制企业"逐步建立起基本养老保险与企业补充养老保险和职工个人储蓄性养老保险相结合的制度。改变养老保险完全由国家、企业包下来的办法，实行国家、企业、个人三方共同负担，职工个人也要缴纳一定的费用"。1995年3月，国务院发布《关于深化企业职工养老保险制度改革的通知》提出："企业职工养老保险制度的参保对象为城镇各类企业职工和个体劳动者，基本养老保险费用由企业和个人共同负担，实行社会统筹与个人账户相结合的制度。"1997年7月，国务院发布《关于建立统一的企业职工基本养老保险制度的决定》，要求在城镇所有企业及其职工中建立企业职工基本养老保险制度，实行社会统筹与个人账户相结合的制度。

2005年12月，国务院在《关于完善企业职工基本养老保险制度的决定》中提出："扩大基本养老保险覆盖范围，城镇各类企业职工、个体工商户和灵活就业人员都要参加企业职工基本养老保险。"截至2015年底，全国参加城镇职工基本养老保险人数为35361万人，其中参保职工26219万人，参保离退休人员9142万人；企业参加城镇职工基本养老保险人数为33123万人，参加城镇职工基本养老保险的农民工人数为5585万人。2015年城镇职工基本养老保险基金总收入29341亿元，其中征缴收入23016亿元，各级财政补贴基本养老保险基金4716亿元；全年基金总支出25813亿元，2015

---

① 贾玥：《事业单位养老改革方向明确　公务员同步改成期待》，2013年11月7日，人民网（ht-tp：//theory.people.com.cn/n/2013/1107/c40531-23459782.html）。

年末城镇职工基本养老保险基金累计结存 35345 亿元。[①]

（三）新型农村社会养老保险制度

我国在 20 世纪 80 年代中期就已经启动农村社会养老保险试点，由于制度设计"先天不足"，进展比较缓慢。截至 2008 年底，全国参加传统农村社会养老保险的人数只有 5595 万人。[②] 2009 年 9 月，国务院发布《关于开展新型农村社会养老保险试点的指导意见》，决定建立"基础养老金和个人账户养老金相结合"的新型农村社会养老保险制度，实行"个人缴费、集体补助、政府补贴相结合"的筹资机制。截至 2011 年底，全国有 27 个省、自治区的 1914 个县（市、区、旗）和 4 个直辖市部分区县开展国家新型农村社会养老保险试点，参保人数达到 32643 万人，比 2008 年增加 27048 万人，是 2008 年的 5.83 倍。[③]

（四）城镇居民社会养老保险制度

2011 年 6 月，国务院下发《关于开展城镇居民社会养老保险试点的指导意见》，决定建立个人缴费与政府补贴相结合、社会统筹和个人账户相结合的城镇居民社会养老保险制度。截至 2011 年底，全国有 27 个省、自治区的 1902 个县（市、区、旗）和 4 个直辖市部分区县及新疆生产建设兵团开展国家城镇居民社会养老保险试点，参保人数 539 万人，实际领取待遇人数 235 万人。[④]

2014 年 2 月 21 日，国务院发布《关于建立统一的城乡居民基本养老保险制度的意见》。截至 2015 年底，全国城乡居民基本养老保险参保人数 50472 万人，其中实际领取待遇人数 14800 万人；全年城乡居民基本养老保险基金收入 2855 亿元，全年基金支出 2117 亿元，年末累计结存 4592

---

① 人力资源和社会保障部：《2015 年度人力资源和社会保障事业发展统计公报》（http://www.mohrss.gov.cn/SYrlzyhshbzb/dongtaixinwen/buneiyaowen/201605/t20160530_240967.html）。

② 人力资源和社会保障部：《2008 年度人力资源和社会保障事业发展统计公报》（http://www.mohrss.gov.cn/SYrlzyhshbzb/zwgk/szrs/ndtjsj/tjgb/201107/t20110723_69905.htm）。

③ 人力资源和社会保障部：《2011 年度人力资源和社会保障事业发展统计公报》（http://www.mohrss.gov.cn/SYrlzyhshbzb/zwgk/szrs/ndtjsj/tjgb/201206/t20120605_69908.htm）。

④ 同上。

亿元。①

## 五 多层次的住房保障体系

新中国成立以来，我国住房保障制度改革探索历程大体上经历了四个阶段：实物分配阶段（1949—1997 年）、市场化改革探索阶段（1998—2006年）、全面构建住房保障制度体系阶段（2007—2011 年）和保障性住房建设跨越式发展阶段（2012 年以来）。② 在福利房制度解体和商品房兴起的过程中，为解决城镇低收入家庭的住房困难问题，国家将保障性住房逐步纳入政府公共服务职责范围，先后建立城镇经济适用房制度、廉租住房制度、公共租赁住房制度和住房公积金制度，构建了多层次住房保障体系，不断扩大保障性住房的覆盖面。国家审计署 2013 年 8 月 9 日发布的《2012 年城镇保障性安居工程跟踪审计结果》的数据显示，截至 2012 年底，全国所有市县均建立了廉租住房制度，72.97%的市县建立了公共租赁住房制度，60.06%的市县建立了经济适用住房制度，23.75%的市县建立了限价商品住房制度，80.47%的市县实施了棚户区改造。③

（一）经济适用住房制度

经济适用住房制度是一种援助型的住房保障制度，经历了一个不断调整与发展的过程。1991 年 6 月，国务院在《关于继续积极稳妥地进行城镇住房制度改革的通知》中提出："大力发展经济适用的商品住房，优先解决无房户和住房困难户的住房问题。"1994 年 12 月，建设部、国务院住房制度改革领导小组、财政部联合发布的《城镇经济适用住房建设管理办法》提出："经济适用住房是指以中低收入家庭住房困难户为供应对象，并按国家住宅建设标准建设的普通住宅。"2004 年 5 月，建设部等四部委联合发布的《经济适用住房管理办法》提出："经济适用住房，是指政府提供政策优惠，限定建设标准、供应对象和销售价格，具有保障性质的政策性商品住房。"

---

① 人力资源和社会保障部：《2015 年度人力资源和社会保障事业发展统计公报》（http://www.mohrss.gov.cn/SYrlzyhshbzb/dongtaixinwen/buneiyaowen/201605/t20160530_240967.html）。

② 王保安：《走中国特色住房保障道路》，《人民日报》2013 年 4 月 10 日。

③ 中华人民共和国审计署：《2012 年城镇保障性安居工程跟踪审计结果》（2013 年第 29 号，总第 171 号）（http://www.audit.gov.cn/n1992130/n1992150/n1992500/3322839.html）。

2007 年 11 月，建设部等七部委联合发布新修订的《经济适用住房管理办法》，重新界定经济适用住房的性质，明确了经济适用房的建设管理、价格管理、准入和退出管理、单位集资合作建房、监督管理以及政策支持等，标志着经济适用住房制度基本定型。

（二）廉租住房制度

廉租住房制度是一种救助型的住房保障制度，起步于 1998 年。1998 年 7 月，国务院在《关于进一步深化城镇住房制度改革加快住房建设的通知》中首次提出建立廉租住房制度。1999 年 4 月，建设部发布《城镇廉租住房管理办法》，明确城镇廉租住房的性质："是指政府和单位在住房领域实施社会保障职能，向具有城镇常住居民户口的最低收入家庭提供的租金相对低廉的普通住房。"2003 年 12 月，建设部、财政部、民政部、国土资源部、国家税务总局联合发布《城镇最低收入家庭廉租住房管理办法》，对廉租住房的原则、对象、标准等做了明确规定，自 2004 年 3 月 1 日起施行。2007 年 12 月，建设部等九部委联合发布《廉租住房保障办法》，全面系统地规定廉租住房的保障资金、保障范围、保障方式、房屋来源、申请与审核、监督管理、法律责任等，标志着廉租住房制度基本定型。

（三）公共租赁住房制度

2010 年 6 月，住房和城乡建设部等七部委发布《关于加快发展公共租赁住房的指导意见》，阐述了加快发展公共租赁住房的重要意义，提出了发展公共租赁住房的基本原则、租赁管理、房源筹集、支持和监督管理等。2012 年 5 月，住房和城乡建设部发布《公共租赁住房管理办法》，提出公共租赁住房是指"限定建设标准和租金水平，面向符合规定条件的城镇中等偏下收入住房困难家庭、新就业无房职工和在城镇稳定就业的外来务工人员出租的保障性住房"，同时明确了公共租赁住房的申请与审核、轮候与配租、使用与退出、法律责任等，标志着公共租赁住房制度的形成。

（四）住房公积金制度

住房公积金制度是一种互助型的住房保障制度，旨在通过专款专用形式来开辟住房建设和消费的稳定资金来源的一种政策性强制住房储蓄。住房公积金的性质包括保障性、互助性和长期性，具有普遍性、强制性、专用性、福利性和返还性等特点。① 1994 年 11 月 23 日，财政部、国务院住房制度改革领导小组、中国人民银行联合下发《建立住房公积金制度的暂行规定》，标志着中国初步建立住房公积金制度。1999 年 4 月，国务院颁布《住房公积金管理条例》，标志着我国住房公积金管理步入规范化、法制化发展的新时期。2002 年 3 月，国务院发布新修改的《住房公积金管理条例》，明确住房公积金的性质是"国家机关、国有企业、城镇集体企业、外商投资企业、城镇私营企业及其他城镇企业、事业单位、民办非企业单位、社会团体及其在职职工缴存的长期住房储金"，标志着我国住房公积金制度基本定型。截至 2011 年底，全国缴存住房公积金的职工总数为 1.33 亿人，累计缴存住房公积金高达 4.06 万亿元，帮助 8112 万职工家庭实现了自己的安居梦。②

　　住房和城乡建设部、财政部、中国人民银行发布的《全国住房公积金 2014 年年度报告》显示：2014 年全年住房公积金实缴单位 206.50 万个，实缴职工 11877.39 万人；全年新开户单位 22.68 万个，新开户职工 1575.70 万人；净增实缴单位 25.44 万个，净增实缴职工 999.53 万人。全年住房公积金缴存额 12956.87 亿元，年末缴存总额 74852.68 亿元，扣除提取后的缴存余额 37046.83 亿元；全年住房公积金提取额 7581.96 亿元，占全年缴存额的 58.52%；其中住房消费类提取 5714.52 亿元，非住房消费类提取 1867.44 亿元，分别占 75.37%、24.63%；年末住房公积金提取总额 37806.26 亿元，占缴存总额的 50.51%。全年发放个人住房贷款 222.51 万笔、6593.02 亿元，全年收回个人住房贷款 2786.90 亿元，全年个人住房贷款新增余额 3806.12 亿元。截至 2014 年末，累计发放个人住房贷款 2185.85 万笔、42245.30 亿元，年末个人住房贷款余额 25521.94 亿元，个人住房贷款率 68.89%。截至 2014 年末，累计发放试点项目贷款 775.80 亿元，其中经济适用住房 209.60 亿元，棚户区改造安置用房 313.21 亿元，公共租赁住房 252.99 亿元。2014 年全年住房公积金业务收入 1496.73 亿元，其中委托存款利息收入 404.96 亿元，委托贷款利息收入 1081.92 亿元，国债利息收入 6.08 亿元，其他收入 3.77 亿元；全年住房公积金业务支出 819.71 亿元，其中支付缴存职工利

① 文林峰编著：《城镇住房保障》，中国发展出版社 2007 年版，第 96—100 页。
② 王绍光：《中国仍然是低福利国家吗？——比较视角下的中国社会保护"新跃进"》，《学术前沿》2013 年第 22 期。

息751.84亿元，归集手续费20.03亿元，委托贷款手续费42.98亿元，其他支出4.86亿元。①

根据国家审计署发布的《2014年城镇保障性安居工程跟踪审计结果》，2014年，全国各级财政共筹集安居工程资金5601.55亿元（其中中央财政资金1984亿元），通过银行贷款、发行企业债券等社会融资方式筹集安居工程资金10631.77亿元。全国安居工程实际新开工745.05万套，基本建成551.46万套；全国保障性住房和棚户区改造安置住房竣工面积2.98亿平方米，占城镇住宅竣工总面积的27.79%；保障性住房销售和棚户区改造安置住房供应面积2.18亿平方米，占城镇住宅销售面积的20.76%；2014年当年享受安居工程保障的城镇人口达3990.68万人，同比增加26.36%。2014年，全国完成棚户区改造276.93万户，全年新增实物安置的381.04万户棚户区居民，人均住房面积比改造前提高29%；44.95万户家庭购买了经济适用住房或限价商品住房；273.67万户城镇低收入住房困难家庭享受住房租赁补贴，平均每户每月补贴201元。2014年，全国共有567.45万名新就业无房职工、在城镇稳定就业的外来务工人员和进城落户农民享受了公共租赁住房保障，同比增加35.65%。2014年，国家开发银行发放棚户区改造贷款4086亿元，全国安居工程建设完成投资额12963.44亿元，占全年城镇住宅投资总额的17.82%。②

## 六　应保尽保的最低生活保障体系

自1997年和2007年先后建立城市居民最低生活保障制度和农村最低生活保障制度以来，城乡低保制度覆盖面不断扩大，基本实现了"应保尽保"目标。

### （一）城市居民最低生活保障制度

我国城市居民最低生活保障制度发端于地方政府试点。1993年6月，上海市率先建立城市居民最低生活保障制度。到1997年5月，全国有206

---

① 中华人民共和国财政部网站：《关于印发〈全国住房公积金2014年年度报告〉的通知》（建金〔2015〕78号）（http://www.mof.gov.cn/zhengwuxinxi/zhengcefabu/201506/t20150615_ 1256623.htm）。

② 中华人民共和国审计署：《2014年城镇保障性安居工程跟踪审计结果》（2015年第27号，总第224号）（http://www.audit.gov.cn/n5/n25/c73922/content.html）。

个城市建立，约占全国建制市的 1/3。① 1997 年 9 月，国务院下发《关于在全国建立城市居民最低生活保障制度的通知》；到 1999 年 9 月底，全国 668个城市和 1638 个县级人民政府所在地的建制镇全部建立起城市低保制度。② 1999 年 9 月，国务院颁布《城市居民最低生活保障条例》，标志着城市居民最低生活保障制度走上制度化轨道。截至 2014 年底，全国共有城市低保对象 1026.1 万户、1877.0 万人；2014 年各级财政共支出城市低保资金 721.7亿元，全国低保平均标准每月每人 411 元，比 2013 年增长 10.1%；全国月人均补助水平 286 元，比 2013 年增长 8.3%。③

（二）农村最低生活保障制度

农村最低生活保障制度的建立也是始于地方政府的探索。1995 年 12 月，广西壮族自治区的武鸣县颁布《武鸣县农村最低生活保障线救济办法》，这是我国第一个县级农村最低生活保障制度文件。④ 到 2006 年底，全国有 23个省份建立了农村最低生活保障制度，2133 个县（市）开展农村最低生活保障工作。⑤ 2007 年 7 月，国务院下发《关于在全国建立农村最低生活保障制度的通知》，决定在全国普遍建立农村最低生活保障制度。截至 2014 年底，全国有农村低保对象 2943.6 万户、5207.2 万人；2014 年各级财政共支出农村低保资金 870.3 亿元，其中中央补助资金 582.6 亿元，占总支出的66.9%；2014 年全国农村低保平均标准每人每年 2777 元，比 2013 年提高343 元，增长 14.1%；全国农村低保月人均补助水平 129 元，比 2013 年增长11.4%。⑥

（三）农村五保供养制度

农村五保供养制度始建于 1956 年，是一项具有中国特色的最低生活保

①　景天魁、毕天云、高和荣：《当代中国社会福利思想与制度》，中国社会出版社 2011 年版，第132 页。

②　廖益光：《社会救助概论》，北京大学出版社 2009 年版，第 54 页。

③　民政部：《2014 年社会服务发展统计公报》（http：//www.mca.gov.cn/article/sj/tjgb/201506/201506008324399.shtml）。

④　廖益光：《社会救助概论》，北京大学出版社 2009 年版，第 146 页。

⑤　民政部：《2006 年民政事业发展统计公报》（http：//cws.mca.gov.cn/article/tjgb/200712/20071200006494.shtml）。

⑥　民政部：《2014 年社会服务发展统计公报》（http：//www.mca.gov.cn/article/sj/tjgb/201506/201506008324399.shtml）。

障制度。1994 年 1 月，国务院颁布《农村五保供养条例》，明确规定了农村
五保供养的对象、性质、内容、形式等。2006 年 1 月，国务院颁布新修订的
《农村五保供养工作条例》，将农村五保供养纳入公共财政范畴，形成国家
保障、集体补助和群众帮助相结合的体制。截至 2014 年底，全国有农村五
保供养对象 529.1 万人，比 2013 年下降 1.5%；2014 年各级财政共支出农村
五保供养资金 189.8 亿元，比 2013 年增长 10.2%；其中农村五保集中供养
174.3 万人，集中供养年平均标准为 5371 元/人，比 2013 年增长 14.6%；农
村五保分散供养 354.8 万人，分散供养年平均标准为 4006 元/人，比 2013
年增长 14.5%。①

## 第二节　社会福利普遍化中的碎片化

我国社会福利普遍性增长是通过不断扩大覆盖面的途径实现的，覆盖面
的扩大又是通过增加社会福利项目和新建社会福利制度实现的。在社会福利
普遍性增长过程中，不可避免地出现了社会福利碎片化现象，产生了一系列
消极影响。

### 一　社会福利碎片化的表现

#### （一）城乡福利二元化

由于城乡经济社会发展差异的客观存在，城乡居民生产方式、收入方式
和生活方式的差异，我国社会福利体系建设过程中长期存在"城乡有别"、
"先城后农"和"重城轻农"的倾向，导致我国社会福利发展的城乡分割，
形成了农村社会福利体系和城镇社会福利体系二元并存的格局。从大福利视
角看，我国目前的农村社会福利体系主要包括农村基本公共教育保障体系
（义务教育免费、寄宿生生活补助和农村义务教育学生营养改善等）、农村
公共就业服务体系（农村转移就业劳动力职业技能培训）、新型农村合作医
疗与农村医疗救助制度、新型农村社会养老保险制度、农村最低生活保障制

---

① 民政部：《2014 年社会服务发展统计公报》（http://www.mca.gov.cn/article/sj/tjgb/201506/
201506008324399.shtml）。

度、农村五保供养制度、农村住房救助制度、农村危房改造计划等。我国目前的城镇社会福利体系主要包括城镇公共教育保障体系、城镇劳动就业保障体系（就业促进制度、失业保险制度、最低工资制度和劳动保护制度等）、城镇社会医疗保障体系（城镇职工基本医疗保险制度、城镇居民基本医疗保险制度和城市医疗救助制度）、城镇社会养老保障体系（机关事业单位职工养老保险制度、城镇企业职工基本养老保险制度和城镇居民社会养老保险制度）、城市最低生活保障制度和城镇住房保障体系（经济适用住房制度、城镇廉租房制度、住房公积金制度和公共租赁住房制度等）。

　　城乡二元社会福利体系的形成与存在，具有客观必然性和过程合理性。纵观世界各国的社会福利发展史，所有国家都经历了类似的发展阶段。但是，随着城镇化水平不断提高和城乡差距逐步缩小，我国的城乡关系发生了新变化，统筹城乡发展、实现城乡发展一体化成为必然选择。十八届三中全会提出："必须健全体制机制，形成以工促农、以城带乡、工农互惠、城乡一体的新型工农城乡关系，让广大农民平等参与现代化进程、共同分享现代化成果。"城乡关系进入新的历史阶段，城乡社会福利体系也应该从"城乡分割"走向"城乡统筹"，从"城乡二元化"走向"城乡一体化"。

　　（二）制度设置身份化

　　社会福利制度设置的身份化，是我国社会福利碎片化的集中体现。在我国的社会福利保障领域，社会成员被区分为不同的身份群体，不同身份群体的社会成员分别参加不同的福利保障制度，享受不同水平的福利保障待遇。目前，从福利对象的角度看，我国社会福利保障领域主要有机关事业单位职工、城镇企业职工、城镇居民和农村居民四类身份群体，不同身份群体分别对应不同的福利保障制度。在养老保障领域，存在着"干部保"、"工人保"、"居民保"和"农民保"。2014 年 10 月之前，机关事业单位职工长期实行公共财政支持的退休金制度，单位和个人不用缴纳养老保险金。城镇企业职工实行"社会统筹与个人账户"相结合的社会养老保险制度，由企业和个人共同缴纳养老保险金。城镇居民和农村居民的社会养老保险制度经历了"分别设置"到"合并统一"两个阶段，统一后的城乡居民社会养老保险制度实行"个人缴费、集体补助、政府补贴"的基金筹集模式。在医疗保障领域，目前还存在着"职工保"、"农民保"和"居民保"三种基本医疗保险制度。机关事业单位工作人员和城镇企业职工参加"城镇职工基本医疗保险制度"（机关事业单位职工曾经长期享受公费医疗和免费医疗待遇），农村居民参加"新型农村合作医疗制度"，城镇居民参加"城镇居民基本医疗保险制度"。在最低生活保障领域，目前还存在着"农村低保"和"城市低保"两套保障体系。按照社会成员身份设置的福利保障制度，造成不同身份群体之间的"福利区隔"，形成福利待遇的"身份固化"甚至是"身份特权"，阻碍不同社会成员之间的社会流动和身份变化，加剧不同身份群体之间的社会隔阂甚至社会排斥。

在我国，不仅不同身份群体分属不同的福利保障体系，即使同一身份群体内部也存在着分散化的制度安排，最典型的就是农民社会保障的"分割化"。改革开放以来，传统的农民阶级已产生了显著分化：从有无土地的角度，可分为"有地农民"与"失地农民"两大群体；从流动性的角度，可分为"留守农民"和"流动农民"（农民工）两大群体；从居住地域角度，可分为"城市里的农民"和"农村里的农民"两大群体。近几年来，学术界一再提出并倡导建立"失地农民社会保障体系"和"农民工社会保障体系"，一些地方政府也确实为建立这两个社会保障体系而出台各种政策。长此以往，将出现"留守农民社会保障"、"流动农民社会保障"和"失地农民社会保障"三个"农民社会保障体系"。①

（三）管理部门多头化

"多龙治水"是我国社会福利管理体制的历史传统和现实格局。一是不同政府部门分管不同的社会福利项目。人力资源和社会保障部门主管城镇职工基本医疗保险、基本养老保险、失业保险、工伤保险、生育保险、城镇居民基本医疗保险、城镇居民社会养老保险、新型农村社会养老保险，以及城乡居民大病医疗保险；民政部门主管城乡最低生活保障、城乡医疗救助、临时救助、优抚安置、残疾人福利、老年人福利、儿童福利和灾民救济等；卫生部门主管新型农村合作医疗和基本公共卫生服务；教育部门主管教育福利和教育救助；住房和建设部门主管保障性住房、住房公积金和城乡住房救助。多头主管的主要优点是对口性、对应性和专业性较强；主要缺点则是相

---

① 毕天云：《论大福利视阈下我国社会福利体系的整合》，《学习与实践》2012年第2期。

互之间过于封闭，衔接性较差。有的部门往往从自身利益出发，有选择地确定福利对象；有的部门提供的福利项目涉及其他部门，却因各个部门之间缺乏有效的协调机制而使民众无法便利地获得与享用；有的社会福利项目由于缺乏相互沟通而导致各个部门之间要么重复提供福利，要么无人提供福利。二是满足同一福利需求的福利保障制度分割在不同的主管部门。最典型的事例是医疗保障制度管理的部门分割：新型农村合作医疗归属卫生计生部门，城镇职工基本医疗保险、城镇居民基本医疗保险和城乡居民大病医疗保险归属人力资源和社会保障部门，城乡医疗救助制度归属民政部门。[①]

### （四）信息系统分散化

随着我国社会福利项目增加和覆盖面扩大，提高社会福利信息管理现代化的要求十分迫切。1998 年以前，我国的社会福利保障信息化工作处于"分散建设、各自为政"的状态，信息管理主要依靠传统手工操作和单机操作。2002 年 8 月，中共中央办公厅、国务院办公厅专门转发《国家信息化领导小组关于我国电子政务建设指导意见》，将社会保障信息化建设列入国家电子政务重点建设和完善的 12 个业务系统。经过十余年的努力，社会保障信息化建设取得了一定成效，但总体上尚处于初级阶段，各个社会保障项目的信息管理系统基本上处于"信息孤岛"状态。[②] 在系统建设方面，建设标准高低不一，规模大小不同，软件版本和硬件设施各式各样。在网络规模方面，大多数为局域网，覆盖面小、层次低。在信息采集方面，不同主管部门在不同时间、不同地点重复采集公民个人信息，浪费了大量的时间、人力、物力和财力。在信息管理方面，不同业务部门管理手段和水平参差不齐，有的能够比较熟练地使用微机管理，有的还停留在手工阶段。在信息资源运用方面，不同部门采集的数据不一致，数据存储格式不一，导致资源部门化、分散化，难以或无法共享。在资金投入方面，既有投入严重不足的问题，也存在重复投入和资金浪费的问题。在技术人才方面，从事社会保障信息化建设工作的人员大多数是"半路出家"，还有个别人员属于"滥竽充数"。不仅缺乏一般的信息技术人员；还特别缺乏既精通计算机信息网络技

---

①　毕天云：《论大福利视阈下我国社会福利体系的整合》，《学习与实践》2012 年第 2 期。

②　同上。

术，又熟悉社会保障理论、政策和业务的复合型人才。①

（五）统筹范围地域化

从福利制度运行的空间布局看，统筹范围地域化将导致地域福利的多样化，进而形成社会福利的"区域碎片化"。② 我国各项社会福利制度的统筹范围均以特定行政区划所管辖的地理空间为地域边界，形成了不同范围（层次）的地域福利空间布局。根据我国现行的行政区划层级，社会福利项目（主要是社会保险项目）的统筹范围主要有省域统筹、市域统筹和县域统筹三种类型（层次）；不同福利项目的统筹范围（层次）不同，同一福利项目的统筹范围也不尽相同。以基本养老保险为例，城镇企业职工基本养老保险基本实现了省域统筹，新型农村社会养老保险和城镇居民社会养老保险则包括市域统筹和县域统筹两个层次；以基本医疗保险为例，城镇职工基本医疗保险主要是市域统筹，新型农村合作医疗和城镇居民基本医疗保险既有市域统筹也有县域统筹。统筹范围地域化和统筹地域层次化，是社会福利发展中的必然选择，也是扩大福利普遍性的必由之路。与此同时，由于不同地区的经济发展状况、财政供给能力以及筹资缴费水平不同，必然在地域化过程中产生"福利地域化"现象，并逐步形成多层次或多类型的"地域福利"（省域福利、市域福利和县域福利）。"地域福利"会导致两个结果：一是地域福利差距。由于不同地域的人口规模、经济水平和政策设定差异，有的地区缴费多待遇标准高，有的地区缴费少待遇标准低。二是地域福利壁垒。不同福利地域自成一体甚至相互封闭；福利赤字的地区期待福利调剂，福利盈余的地区不愿主动调剂；不但助长了"地域保护主义"，而且增加了提高统筹层次的难度。

## 二　社会福利碎片化的危害

社会福利碎片化产生了一系列消极后果。郑秉文撰文指出，中国社会保障碎片化有十大危害：不利于社会稳定、不利于社会公正、不利于社会流动、不利于提高社保资金运用效率、不利于控制财政风险、不利于社保制度

---

① 郑功成主编：《中国社会保障改革与发展战略：总论卷》，人民出版社 2011 年版，第 218—219 页。

② 严国萍：《当代中国碎片化社会福利体制的形成与突破》，《中国行政管理》2014 年第 7 期。

长期建设、不利于拉动内需、不利于扩大覆盖面、不利于提高社保制度运行质量、不利于社会融和与社会和谐。① 综合而言，社会福利碎片化主要有四大危害。

（一）扩大福利待遇差距，有悖社会公平正义

社会公平是社会福利保障制度的价值理念和基本原则，社会福利碎片化的存在，导致社会福利保障领域产生新的不公平现象，形成社会福利保障领域的"二律背反"。按照现行制度，部分社会成员享有的保障项目多、保障待遇较高；部分社会成员享有的保障项目少、保障待遇较低。就总体保障水平而言，机关事业单位职工最高，企业职工次之，城镇居民再次，农村居民最低。在养老保障领域，参加不同养老保险制度的人群，养老金差距明显。郑秉文研究发现，在 1990 年，企业人均离退休费为 1664 元，事业单位和机关公务员分别是 1889 元和 2006 元，差距还不明显。但是到 2005 年，企业单位人均离退休费为 8803 元，事业单位和机关分别是 16425 元和 18410 元，事业单位和机关人均离退休费分别比企业高出 86.6% 和 109.1%。② 何文炯研究发现，老年农民、城镇老年居民、企业退休职工、退休公务员四类人群的平均养老金之比大约是 1∶1∶20∶41。③ 王亚柯等人研究发现，我国机关事业单位的养老金总替代率为 90%，保障水平较高；企业职工的总替代率为 62.2%，保障水平一般；"新农保"的养老金替代率仅为 18.5%，保障水平过低。④ 在医疗保障领域，农村居民、城镇居民、企业职工、公务员之间的保障水平也存在较大差距。何文炯研究发现，农民、城镇居民、企业职工、公务员四类人群的医疗保险筹资额度之比大约是 1∶1∶8∶12。⑤ 申曙光等研究发现，新型农村合作医疗的平均报销水平为 36%，城镇居民基本医疗保险的报销水平为 50% 左右，城镇职工基本医疗保险的报销水平达到 70% 左

---

① 郑秉文：《中国社保"碎片化制度"危害与"碎片化冲动"探源》，《甘肃社会科学》2009 年第 3 期。

② 同上。

③ 何文炯：《中国社会保障发展与展望》，《社会保障研究》2013 年第 1 期。

④ 王亚柯、王宾、韩冰洁等：《我国养老保障水平差异研究——基于替代率与相对水平的比较分析》，《管理世界》2013 年第 8 期。

⑤ 何文炯：《中国社会保障发展与展望》，《社会保障研究》2013 年第 1 期。

右。① 在最低生活保障领域，全国低保对象的月人均保障标准和人均补差水平不仅存在着较大的城乡差距，而且城乡差距越来越大。从 2007 年到 2014 年，城乡月人均保障标准的差距从 112.4 元增加到 179.58 元，增加了 67.18 元；城乡月人均补助水平差距从 63.9 元增加到 157 元，增加了 93.1 元。具体如表 1—1 所示。

表 1—1　　　　　2007—2014 年城乡低保标准差距统计　　　　单位：元

| 年份 | 月人均保障标准 | | | 月人均补助水平 | | |
|------|------|------|------|------|------|------|
| | 城市低保 | 农村低保 | 城乡差距 | 城市低保 | 农村低保 | 城乡差距 |
| 2007 | 182.4 | 70 | 112.4 | 102.7 | 38.8 | 63.9 |
| 2008 | 205.3 | 82.3 | 123 | 143.7 | 50.4 | 93.3 |
| 2009 | 227.8 | 100.84 | 126.96 | 172.0 | 68 | 104 |
| 2010 | 251.2 | 117.0 | 134.2 | 189.0 | 74 | 122 |
| 2011 | 287.6 | 143.2 | 144.4 | 240.3 | 106.1 | 134.2 |
| 2012 | 330.1 | 172.32 | 157.78 | 239.1 | 104.0 | 135.1 |
| 2013 | 373 | 203 | 170 | 264 | 116 | 148 |
| 2014 | 411 | 231.42 | 179.58 | 286 | 129 | 157 |

资料来源：根据民政部公布的 2007—2014 年度统计公报数据整理而成。

### (二) 产生重复参保现象，浪费公共财政资源

由于制度分割，管理分离，信息分散，"重复参保"现象比较普遍。在基本养老保险领域，既有在企业职工基本养老保险制度和新型农村社会养老保险制度之间重复参保的，也有在城镇居民社会养老保险制度和新型农村社会养老保险制度之间重复参保的，还有在企业职工基本养老保险和城镇居民社会养老保险间重复参保的，甚至一个人同时跨省拥有两个以上企业职工基本养老保险个人账户。根据国家审计署公布的审计结果，截至 2011 年底，全国共有 110.18 万企业职工基本养老保险参保人员重复参加了企业职工基本养老保险或新型农村社会养老保险和城镇居民社会养老保险，造成财政多

---

① 申曙光、李亚青、侯小鹃：《医保制度整合与全民医保的发展》，《学术研究》2012 年第 12 期。

补贴 5133.52 万元，9.27 万人重复领取养老金 6845.29 万元；2011 年底全国有 2.24 万人重复参加新农保、城居保和城乡居保三项社会养老保险，造成财政多补贴 289.57 万元；2011 年底全国共有 240.40 万人跨省拥有两个以上企业职工基本养老保险个人账户。① 又如，截至 2013 年底，陕西省养老保险重复参保人数超过 13 万人，3.18 万人为省内重复参加城镇企业职工养老保险，10.47 万人为重复参加城镇企业职工养老保险与城乡居民养老保险，1.2 万人为重复享受养老保险待遇。② 在医疗保障领域，有的在城镇职工基本医疗保险制度和新型农村合作医疗制度间重复参保，有的在城镇居民基本医疗保险制度和新型农村合作医疗制度间重复参保，还有的在城镇职工基本医疗保险制度和城镇居民基本医疗保险制度间重复参保。根据审计署公布的审计结果，截至 2011 年底，全国有 538.47 万人重复参加新型农村合作医疗、城镇职工基本医疗保险或城镇居民基本医疗保险，造成财政多补贴 7.92 亿元，9.57 万人重复报销医疗费用 1.47 亿元；有 547.64 万人在三项基本医疗保险制度间重复参保，财政多补贴 9.23 亿元。③ 在天津、成都、厦门、泰州四地整合医疗保险管理资源后，通过信息系统比对，分别发现有 45 万、27 万、8 万、20 万人重复参保；在南京市栖霞区 11 万城镇居民参保人员中，有 4 万人同时参加了新农合。④ 从参保人群看，农民工群体是重复参保现象最为突出的人群。由于农民工群体就业的流动性，既可能同时参加新型农村合作医疗、城镇居民基本医疗保险和城镇职工基本医疗保险⑤，也可能同时参加新型农村社会养老保险、城镇居民社会养老保险和城镇企业职工基本养老保险。⑥

（三）转移接续比较困难，阻碍劳动力自由流动

改革开放以来，我国劳动力的空间流动和职业变动非常频繁，要求社会

---

① 审计署：《全国社会保障资金审计结果》（2012 年第 34 号，总第 141 号）（http://www.gov.cn/zwgk/2012-08/02/content_2196871.htm）。

② 李艳：《陕西今年将清理养老保险重复参保问题》，《陕西日报》2014 年 4 月 1 日。

③ 审计署：《全国社会保障资金审计结果》（2012 年第 34 号，总第 141 号）（http://www.gov.cn/zwgk/2012-08/02/content_2196871.htm）。

④ 王东进：《切实加快医疗保险城乡统筹的步伐》，《中国医疗保险》2010 年第 8 期。

⑤ 耿爱生：《医保制度中农民工重复参保问题透析》，《湛江师范学院学报》2013 年第 2 期。

⑥ 蔚志新：《乡—城流动人口参加基本养老保险城乡统筹分析——基于〈社会保险法〉规定的基本养老保险制度》，《中国社会科学院研究生院学报》2014 年第 1 期。

福利保障制度增强携带方便性，适应流动性。但是，碎片化不但增加社会保险转移接续的难度，也严重制约劳动力自由流动。一是地区间转移接续困难。社会保险统筹范围的地域化，导致不同统筹地区之间的筹资比例、筹资水平、待遇标准、保障能力存在差异，增大了参保人员在跨统筹地区流动就业时社会保险关系转移的难度。目前，我国劳动力流动的总体趋势是：省际流动主要是由经济欠发达地区向经济发达地区流动，省内流动主要是由农村向中心城市流动，社会保险基金结余多的地区主要是经济发达地区。根据《城镇企业职工基本养老保险关系转移接续暂行办法》的规定："劳动者跨省流动就业，个人账户储存额全部转移，统筹账户按照 1998 年以后各年度实际缴费工资 12% 的总和转移。"由于还有 8% 的统筹账户基金留在转出地，将会影响流动就业人员参保缴费的积极性，甚至会造成经济发达地区外来务工人员不愿参保或中途退保现象。在"地域区隔"的背景下，为了减少社会保险转移接续的麻烦，劳动者有三种选择：要么不跨区域流动，要么流动后不参保，要么参保后退保。二是制度间转移接续困难。由于制度设置身份化，不同身份群体的制度安排存在差异，导致不同身份人群在不同制度间转移接续的诸多难题。例如，农村居民在新型农村合作医疗制度与城镇居民基本医疗保险制度、城镇职工基本医疗保险制度之间的转移衔接，在新型农村社会养老保险与城镇居民社会养老保险、城镇企业职工基本养老保险之间的转移接续；城镇居民在城镇居民社会养老保险与城镇企业职工基本养老保险之间的转移接续，在城镇居民基本医疗保险与城镇职工基本医疗保险之间的转移接续；机关单位职工、事业单位职工、城镇企业职工在转变职业身份后，无论是"转出"还是"转进"，都会面临一系列转移手续难题。

（四）产生社会福利分化，影响社会和谐稳定

从"身份多元化"角度看，福利碎片化导致社会福利分层[1]，形成不同的利益群体。目前，在我国的社会福利分层体系中，主要存在农村居民、农民工、非正规就业的城镇居民、城镇企业职工、机关公务员和事业单位工作人员六类利益群体。由于不同福利利益群体存在着福利保障范围与福利待遇

---

[1] 董海军、郭云珍：《中国社会福利分层：一个多维结构视角的分析》，《中共天津市委党校学报》2010 年第 1 期。

水平差异，不同福利利益群体之间容易产生社会矛盾、社会隔阂甚至社会排斥，由此成为不同群体利益冲突的导火索，为社会和谐稳定埋下隐患。在横向的社会福利比较中，待遇水平低的利益群体会产生相对剥夺感和不公平感，强烈要求提高福利待遇；待遇水平高的利益群体则反对制度改革，希望维护和保持既得利益。[①] 不同待遇必然导致不同利益群体之间的攀比，待遇低的群体势必攀比待遇高的群体。攀比的结果是：要么促使公共财政支出不断攀升，进一步增加各级政府的财政压力；要么提高缴费标准，可能引发更大范围和更难解决的福利公平问题。从"区域碎片化"角度看，由于劳动力主要由经济欠发达地区向经济发达地区流动，欠发达地区缴费能力不足，经济发达地区则基金结余，导致劳动者及其社会保险关系的转出地与转入地之间产生利益保护和冲突，损害了地区之间的经济协调发展。

## 第三节　加快社会福利体系整合的意义

社会福利碎片化是中国社会福利发展过程中不可避免的历史现象，是扩大社会福利普遍性的必经阶段。福利碎片化既给社会福利的进一步发展准备了基础，也为进一步发展提示了主攻方向。[②] 但是，碎片化的消极后果表明，过程合理并不等于结果合理，过程合理不能保证结果合理，必须尽快跳出"碎片化陷阱"。在继续扩大社会福利普遍性的同时，加快推进社会福利体系整合，既是我国社会福利发展的必由之路，也是全面深化社会福利体系改革的必然选择。

### 一　有利于增强社会福利公平

现代社会福利制度是人类追求社会公平的产物，是实现和维护社会公平的手段和工具。社会公平是社会福利制度的理念基础，社会福利公平是社会福利制度追求的首要价值。在社会福利保障体系建设过程中，既有公平问题也有效率问题，但首要的是公平问题，必须坚持公平优先的基本原则。社会

---

① 我国事业单位工作人员养老保险改革试点的实践充分证明了这一点。2008 年开始在山西、上海、浙江、广东、重庆五省市先期开展试点。但是，改革试点进行了近七年时间，没有取得实质性进展。

② 景天魁：《社会福利发展路径：从制度覆盖到体系整合》，《探索与争鸣》2013 年第 2 期。

福利碎片化损害社会福利公平，促进社会福利整合是增强福利公平性的重要途径。一是增强社会福利的城乡公平。城乡社会福利发展不公平是我国社会福利领域最为突出的不公平现象之一，城乡二元福利体系进一步强化了城乡之间的社会不公平。通过整合新型农村社会养老保险制度与城镇居民社会养老保险制度，建立统一的城乡居民基本养老保险制度，能够显著提高城乡居民基本养老保险的公平性；通过整合新型农村合作医疗和城镇居民基本医疗保险，建立一体化的城乡居民基本医疗保险制度，能够有效提高城乡居民基本医疗保险权益的公平性；通过整合农村最低生活保障制度、农村五保户供养制度和城镇最低生活保障制度，建立一体化的城乡居民最低生活保障制度，能够有效提高城乡贫困家庭在最低生活保障上的底线公平。二是增强社会福利的地区公平。社会福利制度统筹范围的地域性，导致社会福利待遇的地域差距，甚至在社会福利领域产生了"地方保护主义"，"去地域化"是社会福利体系整合的重要任务。通过扩大社会福利统筹的地域范围，提高社会福利统筹的地域层次，可以缩小社会福利的地域差距，提高社会福利的地区公平。三是增强社会福利的人群公平。在我国现行的社会福利体系中，存在着机关单位人员、事业单位人员、城镇企业职工、城镇居民、农村居民、农民工等"利益群体"，不同身份的利益群体之间存在着明显的福利待遇差距，最突出的是机关事业单位和城镇企业职工之间的基本养老保险"双轨制"。通过整合，可以逐步缩小不同人群之间的福利待遇差距，提高社会福利的人群公平性，减少不同福利群体之间的矛盾与冲突，增进社会和谐稳定。

## 二　有利于提高福利管理效率

强调社会福利保障的公平优先原则，并不等于社会福利保障不需要效率。在社会福利保障管理的运行过程中，效率是一个不可或缺的重要指标；在某些特定情形下，管理效率甚至直接体现和反映公平。我国的社会福利体系覆盖十几亿人口，是当今世界上规模最大的福利体系；管理任务非常艰巨，管理难度极大，提高管理效率特别重要。推进社会福利体系整合，至少可以在四个方面提高管理效率：一是有利于合理设置管理机构。政府机构具有自我膨胀的刚性动力，为了体现对新增福利项目的重视，每个新增项目都要设立一套管理机构，势必引发机构膨胀。如果把两个制度整合为一个制度，就可以把两套机构合并为一套机构，减少和避免重复设置管理机构。二是有利于加强管理队伍建设。提高管理效率的关键因素不是管理队伍的数量，而是管理队伍的质量；减少管理人员并不一定意味着管理能力的下降，增加管理人员也不一定意味着管理能力的提高。通过整合管理队伍，可以精简冗员，淘汰庸才，保留精干，补充能人；在整合队伍基础上提高管理人员的业务素质，实现管理队伍的专业化，同样能够提高管理效率。三是有利于节约管理成本。从经济学角度看，合理设置管理机构和精心配备管理队伍的最大益处是节约管理成本，包括办公成本、财力成本和物力成本。四是有利于扩大信息系统共享。通过整合，彻底改变各自为政的信息管理，彻底打破封闭的"信息孤岛"，扩大部门之间、地区之间的信息共享范围，提高信息使用效率。

### 三　有利于提高制度统筹层次

我国的社会福利体系以社会保险为核心，提高社会保险统筹层次一直是社会保险体系建设追求的重要目标。根据社会保险理论中的"大数法则"，社会保险统筹范围越大，统筹层次越高，越有利于分散风险，越能增强保险基金的保障能力；同时也有利于劳动力在不同区域之间的自由流动，有助于提高社会福利公平度。反观我国的社会保险体系，不同保险项目统筹层次不一，既有县级统筹，也有市级和省级统筹，总体特征是统筹层次较低。社会保险统筹层次低，保险资金统筹调剂范围小，必然影响社会保险调剂功能发挥，造成社会保险关系转移接续困难，阻碍劳动力的自由流动，提高统筹层次势在必行。提高统筹层次的基本途径之一就是加快整合进度和提高整合力度，通过整合推进县级统筹迈向市级统筹、市级统筹迈向省级统筹、省级统筹走向全国统筹。通过整合提高城乡居民社会保障统筹层次：整合新型农村合作医疗与城镇居民基本医疗保险，建立市级或省级统筹的城乡居民基本医疗保险制度；整合新型农村社会养老保险制度和城镇居民社会养老保险制度，建立省市级统一管理的城乡居民基本养老保险制度；整合农村最低生活保障与城市最低生活保障，建立县级或市级统一管理的城乡居民最低生活保障制度。通过整合提高城镇职工社会保险统筹层次，通过扩大地域整合范围，实现基本养老保险省级统筹、基础养老金全国统筹；推进基本医疗保险、工伤保险、生育保险和失业保险由市级统筹向省级统筹过渡，最终实现全国统筹。

### 四　有利于深化户籍制度改革

城乡二元户籍制度曾经发挥过重要的历史作用，但在发展过程中也产生了一系列消极后果，深化户籍制度改革势在必行。2014 年 7 月，国务院发布的《关于进一步推进户籍制度改革的意见》提出："取消农业户口与非农业户口性质区分，统一登记为居民户口；建立与统一城乡户口登记制度相适应的教育、卫生计生、就业、社保、住房、土地及人口统计制度；建立居住证制度，居住证持有人享有与当地户籍人口同等的劳动就业、基本公共教育、基本医疗卫生服务、计划生育服务、公共文化服务、证照办理服务等权利；以连续居住年限和参加社会保险年限等为条件，逐步享有与当地户籍人口同等的中等职业教育资助、就业扶持、住房保障、养老服务、社会福利、社会救助等权利，不断扩大向居住证持有人提供公共服务的范围。"深化户籍制度改革既为城乡福利体系整合奠定了更加坚实的制度基础，也为城乡福利体系整合提出了新的要求。通过整合城乡福利体系，逐步实现农业转移人口与城镇人口享有同等的劳动就业保障、基本公共教育保障、基本医疗卫生保障、基本养老保障、基本住房保障和社会救助保障，有利于提高常住人口城镇化水平，逐步缩小户籍人口城镇化率与常住人口城镇化率之间的差距；通过统筹城乡福利发展，缩小城乡居民间的福利差距，有助于加快建立城乡统一的户口登记制度和居住证制度，实现户籍制度改革目标。

### 五　有利于推进新型城镇化建设

城乡社会福利体系整合与新型城镇化建设之间具有十分密切的内在联系，前者是后者的内在要求，后者是前者的重要动力。2014 年 3 月，中共中央、国务院印发的《国家新型城镇化规划（2014—2020 年）》提出：坚持以人为本原则，以人的城镇化为核心，有序推进农业转业人口市民化；稳步推进义务教育、就业服务、基本养老、基本医疗卫生、保障性住房等城镇基本公共服务覆盖全部常住人口。2016 年 2 月 2 日，国务院印发的《关于深入推进新型城镇化建设的若干意见》提出：促进有能力在城镇稳定就业和生活的农业转移人口举家进城落户，加快提高户籍人口城镇化率；保障居住证持有人在居住地享有义务教育、基本公共就业服务、基本公共卫生服务和计划生育服务、公共文化体育服务、法律援助和法律服务以及国家规定的其他基本公共服务；保障农民工随迁子女以流入地公办学校为主接受义务教育，以公办幼儿园和普惠性民办幼儿园为主接受学前教育；允许在农村参加的养老保险和医疗保险规范接入城镇社保体系，加快建立基本医疗保险异地就医医疗费用结算制度；以满足新市民的住房需求为主要出发点，建立购房与租房并举、市场配置与政府保障相结合的住房制度，健全以市场为主满足多层次需求、以政府为主提供基本保障的住房供应体系。① 加快推进城乡社会福利体系整合，是实现新型城镇化目标的重要和有效途径。

---

① 国务院：《关于深入推进新型城镇化建设的若干意见》（国发〔2016〕8 号）（http：//www. gov. cn/zhengce/content/2016-02/06/content_ 5039947. htm）。

# 第二章

# 中国社会福利体系整合的理论基础

　　我国社会福利体系整合既是一项必然的社会工程，更是一个自觉的社会行动。社会福利体系整合的总体设计、政策衔接、进度安排、地区平衡等重大问题，必须具有明确的理论指导，才能预防和减少整合的盲目性、自发性和零碎性，提高整合的效率性、公平性和持续性。社会建设理论、普遍福利理论、底线公平理论、基础整合理论和适度普惠福利理论，为社会福利体系整合提供了理论支持。

## 第一节　社会建设理论

　　社会建设理论是中国共产党深入总结改革开放以来我国经济社会发展经验的成果，是中国共产党在领导中国社会主义现代化建设过程中进行理论创新的成果。社会建设理论特别强调"民生为本"、"民生为重"、"保障民生"、"改善民生"，在一定意义上可以称为"民生建设理论"。从福利角度看，民生问题就是民众福祉问题，亦即民众福利问题，社会建设理论在很大程度上可视为中国特色的社会福利理论。社会建设理论高度重视全面保障和改善民生，既为建设普遍型社会福利体系提供了理论说明，也为社会福利体系整合奠定了坚实的理论基础。

### 一　社会建设理论的提出

　　"社会建设"是一个颇具中国特色的概念，20世纪初在中国出现。1919年，孙中山在《建国方略》一书中收入《民权初步（社会建设）》，其社会建设的核心思想是"教国民行民权"。1934年，我国著名社会学家孙本文在《社会学原理》一书中设有专节《社会建设与社会指导》，他将"社会建设"定义为"举凡关于人类共同生活及其安宁幸福等各种事业"①。

改革开放以来，我国经济发展迅速，经济实力显著增强，同时也出现了经济增长与社会发展之间的不均衡和不协调，集中体现在社会建设滞后于经济建设，出现了"经济长、社会短"、"经济快、社会慢"、"经济强、社会弱"等现象。2003年，党的十六届三中全会提出科学发展观，要求按照"五个统筹"努力实现经济社会的协调发展。2004年9月，在十六届四中全会通过的《中共中央关于加强党的执政能力建设的决定》中提出"加强社会建设与管理，推进社会管理体制创新"，"社会建设"一词首次出现在中国共产党的文件中。2006年10月，在十六届六中全会通过的《中共中央关于构建社会主义和谐社会若干重大问题的决定》中提出："推动社会建设与经济建设、政治建设、文化建设协调发展"，把社会建设与经济建设、政治建设、文化建设放在同一层次上相提并论。

2007年6月25日，胡锦涛在中央党校省部级干部进修班发表重要讲话时说："社会建设与广大人民群众的切身利益紧密相连，必须摆在更加突出的位置。加强社会建设，要以解决人民最关心、最直接、最现实的利益问题为重点，使经济发展成果更多体现到改善民生上，尤其要注重优先发展教育，实施扩大就业的发展战略，深化收入分配制度改革，基本建立覆盖城乡居民的社会保障体系，建立基本医疗卫生制度，提高全民健康水平，完善社会管理，维护社会安定团结。"2007年10月召开的十七大，第一次系统论述了中国共产党的社会建设理论。十七大报告提出："按照中国特色社会主义事业总体布局，全面推进经济建设、政治建设、文化建设、社会建设，促进现代化建设各个环节、各个方面相协调。"十七大报告明确提出加快推进以改善民生为重点的社会建设的六大任务："优先发展教育，建设人力资源强国"；"实施扩大就业的发展战略，促进以创业带动就业"；"深化收入分配制度改革，增加城乡居民收入"；"加快建立覆盖城乡居民的社会保障体系，保障人民基本生活"；"建立基本医疗卫生制度，提高全民健康水平"；

---

① 孙本文：《社会学原理》，商务印书馆1935年版，第69页。

"完善社会管理，维护社会安定团结"。

2012 年 11 月召开的十八大，再次强调社会建设的重要性。十八大报告指出："加强社会建设，必须以保障和改善民生为重点。提高人民物质文化生活水平，是改革开放和社会主义现代化建设的根本目的。要多谋民生之利，多解民生之忧，解决好人民最关心最直接最现实的利益问题，在学有所教、劳有所得、病有所医、老有所养、住有所居上持续取得新进展，努力让人民过上更好生活。"2013 年 11 月召开的十八届三中全会，进一步丰富了社会建设理论。全会提出：紧紧围绕更好保障和改善民生，促进社会公平正义，深化社会体制改革，改革收入分配制度，促进共同富裕，推进社会领域制度创新，推进基本公共服务均等化，加快形成科学有效的社会治理体制，确保社会既充满活力又和谐有序。

## 二　社会建设理论的基本内容

### （一）社会建设的基本内涵

在中国特色社会主义事业"五位一体"的总体布局中，将社会建设与经济建设、政治建设、文化建设、生态文明建设并列使用，说明社会建设有其特定的内涵。准确界定社会建设概念，关键在于准确理解社会建设中"社会"的含义。"社会"是一个多义性的概念，在不同的语境中具有不同的含义。只有准确理解"社会建设"中的"社会"含义，才能明确社会建设的边界和范围，有效开展社会建设。一般而言，"社会"概念有三层含义：一是"大社会"概念。大社会与自然界对应，是指除了自然界之外的人类活动领域和人类共同体，如"自然与社会"，在现实中相当于国家或民族国家。二是"中社会"概念。"中社会"与经济领域相对应，把经济发展之外的领域都归为社会，即通常所讲的"经济社会要协调发展"，每隔五年制订的国民经济和社会发展规划就是在这个意义上使用"社会"概念。三是"小社会"概念。"小社会"与经济、政治、文化并列使用，主要指社会生活领域即民生领域，包括衣食住行教、生老病死穷。"社会建设"中的"社会"概念是"小社会"概念，"小社会"意义上的社会建设，其实质就是民生建设。

（二）社会建设的战略地位

只有站在中国特色社会主义事业总体布局的战略高度，才能准确理解和把握社会建设的战略地位。中国共产党对中国社会主义现代化建设总体布局的认识，经历了一个不断深化拓展的发展过程，先后提出过"两位一体"（物质文明建设和精神文明建设）、"三位一体"（经济建设、政治建设和文化建设）、"四位一体"（经济建设、政治建设、文化建设和社会建设）和"五位一体"（经济建设、政治建设、文化建设、社会建设和生态文明建设）。社会建设在现代化建设总体布局中的地位，体现在它与其他四大建设的相互关系中，体现在它对其他四大建设的作用里。首先，社会建设为经济建设提供有序的社会环境。经济建设需要一个良性运行、健康有序、和谐稳定的社会环境。只有抓好社会建设，保障和改善民生状况，广大人民群众安居乐业，才能保障社会稳定，才能为经济建设创造良好的社会环境。其次，社会建设为增强执政合法性提供坚实基础。政治建设的核心是发展社会主义民主政治，进一步夯实中国共产党的执政基础。执政合法性来源于广大人民群众的支持、认可、肯定和拥护，社会建设搞好了，人民群众生活改善了，幸福感提高了，就会更加拥护和支持党的领导，就会进一步巩固党的执政基础。再次，社会建设有利于社会主义核心价值体系建设。在价值观念多元化的时代，迫切需要在不同的价值观之间寻找"重叠共识"和"最大公约数"，形成全民共享的核心价值观。抓好社会建设，提高人民生活质量，有利于减少价值分歧和价值纷争，有利于达成全民的重叠共识，能为价值共识的形成奠定社会心理基础。最后，社会建设有利于推进"两型社会"建设。生态文明建设的关键是保持人与自然和谐相处，保持人类社会与自然界之间的良性互动，具体途径是建设"环境友好型社会"和"资源节约型社会"。在生态文明建设过程中，"两型社会"与"民生改善"之间，既有相互促进的一面，也有相互矛盾的一面，有时甚至面临"两难困境"。只有切实解决好民生问题，才能真正减少生态破坏行为，落实生态保护措施，提高环境保护效果。

（三）社会建设的价值理念

社会建设具有明确的价值导向和价值追求，社会建设的价值理念是"民生为本"。首先，社会建设以"民生为本"作为价值理念，具有充分的理论依据。在马克思主义哲学中，强调"群众史观"、"群众路线"和"群众观点"，认为人民群众是历史的创造者；政治经济学认为，社会主义生产的根本目的是满足人民群众日益增长的物质文化需要；科学社会主义认为，共产主义是人类生活最美好的理想，共产主义的优越性归根结底体现在人民群众的生活上；毛泽东思想特别强调共产党的根本宗旨是全心全意为人民服务，实际上就是要全心全意改善民生；邓小平理论指出，贫穷不是社会主义，社会主义要走共同富裕道路；江泽民"三个代表"重要思想强调，要始终代表中国最广大人民的根本利益；胡锦涛提出的科学发展观强调："发展为了人民、发展依靠人民、发展成果由人民共享。"因此，"民生为本"的价值理念符合马克思主义的基本理论、基本观点和基本立场。其次，社会建设以"民生为本"作为价值理念，具有坚实的现实依据。一方面，"民生为本"是人民群众的迫切要求。民生问题是老百姓过日子所遇到的各种切身利益问题，与老百姓的衣、食、住、行、教和生、老、病、死、穷等日常生活密切相关，是人民群众最关心、最直接、最现实的利益问题。在 21 世纪，人民群众对过上美好生活有了新期待和新要求。另一方面，"民生为本"是实现"中国梦"的必由之路。中华民族伟大复兴的"中国梦"，就是要实现国家富强、民族复兴、人民幸福、社会和谐。只有坚持不断改善和保障民生，才能点亮"中国梦"。正是在这个意义上，习近平一再强调，保障和改善民生是一项长期工作，没有终点站，只有连续不断的新起点，要实现经济发展和民生改善之间的良性循环。

（四）社会建设的预期目标

在"五位一体"的总体布局中，五大建设各有目标：经济建设的目标是完善社会主义市场经济，政治建设的目标是发展社会主义民主政治，文化建设的目标是构建社会主义核心价值体系，生态文明建设的目标是建设"美丽中国"，社会建设的目标是实现全体人民"学有所教、劳有所得、病有所医、老有所养、住有所居、贫有所助"。

"学有所教"保障人民的教育权，满足人民群众的教育福利需求。在知识经济时代，教育既是个体完成社会化的主要渠道，也是建设人力资源强国的基本途径。实现"学有所教"，必须全面深化教育领域的综合改革，优先发展公共基础教育，保证义务教育领域的"底线公平"；坚持教育的公益性质，切实解决"上学难、上学贵"的问题，解决基础教育在地区之间、城乡之间、学校之间的不公平问题。

"劳有所得"是民生之本，满足人民群众的就业和收入保障需求。实现"劳有所得"，一要实施积极的就业政策，健全和完善就业保障制度，促进充分就业，降低失业率；二要逐步提高居民收入在国民收入分配中的比重，提高劳动报酬在初次分配中的比重；三要兼顾效率与公平，初次分配和再分配都要处理好效率和公平问题。

"病有所医"满足人民群众的健康福利需求，保障人民群众的生命健康权。实现"病有所医"，就要不断完善基本公共卫生服务体系、医疗服务体系、医疗保障体系和药品供应保障体系，建设"四位一体"的基本医疗卫生制度，实现"全民医保"目标。

"老有所养"满足人民群众的养老保障需求，保障老年人的基本生活。实现"老有所养"，必须改革机关事业单位退休养老制度，建立机关事业单位职工社会养老保险制度，提高城镇企业职工基本养老保险水平，推进新型农村社会养老保险制度与城镇居民社会养老保险制度整合，建立全国统筹的基础养老金制度。

"住有所居"满足人民的住房福利需求，保障人民的居住权。实现"住有所居"，要继续完善城镇保障性住房制度，整合救助型的城镇廉租住房制度和公共租赁型住房制度，改革援助型城镇经济适用住房制度，发挥住房公积金制度的互助功能，建立农村贫困家庭住房保障制度，妥善解决农民工群体的住房保障问题。

"贫有所助"保障贫困家庭的最低生活水平，要进一步完善城乡最低生活保障制度、农村五保供养制度以及城乡临时生活救助制度。

### 三　社会建设理论的指导意义

社会建设理论对我国社会福利体系整合的指导意义主要体现在三个方面。

第一，社会建设理论阐明了社会福利体系整合的重要性。社会建设在"五位一体"总体布局中具有十分重要的战略地位，社会福利体系建设是社会建设的重要组成部分；社会福利体系整合不仅直接关系到社会福利自身的公平公正，也直接关系到社会建设的整体成效，还关系到社会建设在整个总体布局中的地位。因此，必须站在中国社会主义现代化建设总体布局的战略高度，深刻理解社会福利体系整合在社会建设中的战略意义，提高社会福利体系整合紧迫性、重要性、必要性的认识，增强社会福利体系整合的使命感、责任感和紧迫感。

第二，社会建设理论明确了社会福利体系整合的重点任务。社会建设的目标是实现"六有"，社会福利体系整合必须紧密围绕"六有"目标选择主攻方向，明确重点任务。根据"六有"目标的要求，我国社会福利体系整合的任务包括教育保障整合、就业保障整合、医疗保障整合、养老保障整合、住房保障整合和最低生活保障整合，"重中之重"是养老保障整合和医疗保障整合。只有加快和实现六大保障体系整合，才能实现社会建设的"六有"目标；只有兼顾"六大整合"的平衡性和协调性，才能确保"六有"目标实现的全面性。

第三，社会建设理论指明了社会福利体系整合的最终归宿。社会建设遵循"民生为本"的价值理念，要求社会福利体系整合的最终归宿必然是也只能是保障和改善民生。从长远的观点看，社会福利体系整合不是目的，而是保障和改善民生的手段。在社会福利体系整合过程中，不能为了整合而整合，而应为了改善民生而整合。在社会福利体系整合实践中，要始终坚持有利于保障和改善民生的整合理念、整合政策、整合策略和整合措施；要坚决反对有损于保障和改善民生的各种整合行为；要最大限度地保护人民群众的福利权利，千方百计地提高人民群众的福利待遇，通过福利体系整合促进人民福祉的提升。总之，保障和改善民生既是社会福利体系整合的出发点，也是社会福利体系整合的落脚点。

## 第二节　普遍福利理论

普遍福利理论是在反思"特殊福利"概念的局限性和观察中国社会福利发展趋势的过程中提出来的社会福利理论，其代表性成果为《从小福利迈向大福利：中国特色福利制度的新阶段》一文。①

## 一　普遍福利理论的提出

普遍福利理论的提出，具有深刻的现实背景和学术背景。一方面，普遍福利理论是对我国社会福利体系快速发展的理论总结。进入 21 世纪以来，我国接连出台社会福利新政，增加社会福利项目，扩大社会福利范围。一是新建新型农村合作医疗制度。2003 年 7 月启动新型农村合作医疗制度试点，2008 年底基本覆盖全国农村地区。二是新建城乡医疗救助制度。2003 年 11 月，民政部、卫生部、财政部联合下发《关于实施农村医疗救助的意见》，农村医疗救助制度建设全面推开。2005 年 3 月，国务院办公厅转发民政部、卫生部等部委《关于建立城市医疗救助制度试点工作的意见》，提出在全国建立城市医疗救助制度。三是建立免费义务教育制度。2006 年颁布实施新修订的《义务教育法》，为免费义务教育提供了法律保障。2007 年对农村义务教育学生全部免除学杂费和免费提供教科书，2008 年免除全国城市义务教育学杂费。四是新建农村最低生活保障制度。2007 年 7 月，国务院下发《关于在全国建立农村最低生活保障制度的通知》，农村低保制度进入全面建设和快速发展时期。五是新建城镇居民基本医疗保险制度。2007 年 7 月，国务院发布《关于开展城镇居民基本医疗保险试点的指导意见》，要求 2010 年在全国全面建立城镇居民基本医疗保险制度。六是建立基本公共卫生服务制度。2009 年 7 月，卫生部、财政部、国家人口和计划生育委员会联合发布《关于促进基本公共卫生服务逐步均等化的意见》，启动了九项国家基本公共卫生项目和六项重大公共卫生服务项目。七是新建新型农村社会养老保险制度。2009 年 9 月，国务院发布《关于开展新型农村社会养老保险试点的指导意见》，提出建立新型农村社会养老保险制度。八是完善保障性住房制度。先后出台一系列保障性住房政策，完善了"城镇廉租住房制度"、"城镇经济适用住房制度"和"住房公积金制度"。通过增加社会福利项目和扩大社会福利范围，一个覆盖全体城乡居民基本福利需求的普遍福利体系基本

---

① 景天魁、毕天云：《从小福利迈向大福利：中国特色福利制度的新阶段》，《理论前沿》2009 年第 11 期。

形成，突破了传统特殊福利概念（"小福利"概念）的局限，新的社会福利实践呼唤社会福利理论创新。

另一方面，普遍福利理论是直接针对特殊福利概念的局限性提出的，是对"特殊福利观"的突破。特殊福利观从狭义角度界定社会福利，主要包括三种含义[1]：一是从福利供给对象角度界定社会福利，认为社会福利的对象不是全体社会成员，而是部分特殊成员即社会弱势群体。二是从福利供给主体角度界定社会福利，认为社会福利是由民政部门代表国家提供给弱势群体（如老人、残疾人、孤儿和优抚对象等）的货币收入和服务保障。[2] 三是从福利供给目标的角度界定社会福利，认为社会保障体系包括社会救助、社会保险和社会福利三个层次，社会福利是社会保障体系的最高层次。[3]

特殊福利概念存在着四个局限性：一是福利对象的局限。把福利对象仅仅限于部分社会成员即社会弱势群体，缩小了社会福利对象范围。二是福利内容的局限。不应以人群为标准来划分社会福利内容，而应该以社会成员共同的基本福利需求为标准划分社会福利内容。三是福利主体的局限。把福利供给主体局限于国家或政府，社会福利等同于"国家福利"或"政府福利"。四是福利方式的局限。把社会福利与社会救助、社会保险并列，认为社会救助和社会保险不属于社会福利。[4] 因此，扩展特殊福利概念的内涵与外延、提出普遍福利概念已水到渠成。

## 二 普遍福利理论的基本内容

### （一）普遍福利的基本含义

普遍福利即广义的社会福利，也可称为"大福利"，具体包括五层含义。[5]

第一，普遍福利是全民性的社会福利。社会福利对象的多少，是区别普

---

① 景天魁、毕天云：《从小福利迈向大福利：中国特色福利制度的新阶段》，《理论前沿》2009 年第 11 期。

② 周良才：《中国社会福利》，北京大学出版社 2008 年版，第 3 页。

③ 孙光德、董克用主编：《社会保障概论》，中国人民大学出版社 2000 年版，第 26—33 页。

④ 景天魁、毕天云：《从小福利迈向大福利：中国特色福利制度的新阶段》，《理论前沿》2009 年第 11 期。

⑤ 同上。

遍福利与特殊福利的根本标志，普遍福利主张面向全体社会成员提供福利支持。一是所有社会成员都享有社会福利权利。社会福利不仅是城市人的权利，也是农村人的权利；不仅是党政干部的权利，也是工人农民的权利。二是所有社会成员都将纳入社会福利体系。在普遍福利体系中，社会福利的"阳光"普照全体公民，所有社会成员最终都能享受到社会福利。三是所有社会成员都能享受同一福利项目。在普遍福利体系中，所有公民共同需要的基础性福利项目应该实现"全覆盖"。

第二，普遍福利是内容全面的社会福利。社会福利内容的宽窄，是区别普遍福利与特殊福利的重要标志。普遍福利以社会成员的基本福利需求为中心，覆盖范围涉及基本的民生领域，是以民生为本的社会福利。满足社会成员的基本福利需求，就是保障和实现全体人民"学有所教、劳有所得、病有所医、老有所养、住有所居、贫有所助"。当然，任何一个国家在满足公民基本福利需求时都不可能"一蹴而就"，需要经历一个逐步拓展和依次实现的过程。

第三，普遍福利是类型综合的社会福利。不论社会福利的形式有多少，社会福利的基本类型不外乎货币福利、实物福利和服务福利三种。特殊福利特别强调货币福利的重要性和优先性，普遍福利概念特别强调三种福利类型之间的协同性和互补性，力求"三管齐下"和"综合效应"。

第四，普遍福利是提供主体多元化的社会福利。普遍福利概念倡导的福利供给主体包括国家（政府）、工作单位、社区、非营利组织和家庭。

第五，普遍福利是供给方式多样化的社会福利。普遍福利概念认为，社会福利供给包括社会救助、社会保险、公共福利和社会互助四种方式，既有缴费的社会保险，也有免费的社会救助；既有普惠的公共福利，也有自愿的社会互助。

（二）中国具备实施普遍福利的条件

普遍福利理论认为，中国已具备实施普遍福利的基本条件，正在迈向普遍福利时代。一是经济条件。普遍福利理论认为，经过改革开放以来的快速发展，我国经济实力不断增强，为特殊福利走向普遍福利奠定了坚实的经济基础。《2013 年国民经济和社会发展统计公报》显示，2013 年中国 GDP 总量达 568845 亿元人民币，人均 GDP 达到 41908 元，约为 6767 美元；2013

年全国公共财政收入 129143 亿元，比 2012 年增长 10.1%。① 国际经验表明，当一个国家的人均 GDP 超过 3000 美元，意味着一个国家的经济发展进入一个新阶段，也意味着一个国家发展社会福利的经济能力明显增强。二是思想基础。普遍福利理论认为，中国共产党是为人民谋福利的政党，毛泽东倡导的"全心全意为人民服务"，邓小平提出的"共同富裕"，江泽民主张的"三个代表"重要思想，胡锦涛提出的以人为本的科学发展观，习近平提出的中华民族伟大复兴的"中国梦"，它们为中国从特殊福利走向普遍福利提供了丰富的理论基础和指导思想。十七大明确提出："到 2020 年，我国将基本建立覆盖城乡居民的社会保障体系，人人享有基本生活保障。"十八大进一步强调："要多谋民生之利，多解民生之忧，在学有所教、劳有所得、病有所医、老有所养、住有所居上持续取得新进展，努力让人民过上更好生活。"十八届三中全会提出："以促进社会公平正义、增进人民福祉为出发点和落脚点，建立更加公平可持续的社会保障制度。"三是实践基础。普遍福利理论认为，回顾改革开放以来中国社会福利保障事业的发展历程，是一个社会福利项目不断增加、社会福利范围不断拓展、社会福利水平不断提高的过程，这个过程实质上就是从特殊福利迈向普遍福利的过程。如果用普遍福利概念来衡量，我国已初步建成普遍福利体系的基本框架。

### 三　普遍福利理论的指导意义

#### （一）指出了社会福利体系整合的必然性

普遍福利理论认为，纵观世界各国的社会福利体系建设，都经历了从少到多、从小到大、从片面到全面的演进过程。由于社会福利项目的建立存在着"时间差"，社会福利普遍性的增长是逐步实现的，普遍福利体系的形成需要一个历史过程。伴随社会福利普遍性的增长，必然出现社会福利碎片化现象。众所周知，我国社会福利体系建设经历了一个逐步健全完善的过程，社会福利项目逐项增加，社会福利制度逐个建立，社会福利对象逐类覆盖。在很大程度上可以说，社会福利普遍化的过程，也是社会福利碎片化的过

---

① 国家统计局：《2013 年国民经济和社会发展统计公报》（http：//www.stats.gov.cn/tjsj/zxfb/201402/t20140224_514970.html）。

程，"普遍化"与"碎片化"是社会福利体系拓展中的"孪生现象"。没有社会福利的碎片化，也就没有社会福利的普遍化。问题的关键不在于应不应该有碎片化，而在于如何应对和处理碎片化。空想主义者幻想和期待没有碎片化，现实主义者承认和直面碎片化。社会福利体系整合直接针对社会福利碎片化，没有福利碎片化，也就没有福利体系整合化。推进社会福利体系整合，既是我国社会福利发展的客观要求，也是尊重社会福利发展规律的必然选择。

（二）提供了社会福利体系整合的宏观思路

普遍福利的内涵体现在五个方面，社会福利体系整合可以沿着五个方面展开。一是社会福利对象的整合。福利对象区隔化（身份化）是福利碎片化的表现，打破福利对象的身份区隔，促进福利对象融合，是社会福利体系整合的任务之一。如农村居民与城镇居民之间，机关工作人员与事业单位人员、城镇企业职工之间。二是福利内容的整合。虽然福利内容划分为不同的福利项目，但都是为了满足社会成员的基本福利需求，要以社会成员的基本福利需求为中心整合社会福利体系。三是福利类型的整合。根据福利对象的实际需求，实现货币福利、实物福利和服务福利三种福利类型的有机结合和多元组合，有针对性地满足福利对象的有效需求。四是福利供给主体的整合。坚持政府在福利供给中的主导地位，充分发挥家庭、工作单位、社区和社会组织在福利供给中的作用。五是福利供给方式的整合。综合运用社会救助、社会保险、社会互助和公共福利，为社会成员提供全面的福利支持。

# 第三节　底线公平理论

底线公平理论是在反思抽象公平理论和探索社会保障调节机制过程中提出来的，既是一种社会公平理论，也是一种社会福利理论，对推进我国社会福利体系整合具有重要的方法论意义。

### 一　底线公平理论的提出

2004 年 8 月，景天魁首次提出和使用了"底线公平"概念；[1] 在 2009 年出版的《底线公平：和谐社会的基础》一书中，比较系统地阐述了底线公平理论。[2]

底线公平理论的提出，主要基于两个背景：一是反思抽象公平理论的局限性，重建社会福利保障制度的理念基础。公平与效率的关系既是经济发展领域的核心问题，也是社会福利保障领域的根本问题。相对于经济生产领域的初次分配强调效率原则，社会福利保障属于二次分配，人们自然而然地认为社会保障领域遵循公平原则。但是，由于不同个人对何为公平存在着不同看法，必然形成不同的公平观；即使通过"民主原则"达成的"多数人的公平观"，也可能导致"多数人的暴政"。因此，笼统抽象地讲社会公平是不够的，必须明确社会公平的具体含义。[3] 抽象的社会公平不问具体条件和实际可能，主张平均分配，人人有份，其假设条件忽视了社会差别的客观存在。中国社会存在着较大的地区差距、城乡差距和收入差距，如果不顾实际条件讲抽象公平，往往会适得其反，甚至会加大社会不公平，社会福利保障必须以具体的社会公平为理念基础。底线公平强调要从客观存在的社会差距出发，突出社会福利保障制度建设要有侧重点，即主要面向弱势群体，面向老百姓最现实、最直接、最迫切的需要。[4] 二是探索社会保障的柔性调节机制，破解社会保障运行的刚性难题。历史经验表明，凡是建立社会保障制度的国家，都会遇到一个难以解决的刚性问题：保障项目越来越多，保障范围越来越大，保障水平越来越高。这个趋势的必然结果是高福利逐渐达到国家财政难以支撑的程度，甚至产生福利财政危机，导致整个社会激励不足。而此时，任何想要降低和缩小福利的努力都难以实行，如果硬要强制实行，就会引发社会不满和社会动荡。西方国家社会保障制度改革的经验证明，要想在已经定型的刚性制度中植入柔性机制，不仅难度大而且成本高。中国的社会福利保障制度正在建设过程中，若不想重蹈西

---

[1]　景天魁：《论底线公平》，《光明日报》2004 年 8 月 10 日。
[2]　参见景天魁《底线公平：和谐社会的基础》，北京师范大学出版社 2009 年版。
[3]　景天魁：《底线公平与社会保障的柔性调节》，《社会学研究》2004 年第 6 期。
[4]　景天魁主编：《基础整合的社会保障体系》，华夏出版社 2001 年版，第 157—158 页。

方福利国家的覆辙，必须及早解决机制问题，形成一种富有弹性的调节机制。即在刚性不断增长的过程中，同时建立一种柔性调节机制，确保社会福利保障制度的良性运行和持续发展。

## 二　底线公平理论的基本内容

### （一）底线公平的含义

底线公平包括四层含义：第一，底线公平是一种社会意义上的公平。[①]底线公平不是个人意义上的公平，而是社会意义上的公平，即"社会公平"。个人意义上的公平是一种永远扯不清的公平，社会福利政策的得益者认为公平的，受损者可能认为不公平；得益多者认为公平，得益少者可能认为不公平。底线公平直接处理的利益关系是社会与个人之间的关系、政府与社会和个人之间的关系。在社会意义上的公平面前，个人之间的利益损益关系转化为责任和权利的关系，个人不管受损多少，在社会意义上都是应尽的责任；个人不管受益多少，在社会意义上都是应得的权利。由此，个人之间扯不清的利益关系，就转化为社会规定的利益和责任关系。第二，底线公平是体现权利一致性的社会公平。"底线"是社会成员基本需要中的"基础性需求"，是全社会除去个人差异之外共同认可的一条线，是每一个公民生活和发展中共同具有的部分。"底线"划分了社会成员权利的一致性和差异性，底线以下部分体现权利的一致性，底线以上部分体现权利的差异性，所有公民在这条"底线"面前所具有的权利一致性就是"底线公平"。在这个意义上，底线公平可以理解为一种无差别的社会公平。第三，底线公平是政府承担首要责任的社会公平。"底线"划分了政府和非政府力量在满足公民基础性需求时的责任界限，"底线"以下部分是公共财政确保的领域，是政府的责任，"底线"是一种"政府责任底线"。不论经济发展水平如何，政府要守住公平这条底线。[②]第四，底线公平是一种表示性质的社会公平。尽管"底线"和"底线公平"具有量的含义，但"底线"是表示性质的概念，是指一种"界限"，即不能含糊、

---

① 景天魁：《论底线公平》，《光明日报》2004年8月10日。
② 景天魁：《社会保障：公平社会的基础》，《中国社会科学院研究生院学报》2006年第6期。

不能推卸、必须坚持、必须做到的事情。"底线"不是"低线","底线"可以画在"下部"、"中部"或"上部";划在哪里,哪里就是"底线"。虽然底线公平也可以进行度量,但底线公平不是在公平水平高低的意义上定义的,而是在社会公平类型的意义上定义的。底线公平不是"低水平"的公平,并不意味着一定是低水平的社会保障。①

（二）底线公平的原则

底线公平理论认为,实现底线公平必须遵循四个基本原则②:一是弱者优先原则。弱者优先原则主要处理富人与穷人、强势群体与弱势群体的关系。弱势人群处于社会分层结构的下层或底层,自我保障能力较弱,优先保障弱者最能体现底线公平的理念。根据弱者优先原则,政府在调配资源时,要优先考虑那些在市场竞争中处于劣势地位的群体,政府的资源再分配应该优先向贫困家庭和低收入家庭倾斜。二是政府首责原则。政府首责原则主要处理政府与社会、市场之间的关系。按照底线公平的要求,政府的社会福利责任首先是底线福利责任,在满足公民的底线福利需求上,政府是不可推卸的第一责任者。当然,"政府首责"并不等于"政府全责",政府不应该也不可能承担所有的福利责任,企业、家庭和个人在满足社会成员的非底线福利需求时也承担着重要责任。三是社会补偿原则。社会补偿原则主要处理个人与社会之间的关系。在任何一个国家,有限的社会资源不可能平均拥有,有的社会成员占有较多的社会资源,有的社会成员占有较少的社会资源。社会补偿就是要那些占有较多社会资源的人,给那些占有较少社会资源的人以补偿。社会补偿是社会正义的体现,它要求在社会和个人之间建立起一种责任关系和契约关系,社会要承担对每个社会成员的责任,个人也要承担对社会的责任。四是持久效益原则。持久效益原则处理经济与社会之间的关系。底线公平首先强调社会福利制度自身的可持续性,还特别重视社会福利制度对经济社会可持续发展的意义,要始终保持一个适度的福利水平:"在现在,走向社会保障扩面和促进社会公平;在将来,防止过度公平和高度福利。"③

①　景天魁:《底线公平:和谐社会的基础》,北京师范大学出版社 2009 年版,第 133 页。
②　景天魁、毕天云:《论底线公平福利模式》,《社会科学战线》2011 年第 5 期。
③　景天魁:《底线公平:和谐社会的基础》,北京师范大学出版社 2009 年版,第 147 页。

（三）底线公平的制度

底线公平理论认为，能够体现底线公平原则的社会福利制度主要有三项：一是最低生活保障制度。最低生活保障制度满足社会成员的生存需求，保障社会成员的生存权，对于实现底线公平具有根本性的意义。生存权是社会成员的基本权利，是个人获得与享受其他社会权利的前提条件，是"社会权利中的权利"。最低生活保障制度是"底线中的底线"，最能体现底线公平的价值和意义。实践证明，最低生活保障制度是花钱最少、效益最好的福利制度，它在缩小社会不公平程度方面能够起到最明显的效果。二是公共卫生服务制度。研究表明，对生命具有直接保护作用的因素有三个：卫生、保健和医疗。首先是卫生，卫生对人的健康和寿命影响最大而花费最少。其次是保健，也是花钱少而受益大。在卫生保健之后才是医疗。但由于现代医疗技术的发达和医疗费用的提高，只能依据不同情况选择不同的医疗保障制度，公共卫生服务制度对实现底线公平具有关键意义。三是公共义务教育制度。教育公平具有"起点公平"的意义，是实现其他社会公平的前提。首先，"发展教育不讲公平不行"，对教育事业的本质而言，公平就是效率。①其次，"发展教育，抽象地讲公平也不行"。在社会差距不明显的情况下，可以一般地讲公平；我国存在明显的社会差距，抽象地讲教育公平不行，抽象的公平是最差的公平甚至是不公平。② 再次，"教育公平是一个连续谱"。随着教育阶段的推移，教育公平性呈现为一个有差异的连续谱：基础教育阶段的公平是一种无差别的公平，体现教育的普享性、均等性和一致性。因此，基础教育阶段的公平属于底线公平，义务教育制度（基础教育制度）是一种底线公平制度。③

（四）底线公平的机制

底线公平理论认为，底线公平也是一种社会机制，体现在四个方面：一是社会福利责任机制。底线公平概念划分了各种社会福利责任的共担机制和分担机制：满足底线及其以下的社会福利需求，由政府承担主要责任，社会承担辅助责任；满足底线以上或底线之外的社会福利需求，政府主要承担监

---

① 景天魁：《底线公平：和谐社会的基础》，北京师范大学出版社 2009 年版，第 254—255 页。

② 同上书，第 255—256 页。

③ 同上书，第 257—258 页。

督和宏观控制责任，企业、个人、家庭和非政府组织各负其责。二是社会福利调节机制。底线公平为社会福利提供了一种弹性调节机制，底线及其以下的福利需求，遵循刚性调节机制即政府机制，确保公民的底线福利需求得到满足；底线以上或底线之外的福利需求，遵循柔性调节机制，充分发挥市场机制和社会机制的作用，满足公民多层次的福利需求。三是寻求社会共同性的机制。底线公平强调优先保障个人的三项基本权利，即生存权、健康权和教育权，最有利于扩大社会共同性，增进社会共识度。这三项基本权利，在每一个国家、地区之间都非常容易达成一致，在一个国家和地区内部的不同阶层，也比较容易承认它们的平等性。[1] 四是均衡经济发展与福利发展的机制。中国发展社会福利既要解决投入不足问题，也要警惕福利刚性问题。"底线公平机制是使经济发展和福利发展能够相互保持一致的机制，一方面随着经济的发展福利水平也能够提高；另一方面福利水平提高本身不是成为经济发展的包袱，而是成为经济进一步发展的动力。"[2]

### 三　底线公平理论的指导意义

底线公平理论既是一种社会公平理论，也是一种社会福利理论，对中国社会福利体系整合具有多方面的指导意义。

（一）为均衡经济发展与福利发展提供了科学依据

在经济发展和福利发展的关系上，存在着两种形而上学的理论观点：一种是片面强调经济发展，经济至上；另一种是片面强调福利发展，福利至上。这两种主张都脱离甚至割裂了经济发展与福利发展之间的辩证关系。经济发展和福利发展相互关系的实质是效率与公平的兼顾，本质趋向是实现均衡。要实现二者的均衡，必须超越要么"经济至上"、要么"福利至上"的"两极思维"。底线公平理论强调经济发展与福利发展的均衡，强调效率与公平的统一，把福利水平的目标设定为"适度福利"，区别于"福利最小化"和"福利最大化"。[3]

---

[1]　景天魁：《底线公平：和谐社会的基础》，北京师范大学出版社 2009 年版，第 165 页。
[2]　同上书，第 158 页。
[3]　景天魁、毕天云：《论底线公平福利模式》，《社会科学战线》2011 年第 5 期。

（二）为分层处理福利供给和福利需求的关系提供了新思路①

如何处理福利供给与福利需求之间的关系，既是社会福利领域的一个老问题，也是一个大难题。社会民主主义倾向于需求决定论，自由主义则主张供给决定论。② 根据社会福利发展的历史经验，供给和需求之间的决定关系并非这么简单。历史经验表明，越是经济不景气、供给能力弱的时候，社会福利需求越强烈；在经济繁荣、供给能力强的时候，社会福利需求的增长倒可能放缓。底线公平理论为解决这个"难题"提供了新的思路："它使两种决定关系在同一个制度的不同层面可以共存，并且互相补充，即在底线以下部分，需求决定供给；在底线以上部分，在一般情况下，可以让供给决定需求。"③

（三）为社会福利体系整合提供了价值理念基础

社会福利碎片化损害社会福利公平甚至导致新的社会福利不公平，社会福利体系整合是一个增进社会福利公平的过程，具有鲜明的价值取向。社会福利公平包括底线福利公平和非底线福利公平两个层次，底线福利公平是社会福利公平的基础，对实现社会福利公平具有根本性的意义。④ 在社会福利体系整合中增进社会福利公平，既要确保底线福利公平，也要推进非底线福利公平。根据底线公平理念，社会福利体系整合要优先保障底线福利公平，然后才是推进非底线福利公平。因此，在社会福利体系整合中要以底线公平为基本价值理念，优先整合体现权利一致性的底线福利制度，减少和消除底线福利领域的不公平。

（四）有助于社会福利体系整合中达成社会认同

在价值观念多元背景下推进社会福利体系整合，必须在全社会寻求整合的"重叠共识"，建立整合的社会认同机制。底线公平理论为建立社会福利体系整合的社会认同机制提供了一个可行的基础平台：底线公平理论强调优先保障每个人的三项基本权利，即生存权、健康权和教育权，这是现代社会

---

① 景天魁、毕天云：《论底线公平福利模式》，《社会科学战线》2011 年第 5 期。
② 景天魁：《底线公平：和谐社会的基础》，北京师范大学出版社 2009 年版，第 143—144 页。
③ 同上书，第 144 页。
④ 毕天云、朱珠：《社会福利公平与底线福利制度建设》，《云南民族大学学报》（哲学社会科学版）2013 年第 5 期。

中无差别的个人社会权利，具有"最大公约数"的性质。从无差别的社会权利出发，最有利于达成社会共识，扩大社会认同。面对三种基础性的底线福利需求时，"各种利益主体——不论政府、企业、社会机构（学校等）、民间组织、家庭还是个人，各个社会阶层和群体——不论是富有者、贫弱者还是中间阶层，最容易达成一致，取得共识，找到共同点"[1]。

## 第四节　基础整合理论

"基础整合理论"是在反思我国社会保障制度改革问题的过程中提出来的，对于促进社会福利体系整合具有一定的实践指导意义。

### 一　基础整合理论的提出

2000 年 11 月，中国社会科学院"中国社会保障体系研究"课题组提出"基础整合的社会保障体系"概念；[2] 在 2001 年出版的《基础整合的社会保障体系》一书中，课题组对基础整合理论进行了比较全面系统的阐述。

我国社会保障制度改革从 20 世纪 80 年代中期开始，到 20 世纪末期初步构建了一个以养老、失业、医疗三大社会保险制度和最低生活保障制度为框架的城镇社会保障体系。但是，这一制度体系存在着"先天不足"和"后天失调"，实施效果差强人意。课题组认为，导致我国社会保障问题的根本原因，不是具体操作而是制度设计，不是具体方法而是基本思路。制度设计问题主要表现在三个方面：一是"统账结合"的养老保险制度存在三个严重缺陷：重收不重支，致使养老金支出膨胀；统账结合导致完全的现收现付，个人账户空账运行；政府承诺的养老金比例过大。[3] 二是失业保险制度设计片面追求"与国际惯例接轨"，脱离了中国经济转轨时期出现的"结构性失业"和"下岗职工"等问题，导致失业保险制度处于投入颇多、效

① 景天魁：《底线公平：和谐社会的基础》，北京师范大学出版社 2009 年版，第 158 页。
② "中国社会保障体系研究"课题组：《中国社会保障制度改革：反思与重构》，《社会学研究》2000 年第 6 期。
③ 景天魁主编：《基础整合的社会保障体系》，华夏出版社 2001 年版，第 5—8 页。

率低下、收效甚微的境地。① 三是"统账结合"的城镇职工医疗保险存在两个误区：既不符合保险的基本规律，又产生了社会排斥。②

　　课题组认为，中国社会保障体系中存在的单项制度设计问题，是由整体思路的偏差造成的，必须从整体上反思我国社会保障体系建设的基本思路。课题组认为，中国社会保障的基本思路问题表现在四个方面：③ 一是社会保障缺乏相对独立性。现代社会的社会保障是相对独立的社会体制，但在我国被简单地视为"市场经济体制的重要组成部分"，成为市场经济体制的"配套制度"。二是对社会保障制度赋予过多、过高的功能要求。社会保障制度的社会功能是有限的，但我国对社会保障制度提出了种种要求，视其为解决各种问题的万应灵丹：既要能与经济体制改革相配套，又要能推动国有企业改革，还要能应对未来老龄化的挑战，更要能减轻国家、企业、个人的负担，等等。三是社会保障体系的耦合性和整合性差。社会保障本来是一个有机整体，资金保障与服务保障相辅相成，各项制度之间环环相扣。但我国的社会保障制度改革往往是单兵突进，互不往来，壁垒森严。四是社会保障主体的单一性。福利多元化是世界大多数国家的共同方向，表现为行政手段与市场手段并举，政府与非政府组织合作，个人、家庭、单位、社区和政府共同分担。但我国的社会保障改革只有政府一家的积极性，企业、个人、社会团体的积极性尚未展现出来。通过对我国社会保障制度改革的深刻反思，课题组的结论是"适合中国国情的社会保障体系应该是基础整合的社会保障体系"。

## 二　基础整合理论的基本内容

### (一)　基础整合社会保障体系的含义

　　课题组提出，"基础整合的社会保障体系"就是"以保障民生基本需求为目的，以社会救助为基点，以社区服务为依托，实行资金保障和服务保障相结合，资金筹集多渠道，保障内容多层次，保障方式多元化"的社会保障

---

① 景天魁主编：《基础整合的社会保障体系》，华夏出版社 2001 年版，第 9—10 页。
② 同上书，第 11—12 页。
③ 同上书，第 15—18 页。

体系。① "基础整合" 的基本含义有三个方面：在保障方式上，实行有限福利、适度保险、确保互助，选择以社会救助为基点；在保障载体上，依托社区实现系统整合，通过社区把养老看护、医疗卫生服务、就业服务、贫困救助和其他社会福利结合起来；在保障主体、筹集渠道和保障内容上，实行多元整合。② 之后，该课题组负责人景天魁对 "基础整合" 概念做了进一步的深化和丰富。

2003 年发表的《中国社会保障的理念基础》一文进一步明确了 "基础整合" 的具体含义，并概括提炼为六个 "基础" 和六个 "整合"③：一是以最低生活保障为底线，整合多元福利；二是以卫生保健为基础，整合多层次需求；三是以服务保障为基础，整合资金、设施、机构、制度多方面的保障；四是以就业为基础，整合多种资源；五是以社区为基础，整合政府作用和市场作用；六是以制度创新为基础，整合城乡统筹的社会保障。"基础整合" 概括起来就是："守住底线，卫生保健；强化服务，就业优先；依托社区，城乡统揽。"

**（二）基础整合社会保障体系的框架**

基础整合社会保障体系的框架包括四种系统整合④：一是单项制度子系统层次的整合。如在养老保障中，将基本养老金制度、企业退休金制度、互助养老保险制度、个人养老储蓄制度和商业性的人寿保险制度整合起来。二是以特定人群为中心的跨制度的资源整合。以不同要求的人群为中心，由相关的制度子系统和综合子系统构成跨制度的资源重组系统。例如，以失业人群需求为中心，将失业保障、社会救助和社会服务三个子系统构成一个资源重组系统。三是基础层次保障和发展层次保障的系统整合。基础层次的社会保障以政府责任为主导，是社会保障体系的主体；发展层次的社会保障需要多元化的社会主体共同参与，发挥辅助、补充及丰富的作用。四是以各种制度发挥作用为共同载体的综合子系统。社区是各种保障制度发挥作用的地域载体，可以提供包括养老、医疗、就业、最低生活保障等方面的服务。四种

① 景天魁主编：《基础整合的社会保障体系》，华夏出版社 2001 年版，第 257 页。
② 同上书，第 253—257 页。
③ 景天魁：《中国社会保障的理念基础》，《吉林大学社会科学学报》2003 年第 5 期。
④ 景天魁主编：《基础整合的社会保障体系》，华夏出版社 2001 年版，第 22—23 页。

系统整合机制如图 2—1 所示①。

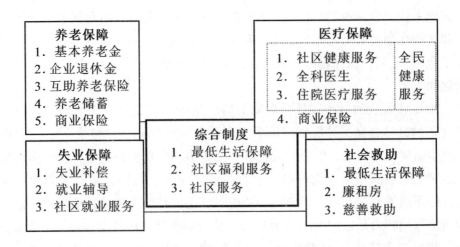

图 2—1　中国社会保障制度系统整合

　　基础整合理论认为，基础整合社会保障体系有四个优点②：第一，有利于确定国家、企业和个人的责任，解决社会保障需求无限而国家财力有限的矛盾，使社会保障制度改革和建设走出困境；第二，有利于冲破既得利益的圈子，在保障基本民生的基础上，惠及城乡大众，增强社会保障制度的社会支持力；第三，有利于动员包括文化历史资源在内的各种资源，重塑社会结构，增强社会自我维持能力；第四，有利于增强社会保障制度的可持续性，防止随着经济增长和政治民主的发展，重蹈由国家福利走向福利国家的覆辙。

　　（三）基础整合社会保障体系的特征③

　　基础整合理论认为，社会保障的本质是要保障人民的基本生活，基础整合社会保障体系是一个以民生为本的社会保障体系，具有三个基本特征。

①　景天魁主编：《基础整合的社会保障体系》，华夏出版社 2001 年版，第 22 页。
②　景天魁：《中国社会保障的理念基础》，《吉林大学社会科学学报》2003 年第 5 期。
③　"中国社会保障体系研究"课题组：《中国社会保障制度改革：反思与重构》，《社会学研究》2000 年第 6 期。

一是基础性。民生需求包括基础性需求和发展性需求两个层次。基础性需求是人民生活最基本的需求，缺乏基础性需求就难以维持正常的自我发展和社会参与，基础整合的社会保障体系强调优先保障和满足基础性的民生需求。保障人民的基础民生需求，是政府对人民的承诺，不可以降低。基础性民生保障是面向所有人民的公平保障，是人民作为社会成员的体现。基础性民生保障是长远可持续发展的，在国家的社会、政治、经济环境不同变化和各种风险情况下都可维持。

二是综合性。首先是资金保障和服务保障的综合。民生需求既有资金保障的需求，也有服务保障的需求，有些需求以直接提供服务更为恰当。在社会保障体系中，要把现金援助制度与社会服务制度相互协调和配合，将现金发放和服务供应有机结合起来，甚至可用部分服务代替资金保障，提高社会保障资源的利用效率。其次是以特定人群的需求为中心实现各种保障制度的综合。从不同人群的需求出发，实现相关保障制度的有机组合，不同保障制度可以互为资源、相互依存，形成制度与制度之间的跨制度融合。例如，以老年人的福利需求为中心，可以将属于基础层次的保障制度（如基本养老金、社区全科医生、社区健康服务、社区福利服务等）与属于发展层次的保障制度（如养老储蓄、职业年金、互助养老保险、商业保险和社区综合服务等）组合为一个整体化的老年人保障制度。

三是多元性。社会保障分为基础性保障和发展性保障两个层次，多元性要求社会保障在满足基础性需求的前提下，以多元的主体提供保障。多元性承认多元主体在提供基础保障以外的社会保险领域的优越性，鼓励和组织各种社会团体、非营利组织、社区组织和市场等社会力量提供基础社会保障以外的民生需求。因此，多元性的社会保障制度包括两个部分：一个是由政府承诺满足的基础性社会保障，另一个是由多元主体提供、自主选择参与的社会合作制度。

## 三　基础整合理论的指导意义

基础整合理论对促进社会保障福利体系整合具有以下启发意义。

第一，社会福利体系整合中要区分民生需求的层次性，增强整合的针对性。基础整合理论明确提出，社会福利保障制度要以民生为本，但不能笼统地理解为民生需求。民生需求可以分为基础性需求和发展性需求两个层次，社会福利保障制度不可能也不应该满足所有层次的民生需求，而要优先保障和满足基础性的民生需求（生存需求和温饱需求）；社会福利体系整合应该立足于基础性的民生需求，优先整合基础性的社会福利制度，有效保障和满足基础性的民生需求。

第二，社会福利体系整合中要合理划分政府与社会的责任。在社会福利事业发展史上，合理确定政府在社会福利领域的角色仍是一个尚未完全破解的难题。历史证明，在现代社会福利领域，政府不能只当"守夜人"，也不能做"大保姆"。基础整合理论提出，在社会福利保障领域，政府必须承担基础性需求的保障责任，非基础性需求的保障责任由多元主体共同分担。同理，在社会福利体系整合中，政府也不可能"包打天下"，需要充分尊重和调动各种福利主体的积极性。

第三，在社会福利体系整合中提高社会福利管理效率。基础整合理论强调社会福利资源整合，节约社会福利运行成本，从经济角度说明推进社会福利体系整合的必要性和重要性。在社会福利资源约束的情况下，社会福利碎片化不仅浪费福利资源，而且增加福利成本。提高社会福利的整合程度是节约福利资源、提高社会福利效率、实现社会福利效益最大化的重要途径。

第四，高度重视服务保障在社会福利体系中的作用。基础整合理论强调服务保障的重要作用，提出要实现资金保障和服务保障的相互协调，这是一个颇有远见的战略观点，是对"资金保障万能论"的纠偏。现实表明，随着我国经济快速发展和居民收入提高，人民群众在追求幸福生活中提出了许多新的社会服务需求，这些社会服务需求正在以加速的方式"爆发"出来。反观现实，我国的社会服务体系尚未完善，社会服务供给能力严重不足，社会服务保障压力加大。

## 第五节　适度普惠福利理论

### 一　适度普惠福利理论的提出

"适度普惠"是在反思中国传统民政福利发展趋势过程中提出的福利

思想，是对"特惠型民政福利"转向"普惠型民政福利"实践的理论概括。2006 年，时任民政部副部长窦玉沛率先提出"逐步拓展社会福利保障范围，推动我国社会福利由补缺型向适度普惠型转变"。[①] 窦玉沛认为，20 世纪 80 年代以来，随着中国改革开放和经济社会发展，中国的民政福利事业逐步由封闭型向开放型转变，民政福利对象由传统的"三无"（无生活来源、无劳动能力、无法定抚养义务人的公民）人员转为面向全体社会老人、残疾人、孤残儿童，扩大了社会福利对象的保障范围。在民政福利转型过程中，民政系统通过采取投资主体多元化、服务对象公众化、服务方式多样化、服务队伍专业化和志愿者相结合等措施，推动了民政福利事业由补缺型向适度普惠型转变。在老年人福利方面，根据老年人的不同情况和经济状况实行相应的保障方式和福利服务，建立面向全社会老人的养老服务体系；对"三无"老人采取集中供养和分散供养，对贫困老人提供无偿或低偿的养老服务项目，对社会老人实行有偿或低偿养老保障服务。在残疾人福利方面，通过建立社会救助体系，保障广大残疾人的基本生活；通过开展社区康复、社区精神卫生工作，提高了残疾人的康复水平；通过推动立法，扶持福利企业发展，促进残疾人集中和分散按比例就业。在儿童福利方面，保障对象由以孤残儿童为主扩展为所有失去父母的未成年人和事实上无人抚养的未成年人，保障方式由以养育为主拓展为养育、教育、医疗、康复、住房和就业，保障形式由集中供养发展为机构供养、监护人抚养、家庭寄养、社会收养、爱心助养等多种形式。2007 年窦玉沛明确提出，为了加快我国社会福利事业的发展，中国将推进社会福利模式由"补缺型"向"适度普惠型"转变。补缺型福利针对特定的服务对象如老年人、残疾人、孤儿；适度普惠型福利不仅面向全体老年人、残疾人和处于困境中的儿童，同时将在服务项目和产品的供给上，满足他们不同层次的多样化需求。[②]

---

① 窦玉沛：《中国社会福利的改革与发展》，《社会福利》2006 年第 10 期。
② 窦玉沛：《社会福利事业将转为适度普惠型》，《政协天地》2007 年第 11 期。

## 二    适度普惠福利理论的基本内容

### （一）适度普惠福利的基本含义

何谓适度普惠型福利？学术界尚未达成共识。① 综观各种关于适度普惠型福利的界定，最大的共同之处在于从"特殊福利"概念（"小福利"概念）出发，探讨我国传统民政福利的发展趋势，拓展传统民政福利的发展空间。韩裕民从社会福利概念的层次性出发，阐述"适度普惠型福利模式"的含义。② 他把社会福利概念分为宏观社会福利、中观社会福利和微观社会福利（民政社会福利）三个层次，认为适度普惠型福利介于"补缺型福利"（微观社会福利）和"普遍型福利"（宏观社会福利）之间，适度普惠型福利的形成是一个动态的发展过程，需要经历初级适度普惠、中级适度普惠和高级适度普惠三个阶段。初级适度普惠阶段对应微观社会福利概念，重点是提升微观社会福利服务对象（特殊人群）的生活质量；中级适度普惠阶段对应中观社会福利概念，社会福利服务对象从特殊人群扩大到了所有的城乡居民；高级适度普惠阶段对应宏观社会福利概念，主要体现为福利供给主体的多样化和服务需求的多元化，最终实现全民普惠型福利。

王思斌认为，从补缺型福利向普惠型福利的过渡是我国社会保障（福利）模式建构的核心问题。"普惠型的社会福利指的是不分城乡、城乡居民共享的社会保障或社会福利"，"适度普惠型社会福利是由政府和社会基于本国（或当地）的经济和社会状况，向全体国民（居民）提供的、涵盖其基本生活主要方面的社会福利"③。这种福利针对全体国民（或者某一较大地区的居民），在某种程度上具有普惠性；这种福利主要不是满足国民（居民）生活的高级需要，而是满足国民（或当地居民）基本生活需要，具有适度性。

---

① 齐红芳、曾瑞明：《近年来关于适度普惠型社会福利的研究综述》，《社会保障研究》2011 年第 5 期。

② 韩裕民：《适度普惠型福利模式探索》，中华人民共和国民政部中国社会福利网（http://shfl. mca. gov. cn/article/llyj/sdphts/200812/20081200024641. shtml）。

③ 王思斌：《我国适度普惠型社会福利制度的建构》，《北京大学学报》2009 年第 3 期。

（二）适度普惠福利的基本要素

王思斌认为，适度普惠型福利的基本要素有三个①：一是社会权利观念的建构。一方面，作为社会福利提供者的政府要改变将自己视为施舍者的角色观，树立为民服务、社会福利资源的公平配置和有效管理者的角色观念。另一方面，民众的社会福利理念也需要转变。民众既要从个人责任观向社会福利权利观转变，改变不敢向政府要求其福利权利的思想；同时，民众也要改变只讲福利权利不讲社会责任的想法，避免对社会福利的过分期待。二是适宜的社会政策的制定与实施。适度普惠型社会福利既需要与时俱进的政策理念，也需要科学的政策安排；这种政策安排既包括狭义的政策制定过程，也包括考虑到其现实可能性而对政策实施过程的设计。适度普惠型社会福利既是务实的，又是可发展即与经济社会发展方向相一致的。三是适度普惠型社会福利制度与企业、社会和家庭的责任。构建适度普惠型社会福利制度，需要政府、企业、社会、家庭和个人多方参与。政府要承担主要责任，企业、社会力量、社区和家庭也扮演着重要角色。

（三）适度普惠福利的基本要求

王思斌提出，构建适度普惠型福利制度的基本要求有五个②：一是政府责任优先。政府要承担政策倡导和对相应福利观念的形成进行引导的责任，承担科学设计福利制度的责任，承担社会福利资源提供的主要责任，承担动员各方力量促进适度普惠型社会福利制度持续发展的责任。二是需要导向的制度建构。适度普惠型社会福利制度包括有关人民基本生活的诸多方面，要遵循需要原则，但又不可能快速完全建立，它的各项社会政策和制度需要分轻重缓急逐步建立，需要某种优先次序，即最迫切需要的制度要优先建设。三是企业社会责任的承担。企业如果都能承担起自己应尽的对其成员的福利责任，使其享有职业福利，就能在一定程度上解除其陷入贫困之虞。四是家庭福利责任的保护与激活。适度普惠型社会福利是以家庭福利为基础的，需要保护和激活家庭的福利责任。五是社会福利机构的培育与发展。任何政府都不可能解决其公民的所有社会福利方面的问题，也难以实施较细致的社会

---

① 王思斌：《我国适度普惠型社会福利制度的建构》，《北京大学学报》2009 年第 3 期。
② 同上。

福利服务。社会福利机构通过其"以人为本"的服务理念和专业化的方法，可有效地为其对象提供高质量的服务，弥补政府福利的不足。

### 三　适度普惠福利理论的指导意义

适度普惠福利理论的本意是从特殊福利概念出发，探讨中国传统民政福利的发展趋势。对社会福利体系整合而言，适度普惠福利理论提供了两点重要启示。

第一，要考虑社会福利体系整合进程的"适度"问题。社会福利体系整合中的"适度"包括三个方面：一是整合速度要适度。整合速度涉及整合进程的快慢问题，快速整合可能发挥"快刀斩乱麻"的优势，也可能会留下因准备不充分、考虑不透彻所带来的"后遗症"；缓慢整合有利于充分准备和周密谋划，但很可能加剧碎片化，错失整合良机。二是整合力度要适度。社会福利体系整合涉及利益关系的再调整，有的是地方利益，有的是部门利益，有的是人群利益。在一定程度上讲，整合过程就是打破社会福利领域的"地方保护主义"、"部门保护主义"和"人群保护主义"的过程，没有力度或不加大力度肯定不行。在加大整合力度的同时，需要高度重视整合的宣传工作、思想工作和技术工作。三是整合向度要合适。从福利水平角度看，社会福利体系整合的结果有三种：降低福利水平、维持福利水平和提高福利水平。社会福利改革的经验教训和社会福利发展的刚性规律表明，降低福利水平的整合注定会失败，维持福利水平的整合是"底线选择"，提高福利水平的整合才能持续。确定社会福利体系整合的方向时，一定要保证整合后的福利水平要高于或等于整合前的福利水平。

第二，要通过社会福利体系整合扩大福利普惠面。根据我国现行社会福利体系的实际状况，社会福利体系整合面临着两大历史任务：一是尽快解决福利碎片化。在整合福利碎片的过程中，把不同福利碎片连接起来，消除碎片之间的"福利空隙"，实际上也具有扩大福利覆盖面的效果。二是继续扩大福利覆盖面。虽然我国在总体上已经建立起覆盖城乡居民基本福利需求的福利体系，但在不同福利项目（制度）之间，覆盖面仍然存在着差距。在社会保险方面，基本医疗保险实现了"全民医保"，基本养老保险尚未实现人员全覆盖，失业保险、工伤保险和生育保险还有很大的"扩面空间"；在社会救助方面，城乡低保制度只是基本实现了"应保尽保"，还有少数贫困家庭"应保未保"；在公共福利方面，实现城乡基本公共服务均等化尚有很大差距，受益面和普惠性有待于进一步扩大。

# 第三章

# 中国社会福利体系整合的政策基础

20世纪90年代以来，在社会福利普遍性增长的过程中，社会福利碎片化的弊端及其危害引起了国家的高度重视。党中央、国务院及其相关职能部门根据实际工作需要，先后制定和出台了一系列政策文件，为推进全国社会福利体系整合提供了政策依据，也为地方政府开展社会福利体系整合试点指明了方向。

## 第一节　教育保障体系整合政策

### 一　义务教育均衡发展政策

（一）义务教育均衡发展政策的重要性

义务教育是我国国民教育体系的基础，义务教育公平是教育公平的基础，是教育领域的底线公平。推进义务教育均衡发展是我国教育保障体系整合的核心任务和关键环节，义务教育均衡发展政策是教育保障体系整合政策的基石。1986年公布实施的《义务教育法》提出我国实行九年义务教育制度，2006年6月29日公布新修订的《义务教育法》提出："义务教育是国家必须予以保障的公益性事业，不收学费、杂费。"截至2011年，全国所有省（区、市）通过了国家"普九"验收，我国用25年时间全面普及了城乡免费义务教育，为提高全体国民素质奠定了坚实基础。在义务教育全面覆盖的同时，也产生了义务教育发展不均衡现象，特别是区域之间、城乡之间、学校之间的办学水平和教育质量存在明显差距。因此，促进教育保障体系整合，首先必须推进义务教育均衡发展，全面提高义务教育质量，促进义务教育公平，最终实现教育公平。

（二）义务教育均衡发展政策的基本内容

2012 年 9 月 5 日，国务院发布《关于深入推进义务教育均衡发展的意见》（国发〔2012〕48 号），对深入推进义务教育均衡发展做出系统规划和全面部署，是推进我国城乡义务教育均衡发展的经典政策文本。[①]

《意见》提出，推进义务教育均衡发展的指导思想包括三个层面：一是全面贯彻党的教育方针，全面实施素质教育，遵循教育规律和人才成长规律，积极推进义务教育学校标准化建设，均衡合理配置教师、设备、图书、校舍等资源，努力提高办学水平和教育质量；二是加强省级政府统筹，强化以县为主管理，建立健全义务教育均衡发展责任制；三是总体规划，统筹城乡，因地制宜，分类指导，分步实施，切实缩小校际差距，尽快缩小城乡差距，努力缩小区域差距，办好每一所学校，促进每一个学生健康成长。《意见》提出：推进义务教育均衡发展的基本目标：到 2015 年，全国义务教育巩固率达到 93%，实现基本均衡的县（市、区）比例达到 65%；到 2020 年，全国义务教育巩固率达到 95%，实现基本均衡的县（市、区）比例达到 95%。

《意见》系统规划了推进义务教育均衡发展的实现路径[②]：一是推动优质教育资源共享。扩大优质教育资源覆盖面，发挥优质学校的辐射带动作用，鼓励建立学校联盟，探索集团化办学，提倡对口帮扶，实施学区化管理，整体提升学校办学水平；推动办学水平较高学校和优秀教师通过共同研讨备课、研修培训、学术交流、开设公共课等方式，共同实现教师专业发展和教学质量提升；提高社会教育资源利用水平，博物馆、科技馆、文化馆、图书馆、展览馆、青少年校外活动场所、综合实践基地等机构要积极开展面向中小学生的公益性教育活动；学校要积极利用社会教育资源开展实践教育，探索学校教育与校外活动有机衔接的有效方式。二是均衡配置办学资源。深化义务教育经费保障机制改革，以促进公平和提高质量为导向，中央财政加大对中西部地区的义务教育投入，提高保障水平；省级政府要加强统

---

① 参见中央政府门户网站《国务院关于深入推进义务教育均衡发展的意见》（2012 年 9 月 7 日。http://www.gov.cn/zwgk/2012-09/07/content_ 2218783. htm）。

② 同上。

筹，加大对农村地区、贫困地区以及薄弱环节和重点领域的支持力度；推进义务教育学校标准化建设，为农村中小学配齐图书、教学实验仪器设备、音体美等教学器材，着力改善农村义务教育学校学生宿舍、食堂等生活设施；采取学校扩建改造和学生合理分流等措施，解决"大校额"、"大班额"问题。三是合理配置教师资源。改善教师资源的初次配置，吸引优秀高校毕业生和志愿者到农村学校或薄弱学校任教；逐步实行城乡统一的中小学编制标准，并对村小学和教学点予以倾斜；实行县域内公办学校校长、教师交流制度，建立和完善鼓励城镇学校校长、教师到农村学校或城市薄弱学校任职任教机制。四是保障特殊群体平等接受义务教育。坚持以流入地为主、以公办学校为主的"两为主"政策，保障进城务工人员随迁子女平等接受义务教育；建立和健全农村留守义务教育学生关爱服务体系，构建学校、家庭和社会各界广泛参与的关爱网络，创新关爱模式；重视发展义务教育阶段特殊教育，根据特殊教育学校学生实际制定学生人均公用经费标准，加大对特殊教育的投入力度，办好每一所特殊教育学校。五是全面提高义务教育质量。以素质教育为导向，促进学生德、智、体、美全面发展和生动活泼主动发展，培养学生的社会责任感、创新精神和实践能力；切实减轻学生过重课业负担，及时纠正加重学生课业负担的行为，科学合理安排学生作息时间。六是加强和改进学校管理。完善学生学籍管理办法，建立以居住地学龄人口为基准的义务教育管理和公共服务机制；规范招生办法，合理划定每所公办学校的招生范围，切实缓解"择校热"；规范财务管理，确保经费使用安全、合规、高效；规范收费行为，制止公办学校以民办名义招生并收费。七是加强组织领导和督导评估。省级政府建立推动有力、检查到位、考核严格、奖惩分明、公开问责的义务教育均衡发展推进责任机制，把县域义务教育均衡发展作为考核地方各级政府及其主要负责人的重要内容；教育、发改委、财政、人力资源和社会保障、编制等部门各负其责，密切配合，形成协力推进义务教育均衡发展的工作机制。

（三）义务教育均衡发展政策的实现机制

为确保义务教育均衡发展政策的贯彻执行，教育部于 2012 年 1 月 20 日印发《县域义务教育均衡发展督导评估暂行办法》（教督〔2012〕3 号），开展县域内义务教育校际均衡状况评估和县级人民政府推进义务教育均衡发展工作评估。2013 年，国务院教育督导委员会办公室启动义务教育发展基本均衡县（市、区）的督导评估认定，2014 年 2 月发布国家教育督导报告《2013 年义务教育均衡发展督导评估》（2014 年第 1 号）。2014 年 2 月 21 日，《国务院教育督导委员会关于公布 2013 年全国义务教育发展基本均衡县（市、区）名单的决定》公布，全国有 22 个省（自治区、直辖市）人民政府对 325 个县（市、区）进行义务教育均衡发展督导评估，并报国务院教育督导委员会进行督导评估认定。经国务院教育督导委员会办公室组织材料审核和现场督导评估，其中 293 个县（市、区）基本达到国家对义务教育发展基本均衡县（市、区）的要求。[①] 2015 年 3 月 30 日，《国务院教育督导委员会关于公布 2014 年全国义务教育发展基本均衡县（市、区）名单的决定》公布，全国有 26 个省（区、市）人民政府在 2013 年至 2014 年 8 月底前对 491 个县（市、区）进行了义务教育均衡发展督导评估，其中 464 个县（市、区）基本达到国家对义务教育发展基本均衡县（市、区）的要求。[②]

**二 覆盖全程的学生资助政策体系[③]**

教育公平是社会公平的重要基础，贫困学生资助是促进教育公平的重要手段。党和国家高度重视家庭经济困难学生上学问题，密集出台相关资助政策措施，形成了以财政资金为主、学校和社会资金为辅的资助经费保障体系，建立了覆盖学前教育至研究生教育的学生资助政策体系。

**（一）学前教育学生资助政策**

按照"地方先行、中央补助"的原则，全国各地建立学前教育资助政策体系。一是政府资助。地方政府对经县级以上教育行政部门审批设立的普惠型幼儿园在园家庭经济困难儿童、孤儿和残疾儿童予以资助。二是幼儿园资助。幼儿园从事业收入中提取一定比例的经费，用于减免收费、提供特殊困难补助等。三是社会资助。各地建立和完善相关优惠政策，积极引导和鼓

---

① 教育部：《国务院教育督导委员会关于公布 2013 年全国义务教育发展基本均衡县（市、区）名单的决定》（http：//www. moe. gov. cn/publicfiles/business/htmlfiles/moe/s7878/201402/164175. html）。

② 教育部：《国务院教育督导委员会关于公布 2014 年全国义务教育发展基本均衡县（市、区）名单的决定》（http：//www. moe. edu. cn/publicfiles/business/htmlfiles/moe/s8663/201504/185524. html）。

③ 详见教育部《国家学生资助政策体系简介（2015）》（http：//www. moe. gov. cn/jyb_ xwfb/gzdt_ gzdt/s5987/201508/t20150812_ 199664. html）。

励社会团体、企事业单位及个人等捐资，帮助家庭经济困难儿童、孤儿和残疾儿童接受普惠型学前教育。

（二）义务教育学生资助政策

一是免除学杂费，全部免除城乡义务教育阶段所有学生学杂费。二是免费教科书。对义务教育阶段所有农村学生和城市低保家庭学生免费提供教科书，农村学生国家课程免费教科书资金由中央财政承担，地方课程免费教科书及城市低保家庭学生国家课程免费教科书资金由地方财政承担，国家为农村义务教育阶段学生免费配发汉语字典。三是寄宿生生活补助。用于资助义务教育阶段农村和城市家庭经济困难寄宿生，中西部地区农村义务教育阶段家庭经济困难寄宿生生活补助标准为小学生每生每天4元、初中生5元。四是营养改善计划。在集中连片特殊困难地区实施农村（不含县城）义务教育学生营养改善计划，中央财政为国家试点地区农村义务教育阶段学生提供营养膳食补助，标准为每生每天4元，所需资金全部由中央财政承担。

（三）高中教育学生资助政策

在普通高中教育阶段，建立起以政府为主导、国家助学金为主体、学校减免学费等为补充、社会力量积极参与的普通高中家庭经济困难学生资助政策体系。一是国家助学金。用于资助普通高中在校生中的家庭经济困难学生，资助面约占全国普通高中在校生总数的20%，平均资助标准为每生每年2000元。二是学校资助。学校从事业收入中提取一定比例的经费，用于减免学费、设立校内奖学金助学金和特殊困难补助等支出。三是社会资助。积极引导和鼓励企业、社会团体及个人等面向普通高中设立奖学金、助学金。

在中等职业教育阶段，建立起以国家免学费、国家助学金为主，学校和社会资助及顶岗实习等为补充的学生资助政策体系。一是免除学费。国家对中等职业学校全日制正式学籍一、二、三年级在校生中所有农村（含县镇）学生、城市涉农专业学生和家庭经济困难学生、艺术类戏曲表演专业学生免除学费。二是国家助学金。资助对象为全日制正式学籍一、二年级在校涉农专业学生和非涉农专业家庭经济困难学生，资助标准生均每年2000元。三是顶岗实习。安排中等职业学校三年级学生到企业等单位顶岗实习，获得一定报酬，用于支付学习和生活费用。四是奖学金。地方政府、相关行业企业安排专项资金设立中职学生奖学金。五是学校免学费。中等职业学校每年安排一定的经费，用于国家免学费政策之外的学费减免、勤工助学、校内奖学金和特殊困难补助等。六是社会资助。鼓励和支持社会团体、企事业单位以及个人资助中职学校家庭经济困难学生。

（四）本专科教育学生资助政策

在本专科生教育阶段，建立起国家奖助学金、国家助学贷款、学费补偿贷款代偿、校内奖助学金、勤工助学、困难补助、伙食补贴、学费减免、"绿色通道"等多种方式的综合型资助体系。（1）国家奖学金。用于奖励特别优秀的全日制普通高校本专科（含高职、第二学士学位，下同）在校生，每年奖励本专科学生 5 万名，每生每年 8000 元。（2）国家励志奖学金。用于奖励资助品学兼优、家庭经济困难的全日制普通高校本专科在校生，资助面约为全国全日制普通高校本专科在校学生总数的 3%，每生每年 5000 元。（3）国家助学金。用于资助家庭经济困难的全日制普通高校本专科学生，资助面约为全国全日制普通高校本专科在校学生总数的 20%，平均资助标准为每生每年 3000 元。（4）国家助学贷款。由政府主导，金融机构向高校家庭经济困难学生提供的不需要担保或抵押的信用助学贷款，帮助其解决在校期间的学费和住宿费用，每学年贷款金额原则上不超过 8000 元，贷款期限最长不超过 20 年。（5）基层就业学费补偿贷款代偿。对中央部门所属全日制普通高等学校应届毕业生，自愿到中西部地区和艰苦边远地区基层单位就业、服务期达到 3 年以上（含 3 年）的，实施学费补偿或国家助学贷款代偿。补偿代偿金额根据毕业生在校期间每年实际缴纳的学费或获得的国家助学贷款确定，每生每年不高于 8000 元。（6）应征入伍服义务兵役学费补偿贷款代偿及学费减免。对应征入伍服义务兵役的高等学校在校生及毕业生在校期间缴纳的学费或获得的国家助学贷款实施一次性补偿或代偿，对退役后复学的高校在校生实行学费减免，每生每年不高于 8000 元。（7）师范生免费教育。免费教育师范生在校学习期间，免除学费，免缴住宿费，并补助生活费，享受师范生免费教育的学生可以申请国家奖学金，但不能申请国家励志奖学金和国家助学金。（8）退役士兵教育资助。对退役一年以上、考入全日制普通高等学校的自主就业退役士兵，给予教育资助，包括学费资助、生活费资助和奖助学金资助。（9）新生入学资助项目。从 2012 年起，对中西部地区启动高校家庭经济困难新生入学资助项目，用于解决学生家庭至录取学校间的路费及入校后短期生活费，省（区、市）内院校录取的新生每人资助 500 元，省外院校录取的新生每人资助 1000 元。（10）勤工助学。学校设置校内勤工助学岗位，为家庭经济困难学生提供校外勤工助学机会，学生参加勤工助学的劳动报酬原则上不低于当地政府或有关部门制定的最低工资标准或居民最低生活保障标准。（11）校内资助。学校利用从事业收入中提取的资助资金以及社会团体、企事业单位和个人捐助资金等，设立校内奖学金、助学金、困难补助、伙食补贴、校内无息借款、减免学费等。（12）绿色通道。全日制普通高校建立"绿色通道"，对被录取入学、无法缴纳学费的家庭经济困难新生，先办理入学手续，然后再根据学生的实际情况，分别采取不同办法予以资助。

（五）研究生教育阶段资助政策

一是国家奖学金。用于奖励特别优秀的研究生，每年奖励 4.5 万名，其中硕士生 3.5 万名，每生每年 2 万元；博士生 1 万名，每生每年 3 万元。二是学业奖学金。中央高校根据研究生收费标准、学业成绩、科研成果、社会服务以及家庭经济状况等因素，确定研究生学业奖学金的覆盖面、等级、奖励标准和评定办法。研究生学业奖学金标准不得超过同阶段研究生国家奖学金标准的 60%。三是国家助学金。用于资助全国普通高等学校纳入全国研究生招生计划的所有全日制研究生的基本生活支出，硕士研究生资助标准不低于每生每年 6000 元，博士研究生资助标准不低于每生每年 10000 元。四是"三助"岗位津贴。高等学校利用教育拨款、科研经费、学费收入、社会捐助等资金，设置研究生"三助"（助研、助教、助管）岗位，并提供"三助"津贴。五是国家助学贷款。研究生助学贷款原则上以校园地国家助学贷款为主，每学年贷款金额不超过 12000 元。六是基层就业学费补偿贷款代偿。研究生补偿代偿金额每生每年不高于 12000 元。七是应征入伍服义务兵役学费补偿贷款代偿及学费减免。研究生补偿代偿或学费减免金额每生每年不高于 12000 元。八是退役士兵教育资助。对退役一年以上、考入普通高等学校并纳入全国全日制研究生招生计划的自主就业退役士兵，给予教育资助，资助内容与本、专科生基本相同，学费资助标准每学年最高不超过 12000 元。

教育部公布的数据显示，2010—2014 年，全国累计资助学前教育、义务教育、中职教育、普通高中、高等教育等各教育阶段学生（幼儿）达4.1亿人次（不包括义务教育免费教科书、营养膳食补助项目），年均资助8201.26万人次，较2009年增长25.8%。2010—2014年，全国累计资助学前教育、义务教育、中职教育、普通高中、高等教育等各教育阶段学生（幼儿）金额达5564.43亿元（不包括义务教育免费教科书、营养膳食补助资金），其中2014年资助金额达到1421.28亿元，较2009年增长104.82%；2009—2014年，年均增长率达到12.69%。[①]

## 第二节　就业保障体系整合政策

2002年3月21日，劳动和社会保障部发布《关于进一步加强劳动力市场建设完善就业服务体系的意见》（劳社发〔2002〕7号）提出：坚持城乡统筹就业的改革方向，逐步建立城乡一体化的劳动力市场；加快就业制度改革，逐步打破城乡分割和地域分割，促进劳动力合理流动，为形成市场导向的就业机制、逐步实现城乡统筹就业奠定基础；加强公共就业服务与失业保险、职业培训工作的衔接，建立健全失业登记、失业保险金申领发放、职业指导、职业介绍相互衔接的工作流程和管理办法，为失业人员接受就业服务和申领失业保险金提供便捷服务。[②]

2007年11月5日，劳动和社会保障部公布《就业服务与就业管理规定》（劳动和社会保障部令第28号），共9章77条，从2008年1月1日起施行。《规定》提出：劳动者依法享有平等就业的权利，劳动者就业不因民族、种族、性别、宗教信仰等不同而受歧视；农村劳动者进城就业享有与城镇劳动者平等的就业权利，不得对农村劳动者进城就业设置歧视性限制；公共就业服务机构应当逐步实行信息化管理与服务，在城市内实现就业服务、失业保险、就业培训信息共享和公共就业服务全程信息化管理，并逐步实现

---

① 教育部：《〈国家中长期教育改革和发展规划纲要（2010—2020年）〉中期评估学生资助中期评估报告》（http://www.moe.gov.cn/jyb_xwfb/xw_fbh/moe_2069/xwfbh_2015n/xwfb_151209/151209_sfcl/201512/t20151209_223925.html）。

② 劳动和社会保障部：《关于进一步加强劳动力市场建设完善就业服务体系的意见》（劳社发〔2002〕7号）（http://www.mohrss.gov.cn/gkml/xxgk/201407/t20140717_136599.htm）。

与劳动工资信息、社会保险信息的互联互通和信息共享。①

2008 年 1 月 1 日起施行的《中华人民共和国就业促进法》，为就业保障体系整合提供了法律基础。2008 年 2 月 3 日，国务院发布《关于做好促进就业工作的通知》（国发〔2008〕5 号）。《通知》提出："坚持劳动者自主择业、市场调节就业、政府促进就业的方针，努力创造公平就业环境；实施积极的就业政策，多渠道增加就业岗位；拓宽就业渠道，统筹做好城镇新增劳动力就业、农业富余劳动力转移就业和失业人员就业工作；进一步加强就业服务和管理，健全面向全体劳动者的职业技能培训制度；劳动保障、民政、财政等部门要密切协作，促进失业保险、社会救助与促进就业工作的有机结合。"②

2009 年 10 月 9 日，人力资源和社会保障部、中央机构编制委员会办公室联合下发《关于进一步加强公共就业服务体系建设的指导意见》（人社部发〔2009〕116 号）。该《意见》提出：合并原人事部门和劳动保障部门的就业服务管理机构，整合人才市场和劳动力市场资源，加强公共就业服务机构建设，建立健全公共就业服务体系；公共就业服务体系要对城乡所有劳动者提供公益性就业服务，对就业困难群体提供就业援助，对用人单位提供招聘服务，对就业与失业进行社会化管理，对用人单位和劳动者提供基本人力资源社会保障事务代理等；全面推进公共就业服务信息网络建设，实行统一规划，整体推进，建立健全以城市为核心、覆盖城乡的公共就业服务信息网络，实现就业服务经办信息化和就业扶持政策补助资金管理信息化，并逐步建立覆盖全国的公共就业服务信息网络。③

2009 年 12 月 23 日，人力资源和社会保障部印发《关于推进公共就业服务信息化建设工作的指导意见》（人社部发〔2009〕186 号），全面规划公共就业服务信息化建设工作，对推动全国公共就业服务信息化建设的标准化和

---

① 劳动和社会保障部：《就业服务与就业管理规定》（劳动和社会保障部令第 28 号）（http://www.mohrss.gov.cn/gkml/xxgk/201407/t20140717_136597.htm）。

② 中央政府门户网站：《国务院关于做好促进就业工作的通知》（国发〔2008〕5 号）（http://www.gov.cn/zwgk/2008-02/19/content_893083.htm）。

③ 人力资源和社会保障部、中央机构编制委员会办公室：《关于进一步加强公共就业服务体系建设的指导意见》（人社部发〔2009〕116 号（http://www.mohrss.gov.cn/gkml/xxgk/201407/t20140717_136596.htm）。

整合化具有重要的实践指导意义。《指导意见》提出：公共就业服务信息化建设的工作目标是实现"八个统一"：业务应用软件统一建设、个人就业信息统一管理、单位用工信息统一查询、就业服务项目统一实施、业务协同规则统一应用、就业服务网站统一标准、公共服务手段统一提供、市场监测体系统一建立。[①]

2010 年 4 月 29 日，人力资源和社会保障部下发的《关于加强就业援助工作的指导意见》（人社部发〔2010〕29 号）提出：要按照精细化、长效化的要求，全面加强就业援助工作，将符合条件的人员全部纳入就业援助范围，普遍实行就业援助对象实名制动态管理，建立"出现一人，认定一人，扶助一人，稳定一人"的就业援助工作机制；在"十二五"期间，要以地级城市或省级地区为单位，全面实现就业援助对象登记认定信息、就业状态信息、援助服务信息、享受政策信息的统一采集、统一使用、统一管理。[②]

2010 年 11 月 25 日，人力资源和社会保障部下发《关于建立全国就业信息监测制度的通知》（人社部发〔2010〕86 号）。《通知》提出：从 2011 年 1 月 1 日起，依托各地公共就业人才服务信息系统和金保工程部省市三级业务专网，建立全国就业信息监测制度，实现全国范围内中央、省、市三级人力资源和社会保障部门对劳动者就业登记、失业登记和享受就业扶持政策等相关信息的全面监测；建立全国就业信息监测指标体系，包括劳动者的个人基本信息和相关信息、就业登记与失业登记信息、就业援助对象认定信息、享受就业扶持政策信息和享受失业保险待遇信息等，为劳动者跨地区享受相关就业扶持政策、各级就业政策相关主管部门核验《就业失业登记证》信息和各级政府宏观决策提供信息支持。[③]

2011 年 9 月 16 日，人力资源和社会保障部下发《关于加快推进就业信息公共服务网络建设的通知》（人社部发〔2011〕101 号）。《通知》提出：按照就业信息服务工作"统一标准、互联互通、覆盖全国、优质高效"的

---

① 人力资源和社会保障部：《关于推进公共就业服务信息化建设工作的指导意见》（人社部发〔2009〕186 号）（http://www.mohrss.gov.cn/gkml/xxgk/201407/t20140717_136595.htm）。

② 人力资源和社会保障部：《关于加强就业援助工作的指导意见》（人社部发〔2010〕29 号）（http://www.mohrss.gov.cn/gkml/xxgk/201407/t20140717_136571.htm）。

③ 人力资源和社会保障部：《关于建立全国就业信息监测制度的通知》（人社部发〔2010〕86 号）（http://www.mohrss.gov.cn/gkml/xxgk/201407/t20140717_136593.htm）。

总体要求，建立由部、省、市三级组成的全国就业信息公共服务网络，实现全国各级公共就业和人才服务机构招聘信息互联互通和共享发布，为各类求职人员免费提供"信息真实、内容完整、岗位有效、查询便利"的就业岗位信息服务。①

2012 年 1 月 24 日，国务院下发《关于批转促进就业规划（2011—2015年）的通知》（国发〔2012〕6 号），同意实施人力资源和社会保障部等七部门联合制定的《促进就业规划（2011—2015 年）》。《规划》提出：切实把就业作为民生之本，健全劳动者自主择业、市场调节就业、政府促进就业相结合的机制；整合公共就业和人才服务机构公共管理和服务的职能，形成覆盖城乡的公共就业和人才服务体系，健全城乡均等的公共就业和人才服务制度；加快人力资源配置领域的改革进程，逐步消除人力资源市场城乡分割、地区分割和身份分割，促进城乡各类劳动者平等就业；坚持城乡统筹，建立健全城乡劳动者平等就业的制度，消除劳动者就业的城乡差别和就业歧视，创造公平的就业环境。②

2012 年 12 月 26 日，人力资源和社会保障部、财政部联合下发《关于进一步完善公共就业服务体系有关问题的通知》（人社部发〔2012〕103 号）。《通知》提出：公共就业服务的基本原则是保基本、可持续、均等化，按照覆盖城乡、普遍享有的要求，面向全社会提供统一、规范、高效的公共就业服务，方便各类劳动者求职就业和用人单位招聘用工，逐步实现地区间、城乡间基本公共就业服务均等化；加强机构职能整合和基层平台服务功能，按照统一领导、统一制度、统一管理、统一服务标准、统一信息系统的要求，统筹规划公共就业和人才交流服务机构建设，形成覆盖城乡的公共就业服务体系；建立全国统一的公共就业服务信息系统，健全全国统一的公共就业服务信息指标体系，以"数据向上集中、服务向下延伸、网络到边到底、信息全国共享"为目标，整合各类就业管理服务信息资源。③

---

①　人力资源和社会保障部：《关于加快推进就业信息公共服务网络建设的通知》（人社部发〔2011〕101 号）（http://www.mohrss.gov.cn/SYrlzyhshbzb/ldbk/jiuye/JYzonghe/201109/t20110920_86720.htm）。

②　中央政府门户网站：《国务院关于批转促进就业规划（2011—2015 年）的通知》（国发〔2012〕6 号）（http://www.gov.cn/zwgk/2012-02/08/content_2061165.htm）。

③　人力资源和社会保障部、财政部：《关于进一步完善公共就业服务体系有关问题的通知》（人社部发〔2012〕103 号）（http://www.mohrss.gov.cn/gkml/xxgk/201304/t20130411_97899.htm）。

2014 年 9 月 12 日，国务院发布《关于进一步做好为农民工服务工作的意见》（国发〔2014〕40 号），提出：实施农民工职业技能提升计划，每年开展农民工职业技能培训 2000 万人次；加快发展农村新成长劳动力职业教育，完善和落实促进农民工就业创业的政策；保障农民工工资报酬权益，扩大农民工参加城镇社会保险覆盖面，有序推进农民工市民化。[①]

2015 年 4 月 27 日，国务院发布《关于进一步做好新形势下就业创业工作的意见》（国发〔2015〕23 号）。该《意见》提出：深入实施就业优先战略，积极推进创业带动就业，统筹推进高校毕业生等重点群体就业；健全覆盖城乡的公共就业创业服务体系，提高服务均等化、标准化和专业化水平；按照统一建设、省级集中、业务协同、资源共享的原则，逐步建成以省级为基础、全国一体化的就业信息化格局；建立省级集中的就业信息资源库，实现就业管理和就业服务工作全程信息化，实现各类就业信息统一发布；推进就业信息共享开放，支持社会服务机构利用政府数据开展专业化就业服务，推动政府、社会协同提升公共就业服务水平。[②]

2015 年 6 月 17 日，国务院办公厅下发《关于支持农民工等人员返乡创业的意见》（国办发〔2015〕47 号），提出鼓励农民工等人员返乡创业三年行动计划纲要（2015—2017 年），组织实施七项"行动计划"，即"提升基层创业服务能力行动计划"、"整合发展农民工返乡创业园行动计划"、"开发农业农村资源支持返乡创业行动计划"、"完善基础设施支持返乡创业行动计划"、"电子商务进农村综合示范行动计划"、"创业培训专项行动计划"和"返乡创业与万众创新有序对接行动计划"。[③]

---

[①] 人力资源和社会保障部：《国务院关于进一步做好为农民工服务工作的意见》（国发〔2014〕40 号）（http://www.mohrss.gov.cn/gkml/xxgk/201410/t20141015_ 141989. htm）。

[②] 人力资源和社会保障部：《国务院关于进一步做好新形势下就业创业工作的意见》（国发〔2015〕23 号）（http://www.mohrss.gov.cn/SYrlzyhshbzb/ldbk/jiuye/JYzonghe/201505/t20150504 _ 159696. htm）。

[③] 人力资源和社会保障部：《国务院办公厅关于支持农民工等人员返乡创业的意见》（国办发〔2015〕47 号）（http://www.mohrss.gov.cn/SYrlzyhshbzb/ldbk/jiuye/chuangye/201506/t20150624 _ 212151. htm）。

## 第三节　医疗保障体系整合政策

### 一　城镇职工基本医疗保险整合政策

1998 年 12 月，国务院颁布《关于建立城镇职工基本医疗保险制度的决定》（国发〔1998〕44 号），决定建立社会统筹和个人账户相结合的城镇职工基本医疗保险制度。《决定》规定：城镇职工基本医疗保险制度覆盖城镇所有用人单位，包括企业（国有企业、集体企业、外商投资企业、私营企业等）、机关、事业单位、社会团体、民办非企业单位及其职工，都要参加基本医疗保险；建立基本医疗保险基金，由统筹基金和个人账户构成；职工个人缴纳的基本医疗保险费，全部计入个人账户；用人单位缴纳的基本医疗保险费分为两部分，一部分用于建立统筹基金，一部分划入个人账户。[①]《决定》奠定了城镇职工基本医疗保险制度的总体框架，覆盖对象包括机关事业单位职工、企业职工、社会组织员工，是一个具有包容性、公平性和"去身份分割"的基本医疗保险制度。

2003 年 5 月 26 日，劳动和社会保障部办公厅下发《关于城镇灵活就业人员参加基本医疗保险的指导意见》（劳社厅发〔2003〕10 号），要求把城镇灵活就业人员（以非全日制、临时性和弹性工作等灵活形式就业的人员）纳入城镇职工基本医疗保险制度范围，灵活就业人员缴纳的医疗保险费纳入统筹地区基本医疗保险基金统一管理。[②]

2004 年 5 月 28 日，劳动和社会保障部办公厅下发《关于推进混合所有制企业和非公有制经济组织从业人员参加医疗保险的意见》（劳社厅发〔2004〕5 号），提出：将混合所有制企业和非公有制经济组织从业人员纳入城镇职工基本医疗保险制度范围，以做好在职职工医疗保险关系接续和解决退休人员医疗保险资金为重点，以私营、民营等非公有制企业为重点，以与

---

① 国务院：《国务院关于建立城镇职工基本医疗保险制度的决定》（国发〔1998〕44 号）（http：//www.mohrss.gov.cn/yiliaobxs/YILIAOBXSzhengcewenjian/199812/t19981214_83713.htm）。
② 劳动和社会保障部办公厅：《关于城镇灵活就业人员参加基本医疗保险的指导意见》（劳社厅发〔2003〕10 号）（http：//www.mohrss.gov.cn/gkml/xxgk/201407/t20140717_136156.htm）。

城镇用人单位建立了劳动关系的农村进城务工人员为重点。①

2009 年 5 月 27 日，人力资源和社会保障部、财政部、国务院国有资产监督管理委员会、监察部联合下发《关于妥善解决关闭破产国有企业退休人员等医疗保障有关问题的通知》（人社部发〔2009〕52 号），明确要求：将中央和中央下放地方政策性关闭破产国有企业退休人员及其参保所筹集资金纳入属地城镇职工基本医疗保险体系统一管理，妥善解决关闭破产国有企业退休人员参加城镇职工基本医疗保险所需资金，在 2009 年底前将未参保的关闭破产国有企业退休人员纳入当地城镇职工基本医疗保险；将尚未参保的关闭破产集体企业等其他各类关闭破产企业退休人员和困难企业职工纳入城镇职工基本医疗保险。②

2009 年 12 月 31 日，人力资源和社会保障部、财政部联合下发《关于基本医疗保险异地就医结算服务工作的意见》（人社部发〔2009〕190 号）。《意见》提出：大力推进区域统筹和建立异地协作机制，以异地安置退休人员为重点，提高参保地的异地就医结算服务水平和效率，方便必须异地就医参保人员的医疗费用结算，减少个人垫付医疗费，并逐步实现参保人员异地就医、持卡结算。③

2014 年 11 月 18 日，人力资源和社会保障部、财政部、国家卫生和计划生育委员会联合下发《关于进一步做好基本医疗保险异地就医医疗费用结算工作的指导意见》（人社部发〔2014〕93 号）。《指导意见》提出：完善市级统筹，规范省内异地就医结算，推进跨省异地就医结算；以异地安置退休人员和异地住院费用为重点，依托社会保险信息系统，分层次推进异地就医结算服务；2014 年，完善基本医疗保险市级统筹，基本实现市级统筹区内就医直接结算，规范和建立省级异地就医结算平台；2015 年，基本实现省

---

① 劳动和社会保障部办公厅：《关于推进混合所有制企业和非公有制经济组织从业人员参加医疗保险的意见》（劳社厅发〔2004〕5 号）（http://www.mohrss.gov.cn/gkml/xxgk/201407/t20140717_136155.htm）。

② 人力资源社会保障部、财政部、监察部等：《关于妥善解决关闭破产国有企业退休人员等医疗保障有关问题的通知》（人社部发〔2009〕52 号）（http://www.mohrss.gov.cn/gkml/xxgk/201407/t20140717_136130.htm）。

③ 人力资源和社会保障部、财政部：《关于基本医疗保险异地就医结算服务工作的意见》（人社部发〔2009〕190 号）（http://www.mohrss.gov.cn/gkml/xxgk/201407/t20140717_136140.htm）。

内异地住院费用直接结算，建立国家级异地就医结算平台；2016 年，全面实现跨省异地安置退休人员住院医疗费用直接结算。①

## 二　城镇居民基本医疗保险门诊统筹政策

2009 年 7 月 24 日，人力资源和社会保障部、财政部、卫生部联合下发的《关于开展城镇居民基本医疗保险门诊统筹的指导意见》（人社部发〔2009〕66 号）提出：在重点保障参保居民住院和门诊大病医疗支出的基础上，逐步将门诊小病医疗费用纳入基金支付范围，通过统筹共济的方式合理分担参保居民门诊医疗费用，方便群众就医，降低医疗成本。②

2011 年 5 月 24 日，人力资源和社会保障部下发《关于普遍开展城镇居民基本医疗保险门诊统筹有关问题的意见》（人社部发〔2011〕59 号），进一步规范城镇居民基本医疗保险门诊统筹制度。《意见》提出：一要合理确定保障范围和支付政策。门诊统筹所需资金由居民医保基金解决，合理确定门诊统筹支付比例、起付标准（额）和最高支付限额。二要完善医疗服务管理措施。根据门诊保障需要，建立健全适合门诊特点的医疗服务管理和考核体系，加强对门诊就诊率、转诊率、次均费用、费用结构等的考核，规范基层定点医疗机构医疗服务行为。三要创新就医管理和付费机制。创新门诊统筹就医管理和付费机制，管理重点逐步由费用控制向成本控制转变，降低服务成本，提高保障绩效；探索基层首诊和双向转诊就医管理机制，明确首诊、转诊医疗机构责任，逐步建立风险控制和费用分担机制。四要加强经办管理。加强居民医保基金预算管理，统筹安排门诊和住院资金，提高基金使用效率；对门诊和住院医疗费用支出单独列账、分开统计，完善门诊和住院费用支出监测指标体系，建立动态分析制度。③

---

① 人力资源和社会保障部、财政部、国家卫生和计划生育委员会：《关于进一步做好基本医疗保险异地就医医疗费用结算工作的指导意见》（人社部发〔2014〕93 号）（http://www.mohrss.gov.cn/gkml/xxgk/201412/t20141224_ 147142. htm）。

② 人力资源和社会保障部、财政部、卫生部：《关于开展城镇居民基本医疗保险门诊统筹的指导意见》（人社部发〔2009〕66 号）（http://www.mohrss.gov.cn/gkml/xxgk/201407/t20140717_ 136142. htm）。

③ 人力资源和社会保障部：《关于普遍开展城镇居民基本医疗保险门诊统筹有关问题的意见》（人社部发〔2011〕59 号）（http://www.mohrss.gov.cn/gkml/xxgk/201407/t20140717_ 136136. htm）。

### 三　城乡医疗救助制度整合政策

我国先后于 2003 年和 2005 年分别建立了农村医疗救助制度和城市医疗救助制度，但两个制度一直并列运行。2009 年 6 月，民政部、财政部、卫生部、人力资源和社会保障部联合下发《关于进一步完善城乡医疗救助制度的意见》（民发〔2009〕81 号），提出"建立城乡一体化的医疗救助制度"。《意见》规定：一要合理确定救助范围。在将城乡低保家庭成员和五保户纳入医疗救助范围的基础上，逐步将低收入家庭重病患者以及当地政府规定的其他特殊困难人员纳入医疗救助范围。二要实行多种方式救助。资助城乡低保家庭成员、五保户和其他经济困难家庭人员参加城镇居民基本医疗保险或新型农村合作医疗并对其难以负担的基本医疗自付费用给予补助。三要完善救助服务内容。坚持以住院救助为主，同时兼顾门诊救助；住院救助主要用于帮助解决因病住院救助对象个人负担的医疗费用；门诊救助主要帮助解决符合条件的救助对象患有常见病、慢性病、需要长期药物维持治疗以及急诊、急救的个人负担的医疗费用。四要促进衔接整合。加强医疗救助和城镇职工基本医疗保险、城镇居民基本医疗保险、新型农村合作医疗在经办管理方面的衔接，探索实行"一站式"管理服务，逐步实现不同医疗保障制度间人员信息、就医信息和医疗费用信息的共享，提高管理服务效率。①

2013 年 12 月 23 日，财政部和民政部联合下发《关于印发〈城乡医疗救助基金管理办法〉的通知》（财社〔2013〕217 号），进一步规范城乡医疗救助基金的筹集、使用、支出和管理。《管理办法》规定：合并"城市医疗救助基金专账"和"农村医疗救助基金专账"，建立"城乡医疗救助基金专账"；城乡医疗救助基金的救助对象包括城乡低保对象、农村五保供养对象，以及其他符合医疗救助条件的经济困难群众，遵循公开、公平、公正、专款专用、收支平衡的原则。②

2015 年 4 月 21 日，国务院办公厅转发民政部、财政部、人力资源和

---

① 民政部、财政部、卫生部等：《关于进一步完善城乡医疗救助制度的意见》（民发〔2009〕81 号）（http://www.mohrss.gov.cn/yiliaobxs/YILIAOBXSzhengcewenjian/200906/t20090615_ 83715.htm）。

② 财政部、民政部：《关于印发〈城乡医疗救助基金管理办法〉的通知》（财社〔2013〕217 号）（http://dbs.mca.gov.cn/article/csyljz/zcfg/201403/20140300610938.shtml）。

社会保障部、卫生计生委、保监会《关于进一步完善医疗救助制度全面开展重特大疾病医疗救助工作的意见》，明确提出"整合城乡医疗救助制度"和"全面开展重特大疾病医疗救助"。《意见》要求：在 2015 年底前，将城市医疗救助制度和农村医疗救助制度整合为城乡医疗救助制度，在政策目标、资金筹集、对象范围、救助标准、救助程序等方面加快推进城乡统筹，确保城乡困难群众获取医疗救助的权利公平、机会公平、规则公平、待遇公平。

### 四　流动就业人员基本医疗保障关系转移接续政策

2009 年 12 月 31 日，人力资源和社会保障部、卫生部、财政部联合下发《关于印发流动就业人员基本医疗保障关系转移接续暂行办法的通知》（人社部发〔2009〕191 号），为城镇职工基本医疗保险、城镇居民基本医疗保险和新型农村合作医疗参保（合）人员流动就业时办理基本医疗保障关系转移接续提供具体的政策依据，自 2010 年 7 月 1 日起实施。《办法》规定：城乡各类流动就业人员按照现行规定相应参加城镇职工基本医疗保险、城镇居民基本医疗保险或新型农村合作医疗，不得同时参加和重复享受待遇。农村户籍人员在城镇单位就业并有稳定劳动关系的，参加就业地城镇职工基本医疗保险；其他流动就业的，可自愿选择参加户籍所在地新型农村合作医疗或就业地城镇基本医疗保险。新型农村合作医疗参合人员参加城镇基本医疗保险后，退出新型农村合作医疗，不再享受新型农村合作医疗待遇；由于劳动关系终止或其他原因中止城镇基本医疗保险关系的农村户籍人员，向户籍所在地新型农村合作医疗经办机构申请，参加新型农村合作医疗。城镇基本医疗保险参保人员跨统筹地区流动就业，新就业地有接收单位的，参加新就业地城镇职工基本医疗保险；无接收单位的，参加城镇职工基本医疗保险或城镇居民基本医疗保险。城镇基本医疗保险参保人员跨统筹地区流动就业并参加新就业地城镇基本医疗保险的，不再享受原就业地城镇基本医疗保险待遇。①《办法》为流动就业人员在三种医疗保障制度间实现医疗保障关系转

---

① 人力资源和社会保障部、卫生部、财政部：《关于印发流动就业人员基本医疗保障关系转移接续暂行办法的通知》（人社部发〔2009〕191 号）（http://www.mohrss.gov.cn/gkml/xxgk/201407/t20140717_136139.htm）。

移衔接提供了顺畅的政策通道，有利于促进劳动力的合理流动。

### 五　新型农村合作医疗跨省就医费用核查结报政策

2015 年 1 月 9 日，国家卫生计生委和财政部联合下发《关于做好新型农村合作医疗跨省就医费用核查和结报工作的指导意见》（国卫基层发〔2015〕46 号），对新农合跨省就医费用核查和结报工作的目标、原则、任务和保障措施做出了明确的政策规定。《指导意见》提出："2015 年，选择部分统筹地区和定点医疗机构，依托国家新农合信息平台开展跨省就医费用核查和结报试点；2016 年，全国跨省就医费用核查工作机制初步建立，跨省就医结报试点范围进一步扩大；2018 年，全国大部分省（区、市）基本实现跨省就医费用核查，跨省就医结报工作进一步推进；2020 年，全国大部分省（区、市）要在具备条件的定点医疗机构开展跨省就医直接结报。"①《指导意见》提出，新农合跨省就医费用核查工作的主要任务包括建立国家级和省级跨省就医费用信息数据库、完善跨省就医费用信息的采集与交换机制和建立查询协作机制；新农合跨省就医费用结报工作的主要任务包括统一省外就医补偿政策、落实分级转诊制度、建立省级结算平台和规范结算流程。

### 六　城乡居民基本医疗保险制度整合政策

2015 年 8 月 27 日，人力资源和社会保障部、国家发展和改革委员会、财政部、国家卫生和计划生育委员会联合印发《关于做好进城落户农民参加基本医疗保险和关系转移接续工作的办法》（人社部发〔2015〕80 号），对进城落户农民基本医疗保险关系转移接续做出明确规定："引导进城落户农民及时参保，同时避免重复参保。"进城落户农民在城镇单位就业并有稳定劳动关系的，参加职工基本医疗保险；以非全日制、临时性工作等灵活形式就业的，可以参加就业地职工医保，也可以选择参加户籍所在地城镇（城乡）居民基本医疗保险；其他进城落户农民可按规定在落户地参加居民医

①　国家卫生计生委、财政部：《关于做好新型农村合作医疗跨省就医费用核查和结报工作的指导意见》（国卫基层发〔2015〕46 号）（http://www.nhfpc.gov.cn/jws/s3581sg/201502/306d28d1b7374afc9343c8f1b190feee.shtml）。

保，执行当地统一政策；已参加新型农村合作医疗或居民医保的进城落户农民，实现就业并参加职工医保的，不再享受原参保地新农合或居民医保待遇。①

2016 年 1 月 3 日，国务院发布《关于整合城乡居民基本医疗保险制度的意见》（国发〔2016〕3 号）。《意见》提出：整合城镇居民基本医疗保险和新型农村合作医疗两项制度，建立统一的城乡居民基本医疗保险制度。《意见》明确要求实现制度政策整合的"六统一"，即统一覆盖范围、统一筹资政策、统一保障待遇、统一医保目录、统一定点管理和统一基金管理。《意见》还提出要"提高统筹层次"、"整合信息系统"、"整合经办机构"，充分利用现有城镇居民医保、新农合经办资源，整合城乡居民医保经办机构、人员和信息系统，规范经办流程，提供一体化的经办服务。② 2016 年 1 月 13 日，人力资源和社会保障部下发《关于做好贯彻落实〈国务院关于整合城乡居民基本医疗保险制度的意见〉有关工作的通知》（人社部发〔2016〕6 号），明确要求各省人力资源和社会保障部门要将整合城乡居民医保制度作为建立统筹城乡更加公平、更可持续的社会保障制度的重要内容，列入当地"十三五"人力资源社会保障事业发展规划。③ 2016 年 1 月 20 日，国家卫生计生委下发《关于做好整合城乡居民基本医疗保险制度有关工作的通知》（国卫基层发〔2016〕5 号），要求各省（区、市）卫生计生行政部门要将城乡居民医保制度整合工作纳入深化医药卫生体制改革和卫生计生事业"十三五"发展规划。

2016 年 4 月 29 日，人力资源和社会保障部、财政部联合下发《关于做好 2016 年城镇居民基本医疗保险工作的通知》（人社部发〔2016〕43 号），要求"加快整合城乡居民医保制度，逐步均衡城乡待遇差异，实现新旧制度平稳过渡"。同时提出："2016 年各级财政对居民医保的补助标准在 2015 年

---

① 《关于做好进城落户农民参加基本医疗保险和关系转移接续工作的办法》（人社部发〔2015〕80 号）（http：//www. mohrss. gov. cn/SYrlzyhshbzb/ldbk/shehuibaozhang/yiliao/201509/t20150911_ 220299. htm）。

② 国务院：《国务院关于整合城乡居民基本医疗保险制度的意见》（国发〔2016〕3 号）（http：//www. mohrss. gov. cn/SYrlzyhshbzb/ldbk/shehuibaozhang/yiliao/201601/t20160112_ 231624. htm）。

③ 人力资源和社会保障部：《关于做好贯彻落实〈国务院关于整合城乡居民基本医疗保险制度的意见〉有关工作的通知》（人社部发〔2016〕6 号）（http：//www. mohrss. gov. cn/SYrlzyhshbzb/ldbk/shehuibaozhang/yiliao/201601/t20160114_ 231766. htm）。

的基础上提高 40 元，达到每人每年 420 元。其中，中央财政对 120 元基数部分按原有比例补助，对增加的 300 元按照西部地区 80%、中部地区 60%的比例补助，对东部地区各省份分别按一定比例补助。居民个人缴费在 2015 年人均不低于 120 元的基础上提高 30 元，达到人均不低于 150 元。"①同日，国家卫生计生委和财政部联合下发《关于做好 2016 年新型农村合作医疗工作的通知》（国卫基层发〔2016〕16 号），要求"稳步推进城乡居民基本医疗保险制度整合工作"，同时提出："2016 年，各级财政对新农合的人均补助标准在 2015 年的基础上提高 40 元，达到 420 元，其中：中央财政对新增 40 元部分按照西部地区 80%、中部地区 60%的比例进行补助，对东部地区各省份分别按一定比例补助。农民个人缴费标准在 2015 年的基础上提高 30 元，全国平均达到 150 元左右。"②

## 第四节　养老保障体系整合政策

### 一　企业职工基本养老保险制度整合政策

1997 年 7 月，国务院发布《关于建立统一的企业职工基本养老保险制度的决定》（国发〔1997〕26 号），为整合企业职工基本养老保险制度奠定最初的政策基础。《决定》提出：进一步扩大养老保险的覆盖范围，基本养老保险制度要逐步扩大到城镇所有企业及其职工；提高基本养老保险基金的统筹层次和加强宏观调控，逐步由县级统筹向省或省授权的地区统筹过渡；全国基本实现省级统筹后，原经国务院批准由有关部门和单位组织统筹的企业，参加所在地区的社会统筹；提高社会保险管理服务的社会化水平，尽快将目前由企业发放养老金改为社会化发放，减轻企业的社会事务负担。③

1998 年 8 月 6 日，国务院下发《关于实行企业职工基本养老保险省级统

---

① 人力资源和社会保障部、财政部：《关于做好 2016 年城镇居民基本医疗保险工作的通知》（人社部发〔2016〕43 号）（http://www.mohrss.gov.cn/SYrlzyhshbzb/shehuibaozhang/zcwj/yiliao/201605/t20160506_239541.html）。

② 国家卫生计生委、财政部：《关于做好 2016 年新型农村合作医疗工作的通知》（国卫基层发〔2016〕16 号）（http://www.nhfpc.gov.cn/jws/s3581sg/201605/75708452f90a43d38990bfd992a19d6b.shtml）。

③ 国务院：《国务院关于建立统一的企业职工基本养老保险制度的决定》（国发〔1997〕26 号）（http://www.molss.gov.cn/gb/ywzn/2006-02/16/content_106876.htm）。

筹和行业统筹移交地方管理有关问题的通知》（国发〔1998〕28号）。《通知》提出：实行企业职工基本养老保险省级统筹，建立基本养老保险基金省级调剂机制；决定并将铁道部、交通部、信息产业部（原邮电部部分）、水利部、民航总局、煤炭局（原煤炭部）、有色金属局（原中国有色金属工业总公司）、国家电力公司（原电力部）、中国石油天然气集团公司和中国石油化工集团公司（原石油天然气总公司部分）、银行系统（工商银行、农业银行、中国银行、建设银行、交通银行、中保集团）、中国建筑工程总公司组织的基本养老保险行业统筹移交地方管理。① 《通知》为企业职工基本养老保险从"条块分割"走向"条块整合"提供了政策依据，加快了企业职工基本养老保险行业统筹移交地方管理的进度。这是我国企业职工基本养老保险制度整合过程中力度较大的政策整合行动，避免了"行业碎片化"。

1999年12月30日，劳动和社会保障部、财政部联合下发《关于建立基本养老保险省级统筹制度有关问题的通知》（劳社部发〔1999〕37号）。《通知》提出：加快建立省级统筹制度，在省、区、市范围内统一管理和调度使用基本养老保险基金，统一企业和职工个人缴纳基本养老保险费的缴费基数和缴费比例，统一基本养老金的支付项目、计发办法和调整制度。②

2001年9月28日，劳动和社会保障部、财政部、人事部、中央机构编制委员会办公室联合下发《关于职工在机关事业单位与企业之间流动时社会保险关系处理意见的通知》（劳社部发〔2001〕13号），规范了职工在机关事业单位与企业之间流动时，职工养老保险关系、事业保险关系和医疗保险关系的处理办法。《通知》提出：职工由机关事业单位进入企业工作之月起，参加企业职工的基本养老保险；职工由企业进入机关事业单位工作之月起，执行机关事业单位的退休养老制度；职工由机关进入企业、事业单位工作之月起，按规定参加失业保险；职工由企业、事业单位进入机关工作，原单位及个人缴纳的失业保险费不转移；职工在机关事业单位和企业之间流动，在同一统筹地区内的基本医疗保险关系不转移，跨统筹地区的基本医疗

---

① 国务院：《国务院关于实行企业职工基本养老保险省级统筹和行业统筹移交地方管理有关问题的通知》（国发〔1998〕28号）（http://www.molss.gov.cn/GB/ywzn/2006-02/16/content_106846.htm）。

② 劳动和社会保障部、财政部：《关于建立基本养老保险省级统筹制度有关问题的通知》（劳社部发〔1999〕37号）（http://www.mohrss.gov.cn/gkml/xxgk/201407/t20140717_136211.htm）。

保险关系及个人账户随同转移。①

2003 年 6 月 5 日，劳动和社会保障部、财政部、农业部、侨办联合下发《关于农垦企业参加企业职工基本养老保险有关问题的通知》（劳社部发〔2003〕15 号），为农垦企业及其职工纳入企业职工基本养老保险范围提供了政策依据。《通知》提出：从 2003 年 7 月 1 日起，将农垦企业及其职工纳入当地基本养老保险范围；农垦企业参加基本养老保险原则上实行属地管理，执行当地统一的基本养老保险缴费比例。②

2005 年 11 月 1 日，劳动和社会保障部、财政部、司法部联合下发《关于监狱企业工人参加企业职工基本养老保险有关问题的通知》（劳社部发〔2005〕25 号），为监狱企业及其工人纳入企业职工基本养老保险提供了政策支持。《通知》提出：从 2006 年 1 月 1 日起，监狱企业及其工人参加当地企业职工基本养老保险，执行当地统一的企业职工基本养老保险政策；监狱系统所属企业原则上可作为一个单位参加当地企业职工基本养老保险，并实行省级管理。③

2005 年 12 月 3 日，国务院发布实施《关于完善企业职工基本养老保险制度的决定》（国发〔2005〕38 号），要求"尽快提高统筹层次，实现省级统筹，为构建全国统一的劳动力市场和促进人员合理流动创造条件"。2007 年 1 月 18 日，劳动和社会保障部、财政部联合下发《关于推进企业职工基本养老保险省级统筹有关问题的通知》（劳社部发〔2007〕3 号），同时制定和下发了《企业职工基本养老保险省级统筹标准》，提出"制度政策统一、缴费比例统一、待遇标准统一、基金使用统一、资金预算统一、业务规程统一"的要求。④

---

① 劳动和社会保障部、财政部、人事部等：《关于职工在机关事业单位与企业之间流动时社会保险关系处理意见的通知》（劳社部发〔2001〕13 号）（http：//www.mohrss.gov.cn/gkml/xxgk/201407/t20140717_136063.htm）。

② 劳动和社会保障部、财政部、农业部等：《关于农垦企业参加企业职工基本养老保险有关问题的通知》（劳社部发〔2003〕15 号）（http：//www.mohrss.gov.cn/gkml/xxgk/201407/t20140717_136198.htm）。

③ 劳动和社会保障部、财政部、司法部：《关于监狱企业工人参加企业职工基本养老保险有关问题的通知》（劳社部发〔2005〕25 号）（http：//www.mohrss.gov.cn/gkml/xxgk/201407/t20140717_136196.htm）。

④ 劳动和社会保障部、财政部：《关于推进企业职工基本养老保险省级统筹有关问题的通知》（劳社部发〔2007〕3 号）（http：//www.mohrss.gov.cn/gkml/xxgk/201407/t20140717_136193.htm）。

2008 年 3 月 18 日，劳动和社会保障部、民政部联合下发《关于社会组织专职工作人员参加养老保险有关问题的通知》（劳社部发〔2008〕11 号），为社会组织及其专职工作人员纳入企业职工基本养老保险提供了政策依据。《通知》提出：凡依法在各级民政部门登记的社会团体、基金会、民办非企业单位、境外非政府组织驻华代表机构及其签订聘用合同或劳动合同的专职工作人员，按属地管理原则，参加当地企业职工基本养老保险。[①]

2009 年 1 月 14 日，人力资源和社会保障部、财政部、中华全国供销总社联合发布《关于供销合作社企业职工参加企业职工基本养老保险有关问题的通知》（人社部发〔2009〕12 号），为供销合作社企业及其职工参加基本养老保险提供政策依据。《通知》提出：从 2009 年 1 月 1 日起，尚未参保的供销合作社企业及其在册正式职工和退休人员，应当参加当地企业职工基本养老保险，执行当地统一的企业职工基本养老保险政策。[②]

2009 年 12 月 28 日，国务院办公厅转发人力资源和社会保障部、财政部联合制定的《城镇企业职工基本养老保险关系转移接续暂行办法》（国办发〔2009〕66 号）。《办法》共 13 条，于 2010 年 1 月 1 日起施行，为参加城镇企业职工基本养老保险的所有人员（包括农民工）在跨省、自治区、直辖市流动并在城镇就业时，顺畅办理基本养老保险关系的转移接续手续提供了操作性的政策依据，对推进企业职工基本养老保险制度的地区整合和省际整合具有重要的促进作用。[③]

## 二　城乡居民基本养老保险整合政策

我国先后于 2009 年和 2011 年开展新型农村社会养老保险和城镇居民社会养老保险试点，到 2012 年底，两项养老保险制度基本实现全覆盖。2014

① 劳动和社会保障部、民政部：《关于社会组织专职工作人员参加养老保险有关问题的通知》（劳社部发〔2008〕11 号）（http：//www. mohrss. gov. cn/gkml/xxgk/201407/t20140717_ 136191. htm）。

② 人力资源和社会保障部、财政部、中华全国供销总社：《关于供销合作社企业职工参加企业职工基本养老保险有关问题的通知》（人社部发〔2009〕12 号）（http：//www. mohrss. gov. cn/gkml/xxgk/201407/t20140717_ 136191. htm）。

③ 具体的政策规定详见《国务院办公厅关于转发人力资源和社会保障部财政部城镇企业职工基本养老保险关系转移接续暂行办法的通知》（国办发〔2009〕66 号）（http：//www. gov. cn/zwgk/2009-12/29/content_ 1499072. htm）。

年 2 月 21 日，国务院发布《关于建立统一的城乡居民基本养老保险制度的意见》（国发〔2014〕8 号），决定将现行的新型农村社会养老保险制度和城镇居民社会养老保险制度合并实施，在全国范围内建立统一的城乡居民基本养老保险制度。①

《决定》提出：城乡居民养老保险按照全覆盖、保基本、有弹性、可持续的方针，以增强公平性、适应流动性、保证可持续性为重点，充分发挥社会保险对保障人民基本生活、调节社会收入分配、促进城乡经济社会协调发展的作用。

《决定》提出："十二五"末，在全国基本实现新农保和城居保制度合并实施，并与职工基本养老保险制度相衔接。2020 年前，全面建成公平、统一、规范的城乡居民养老保险制度，与社会救助、社会福利等其他社会保障政策相配套。

《决定》规定：城乡居民养老保险的参保范围为年满 16 周岁（不含在校学生），非国家机关和事业单位工作人员及不属于职工基本养老保险制度覆盖范围的城乡居民。城乡居民基本养老保险基金由个人缴费、集体补助、政府补贴构成，个人缴费标准设为 12 个档次，有条件的村集体经济组织应当对参保人缴费给予补助，政府对符合领取城乡居民养老保险待遇条件的参保人全额支付基础养老金。城乡居民养老保险待遇由基础养老金和个人账户养老金构成，支付终身。中央确定基础养老金最低标准，建立基础养老金最低标准正常调整机制。个人账户养老金的月计发标准，为个人账户全部储存额除以 139。参加城乡居民养老保险的个人，年满 60 周岁、累计缴费满 15 年，可以按月领取城乡居民养老保险待遇。参加城乡居民养老保险的人员，在缴费期间户籍迁移、需要跨地区转移城乡居民养老保险关系的，可在迁入地申请转移养老保险关系，一次性转移个人账户全部储存额；已经按规定领取城乡居民养老保险待遇的，无论户籍是否迁移，其养老保险关系不转移。将新农保基金和城居保基金合并为城乡居民养老保险基金，完善城乡居民养老保险基金财务会计制度和各项业务管理规章制度。

---

① 详见国务院《国务院关于建立统一的城乡居民基本养老保险制度的意见》（国发〔2014〕8 号）（http：//www.gov.cn/zhengce/content/2014-02/26/content_ 8656.htm）。

### 三　职工与居民基本养老保险整合政策

为解决城镇职工基本养老保险制度与城乡居民基本养老保险制度之间的衔接整合问题，2014 年 2 月 24 日，人力资源和社会保障部、财政部联合印发《城乡养老保险制度衔接暂行办法》（人社部发〔2014〕17 号），提出了城镇职工基本养老保险制度和城乡居民基本养老保险制度之间的衔接政策。《城乡养老保险制度暂行办法》共 11 条，从 2014 年 7 月 1 日起施行，为城镇职工基本养老保险和城乡居民基本养老保险的衔接整合提供了政策依据。[①]

《暂行办法》规定：参加城镇职工养老保险和城乡居民养老保险人员，达到城镇职工养老保险法定退休年龄后，城镇职工养老保险缴费年限满 15 年（含延长缴费至 15 年）的，可以申请从城乡居民养老保险转入城镇职工养老保险；城镇职工养老保险缴费年限不足 15 年的，可以申请从城镇职工养老保险转入城乡居民养老保险，按照城乡居民养老保险办法计发相应待遇。

《暂行办法》规定：参保人员需办理城镇职工养老保险和城乡居民养老保险制度衔接手续的，先按城镇职工养老保险有关规定确定待遇领取地，并将城镇职工养老保险的养老保险关系归集至待遇领取地，再办理制度衔接手续。参保人员申请办理制度衔接手续时，从城乡居民养老保险转入城镇职工养老保险的，在城镇职工养老保险待遇领取地提出申请办理；从城镇职工养老保险转入城乡居民养老保险的，在转入城乡居民养老保险待遇领取地提出申请办理。

《暂行办法》规定：参保人员从城乡居民养老保险转入城镇职工养老保险，城乡居民养老保险个人账户全部储存额并入城镇职工养老保险个人账户，城乡居民养老保险缴费年限不合并计算或折算为城镇职工养老保险缴费年限。

《暂行办法》规定：参保人员从城镇职工养老保险转入城乡居民养老保

---

① 《人力资源和社会保障部、财政部关于印发〈城乡养老保险制度衔接暂行办法〉的通知》（人社部发〔2014〕17 号）（http：//www.mohrss.gov.cn/gkml/xxgk/201402/t20140228_125006.htm）。

险，城镇职工养老保险个人账户全部储存额并入城乡居民养老保险个人账户，参加城镇职工养老保险的缴费年限合并计算为城乡居民养老保险的缴费年限。

《暂行办法》规定：参保人员若在同一年度内同时参加城镇职工养老保险和城乡居民养老保险的，其重复缴费时段只计算城镇职工养老保险缴费年限。

《暂行办法》规定：参保人员不得同时领取城镇职工养老保险和城乡居民养老保险待遇，否则终止并解除城乡居民养老保险关系。

2014 年 2 月 24 日，人力资源和社会保障部办公厅下发《关于贯彻实施〈城乡养老保险制度衔接暂行办法〉有关问题的通知》（人社厅发〔2014〕25 号），就全面贯彻实施《暂行办法》做出全面部署。

### 四　军人退役养老保险关系转移接续政策

1997 年 3 月，由解放军三总部联合组建的中国人民解放军军人保险办公室在北京成立。1998 年 6 月 26 日，经国务院、中央军委批准，我国《军人保险制度实施方案》颁布实施，标志着我国军人保险制度的诞生。2002 年 9 月 23 日，劳动和社会保障部、财政部、人事部、总政治部、总后勤部联合发布《关于转业到企业工作的军官、文职干部养老保险有关问题处理意见的通知》（后联字〔2002〕第 3 号），为保障转业到企业工作的军官、文职干部享有国家规定的养老保险待遇提供了政策依据。

2012 年 4 月 27 日，中华人民共和国第十一届全国人民代表大会常务委员会第二十六次会议通过《中华人民共和国军人保险法》，自 2012 年 7 月 1 日起施行，实现了军人保险制度的法制化。2012 年 8 月 20 日，人力资源和社会保障部、财政部、总参谋部、总政治部、总后勤部联合下发《关于军人退役养老保险关系转移接续有关问题的通知》（后财〔2012〕547 号），为军人退役养老保险关系转移接续问题提供了政策依据。2015 年 9 月 30 日，人力资源和社会保障部、财政部、总参谋部、总政治部、总后勤部五部门联合下发《关于军人退役基本养老保险关系转移接续有关问题的通知》（后财〔2015〕1726 号）和《关于军人职业年金转移接续有关问题的通知》（后财〔2015〕1727 号），为军人退役基本养老保险关系转移接续和职业年金转移接续提供了政策依据。2015 年 11 月 3 日，人力资源和社会保障部办公厅、总后勤部财务部下发《关于军人退役参加机关事业单位养老保险有关问题的通知》，进一步明确和规范了安置到机关事业单位工作的退役军人基本养老保险和职业年金转移接续程序。

## 第五节　住房保障体系整合政策

我国的住房保障制度同样存在着碎片化现象，主要包括救助型的廉租住房制度和公共租赁住房制度、援助型的经济适用住房制度和互济型的住房公积金制度。特别是作为保障性住房主要组成部分的廉租住房和公共租赁住房，在平行运行过程中出现诸如申请人容易混淆、保障房与保障对象不相匹配、相互衔接性较差、给老百姓造成麻烦等一系列问题，必须尽快推进两项住房制度的衔接整合。

2011 年 9 月 28 日，国务院办公厅下发《关于保障性安居工程建设和管理的指导意见》（国办发〔2011〕45 号），提出：大力推进以公共租赁住房为重点的保障性安居工程建设，公共租赁住房面向城镇中等偏下收入住房困难家庭、新就业无房职工和在城镇稳定就业的外来务工人员供应，逐步实现廉租住房与公共租赁住房统筹建设、并轨运行。[①]

2013 年 12 月，住房和城乡建设部、财政部、国家发展改革委联合发布《关于公共租赁住房和廉租住房并轨运行的通知》（建保〔2013〕178 号），决定从 2014 年起实施公共租赁住房和廉租住房并轨运行，并轨后统称为公共租赁住房。《通知》明确提出：公共租赁住房和廉租住房并轨运行是完善住房保障制度体系、提高保障性住房资源配置效率的有效措施，是改善住房保障公共服务的重要途径。从 2014 年起，各地廉租住房建设计划调整并入公共租赁住房年度建设计划。廉租住房并入公共租赁住房后，地方政府原用于廉租住房建设的资金来源渠道，调整用于公共租赁住房建设。[②]

---

① 国务院办公厅：《关于保障性安居工程建设和管理的指导意见》（国办发〔2011〕45 号）（http://www.gov.cn/zwgk/2011-09/30/content_ 1960086. htm）。

② 住房和城乡建设部、财政部、发改委：《关于公共租赁住房和廉租住房并轨运行的通知》（建保〔2013〕178 号）（http://www.mohurd. gov.cn/zcfg/jsbwj_ 0/jsbwjzfbzs/201312/t20131206_ 216468. html）。

2014 年 6 月 24 日，住房和城乡建设部下发《关于并轨后公共租赁住房有关运行管理工作的意见》（建保〔2014〕91 号），进一步明确和规范并轨后公共租赁住房的运行管理工作。《意见》提出：并轨后公共租赁住房的保障对象包括符合规定条件的城镇低收入住房困难家庭、中等偏下收入住房困难家庭，以及符合规定条件的新就业无房职工、稳定就业的外来务工人员；要科学制订年度建设计划，健全申请审核机制，完善轮候制度，强化配租管理，加强使用退出管理；要推进信息公开工作，全面公开公共租赁住房的年度建设计划、完成情况、分配政策、分配对象、分配房源、分配程序、分配过程、分配结果等信息，畅通投诉监督渠道，接受社会监督。[①] 2014 年 11 月 13 日，住房和城乡建设部、民政部、财政部联合下发《关于做好住房救助有关工作的通知》（建保〔2014〕160 号），明确规定了住房救助对象、住房救助方式、住房救助标准和住房救助程序。

## 第六节　最低生活保障整合政策

我国先后于 1997 年和 2007 年建立了城市居民最低生活保障制度和农村最低生活保障制度，但至今尚未出台整合城乡最低生活保障制度的国家政策。

2012 年 9 月 1 日，国务院发布《关于进一步加强和改进最低生活保障工作的意见》（国发〔2012〕45 号），提出统筹城乡最低生活保障制度以及低保制度与其他社会救助制度的衔接。《意见》提出：最低生活保障工作坚持保基本、可持续、重公正、求实效的方针，坚持应保尽保、公平公正、动态管理、统筹兼顾的原则；省级人民政府可根据区域经济社会发展情况，研究制定本行政区域内相对统一的区域标准，逐步缩小城乡差距、区域差距；做好最低生活保障与养老、医疗等社会保险制度的衔接，完善城市最低生活保障与就业联动、农村最低生活保障与扶贫开发衔接机制，加大对有劳动能力最低生活保障对象的就业扶持力度。[②]

---

① 住房和城乡建设部：《关于并轨后公共租赁住房有关运行管理工作的意见》（建保〔2014〕91 号）（http：//www.mohurd.gov.cn/zcfg/jsbwj_ 0/jsbwjzfbzs/201407/t20140701_ 218350. html）。

② 中央政府门户网站：《国务院关于进一步加强和改进最低生活保障工作的意见》（国发〔2012〕45 号）（http：//www.gov.cn/zwgk/2012-09/26/content_ 2233209. htm）。

# 第四章

# 中国社会福利体系整合的实践基础

进入 21 世纪以来，针对社会福利普遍性增长过程中的福利碎片化问题，部分地方政府根据党和国家关于社会福利体系整合的相关政策，结合地方经济社会发展实际，积极开展社会福利体系整合的探索和创新实践，既提高了地方社会福利体系的整合程度，也为推进全国社会福利体系整合积累了丰富的实践经验。

## 第一节　重庆市社会福利体系整合实践

1997 年 3 月，八届全国人大五次会议通过设立重庆直辖市的决议，重庆成为中国第四个直辖市。2007 年 6 月，国务院批准在重庆市设立"全国统筹城乡综合配套改革试验区"，要求重庆市全面推进各个领域的体制改革，要在重点领域和关键环节率先突破，尽快形成统筹城乡发展的体制机制，促进城乡经济社会协调发展，为推动全国深化改革发挥示范和带动作用。

重庆地处较为发达的东部地区和资源丰富的西部地区的接合部，是长江上游最大的经济中心、西南工商业重镇和水陆交通枢纽。重庆市具有"大城市大农村"的特点，代表我国城乡结构的一种特殊类型。近几年来，重庆市着力推进"五大统筹"，即统筹城乡基础设施、统筹城乡劳动就业、统筹城乡基本公共服务、统筹城乡资源要素流动和统筹城乡社会保障，在城乡一体化社会保障体系建设上取得了新突破，为推进社会福利体系整合积累了宝贵经验。

## 一　重庆市经济社会发展概况

从 2007 年到 2014 年，全市 GDP 总量从 4111.82 亿元增加到 14265.40 亿元，增长了 2.47 倍；常住人口人均 GDP 从 14622 元增加到 47859 元，增长了 2.27 倍。常住人口从 2816 万人增加到 2991.40 万人，增加了 175.4 万人；常住人口城镇化率从 48.30% 提高到 59.60%，提高了 11.30 个百分点。地方财政一般预算收入从 442.70 亿元增加到 1921.88 亿元，增长 3.34 倍；地方财政一般预算支出从 769.73 亿元增加到 3303.72 亿元，增长 3.29 倍。城镇居民人均可支配收入从 13715 元提高到 25147 元，提高 0.83 倍；农村居民人均纯收入从 3509 元提高到 9490 元，提高 1.70 倍；城乡居民收入比从 3.91∶1 下降到 2.65∶1。具体如表 4—1 所示。

表 4—1　　　　2007—2014 年重庆市经济社会发展主要指标

| 年份 | 2007 | 2008 | 2009 | 2010 | 2011 | 2012 | 2013 | 2014 |
|---|---|---|---|---|---|---|---|---|
| GDP 总量（亿元） | 4111.82 | 5096.66 | 6528.72 | 7894.24 | 10011.13 | 11459 | 12656.69 | 14265.40 |
| 常住人口人均 GDP（元） | 14622 | 18025 | 22916 | 27367 | 34500 | 39083 | 42795 | 47859 |
| 常住人口（万人） | 2816 | 2839.0 | 2859.0 | 2884.62 | 2919.00 | 2945 | 2970 | 2991.40 |
| 常住人口城镇化率（%） | 48.30 | 49.99 | 51.59 | 53.00 | 55.02 | 56.98 | 58.34 | 59.60 |
| 地方财政一般预算收入（亿元） | 442.70 | 577.24 | 681.83 | 1018.36 | 1488.25 | 1703.49 | 1692.92 | 1921.88 |
| 地方财政一般预算支出（亿元） | 769.73 | 1010.69 | 1317.46 | 1770.96 | 2573.54 | 3055.17 | 3059.86 | 3303.72 |
| 城镇居民人均可支配收入（元） | 13715 | 14368 | 15749 | 17532 | 20249.70 | 22968 | 25216 | 25147 |
| 农村居民人均纯收入（元） | 3509 | 4126 | 4621 | 5277 | 6480.41 | 7383.27 | 8332 | 9490 |
| 城乡居民收入比 | 3.91∶1 | 3.48∶1 | 3.41∶1 | 3.32∶1 | 3.12∶1 | 3.11∶1 | 3.03∶1 | 2.65∶1 |

续表

| 年份 | 2007 | 2008 | 2009 | 2010 | 2011 | 2012 | 2013 | 2014 |
|---|---|---|---|---|---|---|---|---|
| 城镇居民<br>恩格尔系数（%） | 37.0 | 39.6 | 37.7 | 37.6 | 39.1 | 41.5 | 40.7 | — |
| 农村居民<br>恩格尔系数（%） | 54.5 | 53.3 | 49.1 | 48.3 | 46.8 | 44.2 | 43.8 | — |
| 城镇居民人均住房<br>建筑面积（m²） | 27.3 | 29.7 | 31.42 | 31.69 | 31.77 | 32.17 | — | — |
| 农村居民人均住房<br>建筑面积（m²） | 34.6 | 35.0 | 35.7 | 37.6 | 40.18 | 41.0 | 41.6 | — |

资料来源：根据重庆市统计局、国家统计局重庆调查总队公布的《2007—2014年重庆市国民经济和社会发展统计公报》数据整理。"—"表示没有相应统计口径的数据。

## 二　建立城乡统筹的基础教育体系

2008年9月，重庆市人民政府印发《重庆市统筹城乡教育综合改革试验实施方案的通知》（渝府发〔2008〕94号），提出：到2012年，初步形成城乡教育一体化发展机制，基本实现区县行政区域内义务教育均衡发展、非义务教育协调发展；到2020年，形成城乡教育一体化发展机制，基本实现全市城乡教育和谐发展。2011年7月，中共重庆市第三届委员会第九次全体会议通过《中共重庆市委关于缩小三个差距促进共同富裕的决定》，提出"保持财政教育经费支出占全市生产总值4%的比例，建立城乡教育一体化发展机制"。重庆市在义务教育领域实施了"优化城乡教育管理行动计划"、"中小学标准化建设行动计划"、"流动人口子女就学行动计划"和"素质教育行动计划"。据统计，在"十一五"期间，重庆市教育财政投入达到GDP的4%，超过了西部平均水平，每年教育经费增量中的70%以上向农村倾斜；财政教育经费投入达到了932亿元，加上捐赠、税费减免等教育累计投入高达1400亿元，在西部地区率先建立城乡一体的义务教育经费保障机制。[①] 从2007年到2014年，全市普通中学布局进一步优化，从1361所减少到1179

---

① 郝俊杰：《重庆推进城乡教育统筹发展的成效、问题与对策》，《西部论坛》2013年第5期。

所，普通小学由 7990 所减少到 4586 所，学龄儿童入学率保持在 99% 以上，普通初中入学率保持在 98% 以上。具体如表 4—2 所示。

表 4—2　　　　　　　2007—2014 年重庆市基础教育发展统计

| 年份 | 普通中学 | | 普通小学 | | 学龄儿童入学率（%） | 普通初中入学率（%） |
|---|---|---|---|---|---|---|
| | 学校数量（所） | 在校生人数（万人） | 学校数量（所） | 在校生人数（万人） | | |
| 2007 | 1361 | 183.44 | 7990 | 238.45 | 99.9 | 108.3 |
| 2008 | 1325 | 190.75 | 7575 | 224.39 | 99.98 | 98.89 |
| 2009 | 1304 | 192.02 | 7096 | 208.14 | 99.93 | 98.83 |
| 2010 | 1273 | 190.81 | 5544 | 199.14 | 99.94 | 99.1 |
| 2011 | 1259 | 183.89 | 5248 | 195.48 | 99.96 | 99.2 |
| 2012 | 1231 | 174.7 | 4810 | 194.32 | 99.98 | 99.4 |
| 2013 | 1200 | 167.9 | 4728 | 198.91 | 99.98 | 99.85 |
| 2014 | 1179 | 162.73 | 4586 | 203.42 | — | 99.75 |

资料来源：根据重庆市统计局、国家统计局重庆调查总队公布的《2007—2014 年重庆市国民经济和社会发展统计公报》数据整理。"—"表示没有相应统计口径的数据。

### 三 建立城乡统筹的就业保障体系

重庆市把实现充分就业作为经济社会发展的优先目标，坚持劳动者自主择业、市场调节就业、政府促进就业相结合的方针，加大就业资金投入，创造就业机会，扩大就业规模。加大三峡库区移民的职业教育、技能培训、创业引导、劳务输出和就业援助工作力度；通过建立失业统计报告制度，完善就业失业登记管理办法，开展城镇调查失业率统计，构建就业和失业调控机制。从 2007 年到 2014 年，全市城镇新增就业人数呈逐年上升趋势，从 27.5 万人增加到 70.14 万人，累计新增就业人数 373.58 万人，累计新增农业富余劳动力非农就业 249.9 万人；城镇下岗失业人员再就业人数逐年增加，从 16.7 万人增加到 26.77 万人，累计新增下岗失业人员再就业人数 175.4 万人；年末城镇登记失业率略有下降，从 3.98% 下降到 3.5%。具体如表 4—3 所示。

表 4—3　　　　　　　2007—2014 年重庆市就业保障情况统计

| 年份 | 2007 | 2008 | 2009 | 2010 | 2011 | 2012 | 2013 | 2014 |
|---|---|---|---|---|---|---|---|---|
| 城镇新增就业人数（万人） | 27.5 | 27.8 | 28.1 | 31.5 | 55 | 65.45 | 68.09 | 70.14 |
| 新增农业富余劳动力非农就业（万人） | 41.70 | 30 | 36.70 | 35.30 | 37.00 | 31.00 | 20 | 18.2 |
| 城镇下岗失业人员再就业人数（万人） | 16.7 | 17.3 | 17.6 | 19.6 | 25.5 | 25.85 | 26.08 | 26.77 |
| 年末城镇登记失业率（%） | 3.98 | 3.96 | 3.96 | 3.90 | 3.5 | 3.3 | 3.4 | 3.5 |

资料来源：根据重庆市人力资源和社会保障局《2010—2014 年度重庆市人力资源和社会保障事业发展统计公报》数据整理。

## 四　健全城镇职工社会保险体系

2005 年 9 月 1 日，《重庆市职工生育保险暂行办法》正式实施，以基本养老保险、基本医疗保险、失业保险、工伤保险、生育保险为内容的社会保险体系基本建立。之后，重庆市不断扩大社会保险覆盖面，健全城镇职工社会保险体系。从 2007 年到 2014 年，参加城镇职工基本养老保险人数由 329 万人增加到 813.43 万人，增长 1.47 倍；参加城镇职工基本医疗保险人数由 285 万人增加到 575.77 万人，增长 1.02 倍；参加失业保险人数从 197 万人增加到 439.07 万人，增长 1.23 倍；参加工伤保险人数从 181 万人增加到 426.09 万人，增长 1.35 倍；参加生育保险人数从 117 万人增加到 347.52 万人，增长 1.97 倍。具体如表 4—4 所示。

表 4—4　　　　　　2007—2014 年重庆市城镇职工社会保险统计

单位：万人

| 年份 | 2007 | 2008 | 2009 | 2010 | 2011 | 2012 | 2013 | 2014 |
|---|---|---|---|---|---|---|---|---|
| 基本养老保险 | 329 | 410 | 520 | 570 | 633.22 | 703.57 | 760.90 | 813.43 |

续表

| 年份 | 2007 | 2008 | 2009 | 2010 | 2011 | 2012 | 2013 | 2014 |
|---|---|---|---|---|---|---|---|---|
| 基本医疗保险 | 285 | 326 | 362 | 406 | 458.48 | 496.48 | 539.53 | 575.77 |
| 失业保险 | 197 | 210 | 216 | 237 | 268.61 | 323.53 | 389.67 | 439.07 |
| 工伤保险 | 181 | 208 | 230 | 266 | 337.09 | 374.89 | 406.76 | 426.09 |
| 生育保险 | 117 | 142 | 155 | 176 | 216.64 | 253.53 | 280.44 | 347.52 |

资料来源：根据重庆市人力资源和社会保障局《2010—2014 年度重庆市人力资源和社会保障事业发展统计公报》数据整理。

### 五　建立一体化的城乡居民社会保险制度

一是建立城乡居民合作医疗保险制度。2003 年，重庆市开始新型农村合作医疗试点，截至 2007 年底惠及 1807.17 万农村居民，参合率 76.88%。[①] 2007 年 9 月，重庆市人民政府发布《关于开展城乡居民合作医疗保险试点的指导意见》，要求按照"一个平台、两个标准、城乡统筹、资源共享"的原则，探索建立一体化的城乡居民合作医疗保险制度。2009 年 11 月，重庆市人力资源和社会保障局等五部门联合下发《关于将大学生纳入城乡居民合作医疗保险的实施意见》，将重庆市辖区内各类全日制普通高等学校（包括民办高校）、科研院所中接受普通高等学历教育的全日制本专科生、全日制研究生纳入城乡居民合作医疗保险的范围。截至 2014 年末，全市城乡居民合作医疗保险参保人数 2681.07 万人，其中城镇居民 557.71 万人，农村居民 2123.36 万人；2014 年基金收入 106.10 亿元，基金支出 99.48 亿元。[②] 二是建立城乡居民社会养老保险制度。截至 2007 年 6 月底，重庆市有 21 个区、县开展了传统农村社会养老保险试点，参保人员仅有 45 万人。2009 年 9 月，重庆市人民政府下发《关于开展城乡居民社会养老保险试点工作的通知》（渝府发〔2009〕85 号），提出：从 2009 年 9 月 1 日起开展一体化的城乡居民社会养老保险试点，到 2012 年实现全市总覆盖。到 2012 年末，全市参保人数达到 1130.95 万人，其中领取待遇人数 349.57 万人；全年基金收入 63.68 亿元，其中个人缴费 9.63 亿元，财政补贴 52.96 亿元；全年基金支

① 重庆市统计局、国家统计局重庆调查总队：《2007 年重庆市国民经济和社会发展统计公报》。
② 重庆市人力资源和社会保障局：《2014 年度重庆市人力资源和社会保障事业发展统计公报》。

出 38.07 亿元，基金累计结余 40.49 亿元。① 截至 2014 年末，全市参保人数为 1112.54 万人；全年基金收入 67.18 亿元，基金支出 41.44 亿元。②

## 六　建立一体化的城乡居民最低生活保障制度

1998 年 2 月，重庆市人民政府下发《关于建立健全城市居民最低生活保障制度的通知》，要求各个县（市、区）在 1999 年 7 月前建立城市居民最低生活保障制度。2002 年 3 月，重庆市人民政府发布《重庆市实施〈城市居民最低生活保障条例〉办法》，进一步规范城市低保制度。2003 年，重庆市开始在南岸、双桥两区开展农村最低生活保障制度试点，当年享受最低生活保障人数为 1859 人，2004 年增加到 0.5 万人，2005 年达 1.29 万人。2006 年 11 月，重庆市人民政府下发《关于全面建立农村居民最低生活保障制度的意见》；截至 2006 年底，全市享受农村低保的贫困人口为 4.3 万人。

2008 年 7 月，重庆市三届人大常委会通过《重庆市城乡居民最低生活保障条例》，提出建立统一的城乡居民最低生活保障制度。从 2008 年到 2014 年，逐步健全一体化的城乡居民最低生活保障制度，2014 年城市居民最低生活保障标准为 375 元/月，农村居民最低生活保障标准为 220 元/月，有力地保障了城乡贫困人口的基本生活。具体城乡低保人数统计如表 4—5 所示。

表 4—5　　　　　　　　2008—2014 年重庆市城乡低保人数统计

| 年份 | 2008 | 2009 | 2010 | 2011 | 2012 | 2013 | 2014 |
|---|---|---|---|---|---|---|---|
| 城市低保人数（万人） | 78.78 | 70.14 | 60.77 | 56.85 | 51.53 | 45.81 | 40.98 |
| 农村低保人数（万人） | 78.00 | 116.63 | 116.88 | 101.34 | 74.57 | 62.66 | 50.24 |
| 城乡低保人数（万人） | 156.78 | 186.77 | 177.65 | 158.19 | 126.10 | 108.47 | 91.22 |

资料来源：根据重庆市统计局、国家统计局重庆调查总队公布的《2008—2014 年重庆市国民经济和社会发展统计公报》数据整理。

## 七　整合基层社会保障服务经办机构

2010 年 11 月 24 日，重庆市人力资源和社会保障局印发《重庆市街道

---

① 重庆市人力资源和社会保障局：《2012 年度重庆市人力资源和社会保障事业发展统计公报》。
② 同上。

（乡镇）劳动就业社会保障服务中心建设标准》，提出按照"统一规划、统一标准、统一职能、统一人员配备"原则，在全市现有街道（乡镇）社会保障所基础上，通过新建和改扩建相结合，用三年时间建设 600 个标准化的街道（乡镇）劳动就业社会保障服务中心。服务中心工作人员数量原则上每 5000 名服务对象配置 1 名，主要负责公共就业服务、五项社会保险、社会保障卡服务、劳动保障监察、城乡低保政策宣传和业务经办等社会保障业务。根据《标准》规定，劳动就业社会保障服务中心包括经办服务大厅、档案管理区、办公区和业务支持区四个功能区。经办服务大厅建筑面积为 100—300 平方米，设置柜台受理服务区、咨询接待区、自助服务区、填单区、休息区，档案库房包括普通档案库房和电子档案库房，办公区根据需要设置办公室、会议室等，业务支持区根据需要宜设置业务培训室、业务接待室、业务审单室、资料整理室、值班室等。

重庆市以户籍制度改革作为社会福利体系整合的突破口，打破了城乡社会福利体系区隔的"坚冰"，既是重庆社会福利体系建设的最大特点，也是重庆社会福利体系整合的重要经验。2010 年 7 月 25 日，重庆市人民政府发布《关于统筹城乡户籍制度改革的意见》（渝府发〔2010〕78 号），重庆市人民政府办公厅印发《重庆市统筹城乡户籍制度改革社会保障实施办法（试行）》（渝办发〔2010〕202 号），把户籍制度改革与社会保障整合有机结合起来，规定了农村居民转为城镇居民后，在养老保险、医疗保险、失业保险、工伤保险、生育保险以及最低生活保障等方面与城镇居民享有同等社会保障待遇的操作办法。

## 第二节 厦门市社会福利体系整合实践

厦门是我国最早实行对外开放的经济特区之一，也是国家综合配套改革试验区之一，现辖思明、湖里、集美、海沧、同安和翔安六个区。设立经济特区以来，厦门市在经济增长的同时关注民生事业，不断加强社会福利体系建设，推进社会福利制度广泛覆盖，促进社会福利体系普遍整合。

## 一　厦门市经济社会发展概况

从 2007 年到 2014 年，全市 GDP 总量从 1375.26 亿元增加到 3273.54 亿元，增长了 1.38 倍；常住人口人均 GDP 从 56595 元提高到 85920 元，提高了 0.52 倍；财政总收入从 348.44 亿元增加到 909.13 亿元，增长 1.61 倍。户籍人口城镇化率从 68.26% 提高到 81.40%，提高了 13.14 个百分点；城镇居民人均可支配收入从 21503 元提高到 39625 元，提高 0.84 倍；农村居民人均纯收入从 7637 元提高到 16220 元，提高了 1.12 倍。具体如表 4—6 所示。

表 4—6　　　　　　2007—2014 年厦门市经济社会发展主要指标

| 年份 | 2007 | 2008 | 2009 | 2010 | 2011 | 2012 | 2013 | 2014 |
|---|---|---|---|---|---|---|---|---|
| GDP 总量（亿元） | 1375.26 | 1560.02 | 1623.21 | 2053.74 | 2535.80 | 2817.07 | 3018.16 | 3273.54 |
| 常住人口（万人） | 243 | 249 | 252 | 353① | 361 | 367 | 373 | 381 |
| 常住人口人均 GDP（元） | 56595 | 62651 | 64413 | 58179 | 70734 | 77392 | 81572 | 85920 |
| 户籍人口（万人） | 167.24 | 173.67 | 177.00 | 180.21 | 185.26 | 190.92 | 196.78 | 203.44 |
| 户籍人口城镇化率（%） | 68.26 | 68.28 | 80.23 | 80.50 | 80.70 | 80.93 | 81.15 | 81.40 |
| 财政收入（亿元） | 348.44 | 410.14 | 451.41 | 526.02 | 651.83 | 739.46 | 825.10 | 909.13 |
| 财政支出（亿元） | 198.66 | 238.04 | 268.05 | 306.82 | 389.07 | 462.7 | 516.74 | 548.25 |
| 城镇居民人均可支配收入（元） | 21503 | 23948 | 26131 | 29253 | 33565 | 37576 | 41360 | 39625 |
| 农村居民人均纯收入（元） | 7637 | 8475 | 9153 | 10033 | 11928 | 13455 | 15008 | 16220 |
| 城乡居民收入比 | 2.82∶1 | 2.83∶1 | 2.85∶1 | 2.92∶1 | 2.82∶1 | 2.79∶1 | 2.76∶1 | 2.44∶1 |

资料来源：根据厦门市统计局、国家统计局厦门调查队公布的《2007—2014 年厦门市国民经济和社会发展统计公报》数据整理。

----

① 厦门市第六次全国人口普查领导小组办公室、厦门市统计局：《厦门市 2010 年第六次全国人口普查主要数据公报》（http：//www.stats-xm.gov.cn/tjzl/tjgb/zxgb/201106/t20110610_18534.htm）。

## 二　推进市域义务教育均衡发展

1996 年，厦门市在福建省率先实现普及九年义务教育并通过了"两基"验收。但由于地方财力、管理体制、发展规划、人口流动等因素，城镇学校与农村学校之间、重点学校与普通学校之间，在经费投入、教学条件、教学质量等方面的差距日渐扩大，实现义务教育均衡发展成为厦门推进教育公平的紧迫任务。2011 年 5 月，厦门市人民政府印发《厦门市推进义务教育均衡发展国家教育体制改革试点工作方案》（厦府发〔2011〕171 号），明确提出"十二五"期间厦门市实现义务教育均衡发展的年度目标：2011 年秋季起，将进城务工人员随迁子女免费接受义务教育从公办学校扩大到民办学校，实现全市免费义务教育；2012 年，全市统一义务教育阶段生均公用经费定额标准，完成义务教育学校标准化建设；2013 年，在全市义务教育学校实现办学条件基本均衡，基本完成农村义务教育资源的整合优化；2014 年，农村学校的实验仪器设备和图书资料全部按照城市学校标准配备，形成比较合理的校长和教师交流制度；2015 年，全市义务教育学校实现教学质量基本均衡，建成和完善网上教研系统、网上教师培训系统和教育资源网站。《方案》还规定了实现义务教育均衡发展的八项措施：加强义务教育学校标准化建设、整合优化义务教育资源、基本解决进城务工人员随迁子女接受公办义务教育问题、规范义务教育办学行为、进一步全面推进素质教育、加强义务教育学校教师队伍建设、建立岛内外一体化义务教育经费保障机制、提高义务教育信息化建设水平。[①] 2013 年 3 月，厦门市人民政府办公厅印发《关于进一步深入推进义务教育均衡发展的实施意见》（厦府办〔2013〕56 号），提出：合理配置教师资源、均衡配置办学资源、推动优质教育资源共创共享、保障进城务工人员随迁子女平等接受义务教育、坚持和完善义务教育阶段免试就近入学、加强对义务教育均衡发展的督导评估工作等措施。[②] 截至 2014 年底，全市共有普通中等学校 111 所，在校学生数

---

① 厦门市人民政府：《关于印发厦门市推进义务教育均衡发展国家教育体制改革试点工作方案的通知》（http://www.xm.gov.cn/gfxwj/szf/201107/t20110704_406698.htm）。

② 厦门市人民政府办公厅：《关于进一步深入推进义务教育均衡发展的实施意见》（http://www.xm.gov.cn/zwgk/flfg/sfbwj/201304/t20130423_626962.htm）。

18.12 万人；小学 296 所，在校学生数 26.02 万人；幼儿园 674 所，学年初在园人数 12.61 万人。[①]

### 三　健全统筹城乡就业保障体系

一是破解招工难和就业难的结构性矛盾。开通缺工热线，开展企业缺工情况摸底，定期分析全市就业动态，掌握企业用工动态趋势，为缺工企业免费举行专场招聘会，组织缺工企业赴省内外劳务输出地区招工，举办校企合作对接会，为企业输送技术类学生。二是完善就业困难群体帮扶机制。实施就业困难人员和普通大中专院校毕业生就业再就业优惠政策，扩大享受就业再就业政策的困难群体范围，加大对城乡就业困难群体的帮扶力度。三是加强公共就业服务体系建设。通过人力资源网站、电子触摸屏、手机短信平台、数字电视信息广场、自助求职机等媒介向社会广泛发布，及时为企业和求职者提供信息服务，实现了全市就业信息互通和共享。四是推进创建国家级创业型城市工作。实现了"创业项目突破百个、创业孵化基地入驻企业突破千家、创业培训人数突破万人、创业带动就业人数突破 30 万人、小额担保贴息贷款突破亿元、城镇登记失业率降至三年来最低点"的创建目标。五是加强劳动力职业培训服务。推进农村劳动力转移培训，拓展就业和再就业培训，建立多元化职业技能评价体系，强化高技能人才培养。在"十一五"期间，全市新增城镇就业人数 96.86 万人，就业困难对象再就业 6.88 万人，农村富余劳动力转移就业 11.38 万人；全市开展再就业培训 21108 人，培训本市农村富余劳动力 32771 人，免费为 16.96 万名农民工进行技能提升培训，开展职业技能鉴定 24.02 万人。[②] 从 2007 年到 2014 年，全市新增城镇就业人数 154.17 万人，农村富余劳动力转移就业人数 17.66 万人。具体如表 4—7 所示。

---

① 厦门市统计局、国家统计局厦门调查队：《厦门市 2014 年国民经济和社会发展统计公报》（ht-tp：//www.stats-xm.gov.cn/tjzl/tjgb/ndgb/201503/t20150318_ 25135.htm）。

② 厦门市人力资源和社会保障局：《厦门市"十二五"人力资源和社会保障发展规划》（http：//www.xm.gov.cn/zfxxgk/xxgkznml/szhch/zsfzgh/201211/t20121107_ 562703.htm）。

表 4—7　　　　　　　　　2007—2014 年厦门市就业保障情况统计

| 年份 | 2007 | 2008 | 2009 | 2010 | 2011 | 2012 | 2013 | 2014 |
|---|---|---|---|---|---|---|---|---|
| 新增城镇就业（万人） | 19.79 | 20.97 | 19.14 | 19.12 | 18.21 | 20.3 | 18.35 | 18.29 |
| 年末实有登记失业人数（万人） | 2.29 | 2.92 | 2.97 | 2.65 | 2.66 | 3.24 | 3.06 | 2.67 |
| 城镇登记失业率（%） | 3.49 | 4.14 | 4.01 | 3.33 | 3.19 | 3.49 | 3.23 | 3.03 |
| 农村富余劳动力转移就业（万人） | 2.44 | 1.97 | 2.43 | 2.12 | 2.07 | 2.01 | 1.94 | 2.68 |

资料来源：根据厦门市统计局、国家统计局厦门调查队公布的《厦门市 2007—2014 年国民经济和社会发展统计公报》数据整理。

## 四　完善城镇职工社会保险体系

厦门市先后制定和实施了《厦门市职工基本养老保险条例》、《厦门市城镇职工基本医疗保险规定》、《厦门市失业保险条例》、《厦门市实施〈工伤保险条例〉规定》和《厦门市企业职工生育保险暂行办法》，不断完善城镇职工社会保险法规政策体系，扩大职工社会保险覆盖面，提高城镇职工社会保险水平。从 2007 年到 2014 年，职工基本养老保险参保人数从 99.14 万人增加到 226.89 万人，增长 1.29 倍；基本医疗保险参保人数从 118.86 万人增加到 314.28 万人，增长 1.64 倍；失业保险参保人数从 84.83 万人增加到 177.22 万人，增长 1.09 倍；工伤保险参保人数从 96.55 万人增加到 175.33 万人，增长 0.82 倍；生育保险参保人数从 78.13 万人增加到 164.30 万人，增长 1.10 倍。年度社会保险基金征收总额从 55.36 亿元增加到 234.06 亿元，增长 3.23 倍；社会保险基金累计结余金额从 105.42 亿元增加到 543.79 亿元，增长 4.16 倍。具体如表 4—8 所示。

表 4—8　　　　　　2007—2014 年厦门市城镇职工社会保险统计

| 年份 | 2007 | 2008 | 2009 | 2010 | 2011 | 2012 | 2013 | 2014 |
|---|---|---|---|---|---|---|---|---|
| 基本养老保险（万人） | 99.14 | 115.80 | 121.96 | 158.61 | 194.14 | 210.45 | 222.30 | 226.89 |
| 基本医疗保险（万人） | 118.86 | 122.50 | 128.4 | 234.69 | 259.29 | 280.66 | 296.69 | 314.28 |
| 失业保险（万人） | 84.83 | 100.98 | 105.06 | 121.80 | 147.83 | 160.26 | 170.03 | 177.22 |
| 工伤保险（万人） | 96.55 | 95.52 | 111.08 | 125.60 | 148.65 | 160.45 | 169.64 | 175.33 |
| 生育保险（万人） | 78.13 | 92.94 | 98 | 115.40 | 137.32 | 149.72 | 159.11 | 164.30 |
| 社会保险基金征收（亿元） | 55.36 | 71.38 | 76.11 | 94.09 | 129.78 | 162.10 | 204.15 | 234.06 |
| 社会保险基金累计结余（亿元） | 105.42 | 135.06 | 163.2 | 199.8 | 261.42 | 339.37 | 441.71 | 543.79 |

资料来源：根据厦门市统计局、国家统计局厦门调查队公布的《厦门市 2007—2014 年国民经济和社会发展统计公报》的数据整理。

### 五　整合城乡居民社会保险制度

一是建立城乡一体化的城乡居民养老保险制度。2009 年 9 月，厦门市成立新型农村社会养老保险试点工作领导小组，并确定海沧区为首批新型农村社会养老保险试点区。海沧区从 2010 年 1 月起正式启动试点，参加新型农村社会养老保险的农民，基础养老金每月为 200 元。2010 年 7 月，厦门市政府印发《厦门市城乡居民养老保险暂行办法》（厦府发〔2010〕252 号），提出建立城乡一体化的居民养老保险制度。2012 年 8 月，厦门市人力资源和社会保障局、厦门市财政局、厦门市地方税务局联合下发《关于贯彻〈厦门市城乡居民养老保险暂行办法〉的实施意见》（厦人社〔2012〕181号），进一步规范了居民养老保险的业务办理流程。2013 年 6 月，厦门市人民政府下发《关于完善城乡居民养老保险有关工作的通知》（厦府发〔2013〕201 号），进一步提高参保人员缴费的政府补贴标准，扩大政府补贴人员范围。截至 2013 年末，全市累计有 26.96 万人参加城乡居民养老保险，比 2010 年末参保人数的 10.12 万人增长了 1.64 倍，参保率达到 98.11%，实现参保人员基本全覆盖；从 2014 年 1 月起，厦门市居民基础养老金的标准调高到每人每月 230 元，比 2010 年增加 30 元。① 自 2014 年 7 月 1 日开始，取得厦门户籍已满五年的城乡居民养老保险待遇领取人员，基础养老金标准从每人每月 230 元提高到 245 元；取得厦门户籍不满五年的城乡居民养老保险待遇领取人员，基础养老金标准从每人每月 55 元提高到 70 元。②

二是建立城乡一体化的居民医疗保险制度。2006 年 11 月，厦门市人民政府办公厅转发厦门市劳动和社会保障局、市财政局联合制定的《厦门市城镇居民医疗保险暂行办法》，开展城镇居民医疗保险试点。2007 年 10 月，厦门市委办公厅、市人民政府办公厅转发厦门市劳动和社会保障局、市发改委、市财政局、市卫生局、市地税局联合制定的《关于进一步健全和完善覆盖城乡居民基本医疗保险制度的实施意见》，明确提出"提高农村居民基本医疗保障水平，加快城乡居民基本医疗保险制度接轨步伐"。《实施意见》规定：做好新型农村合作医疗向农村居民基本医疗保险转轨期的管理和业务经办工作，从 2008 年 7 月 1 日起，新型农村合作医疗移交劳动保障部门统一管理和经办，建立适应农村特点的农村居民基本医疗保险制度。2010 年 7 月，厦门市委办公厅、市人民政府办公厅转发厦门市劳动和社会保障局、市财政局联合制定的《关于完善城乡一体化基本医疗保险制度建设的意见》，提出：建立城乡一体的居民医疗保险基金管理制度，逐步统一城乡居民基本医疗保险的筹资标准，为城乡一体化基本医疗保险制度建设奠定了基础。2011 年 4 月，厦门市人民政府下发《关于调整城乡居民基本医疗保险筹资标准的通知》，提出从 2011 年 7 月起，全市城乡居民基本医疗保险不再区别城镇居民、农村居民、未成年人及大学生参保身份，实行统一的筹资标准，标志着城乡一体化的居民基本医疗保险制度建立。

2014 年 4 月，厦门市人力资源和社会保障局、市财政局联合下发《关于进一步提高城乡居民基本医疗保险待遇的通知》，提出从 2014 年 7 月 1 日起，进一步提高城乡居民基本医疗保险待遇。城乡居民基本医疗保险筹资标准提高到 550 元，其中财政补助标准为 430 元，个人缴纳基本医疗保险费标准为每人每年 120 元；城乡居民基本医疗保险门诊医疗费报销比例提高 5%，

---

① 黄怀：《厦门市城乡居民养老保险参保率逾 98%》，《厦门日报》2014 年 2 月 12 日。
② 钱玲玲、胡晓牧：《厦门城乡居民基础养老金上调　每人每月增加 15 元》，《海峡导报》2015 年 5 月 8 日。

在三级、二级、一级定点医疗机构就医的报销比例分别从 40%、50%、60%
提高到 45%、55%、65%。①

### 六　整合城乡最低生活保障制度

2004 年 4 月 29 日，厦门市第十二届人民代表大会常务委员会第十一次
会议通过《厦门市最低生活保障办法》，提出健全城乡统筹的最低生活保障
制度。2006 年 9 月，《厦门市人民政府批转市民政局关于对最低生活保障对
象中特困人员分类施保意见的通知》（厦府〔2006〕306 号），提出对最低生
活保障对象中特困人员实行分类施保制度。2010 年 1 月，厦门市人民政府
办公厅转发市民政局制定的《厦门市最低生活保障实施意见》（厦府办
〔2010〕8 号），形成了"一套制度、两个标准"的城乡居民最低生活保障制
度。《意见》规定：城市低保标准应与当地最低工资标准相衔接，原则上在
当地最低工资标准的 33%—40%之间确定；其中单人户标准一般定在 35%—
40%之间，两人户及多人户标准一般定在 33%—38%之间。农村低保标准一
般在农村上年人均纯收入的 20%—30%之间。②

2010 年以后，厦门市逐年提高城乡低保标准，保障城乡贫困家庭的基
本生活。2013 年，全市全年共发放低保金 7430.4 万元，其中城市 5550.5 万
元，发放低保对象 8.95 万户次、16.64 万人次；农村 1879.9 万元，发放低
保对象 4.35 万户次、9.58 万人次。③ 2013 年 12 月，厦门市民政局下发《关
于 2014 年民政救助对象救助标准和低收入家庭标准的通知》规定：从 2014
年开始，城镇低保标准为一人户每人每月 525 元，两人户每人每月 500 元，
三人户每人每月 475 元，农村低保标准为每人每月 450 元。④ 2014 年，全市
全年共发放最低生活保障金 7898.18 万元，其中城市 5840.88 万元，发放低

---

① 厦门市人力资源和社会保障局、市财政局：《关于进一步提高城乡居民基本医疗保险待遇的通
知》（http：//www.xmhrss.gov.cn/ldhshbzjxxgk/xxgkml/201404/t20140409_ 210067. htm）。

② 厦门市民政局：《厦门市最低生活保障工作实施意见》（http：//www.xmmzj.gov.cn/zfxxgk/
zfxxgkml/xxgkzcfg/zdshbz/201005/t20100504_ 506323. htm）。

③ 厦门市统计局、国家统计局厦门调查队：《2013 年厦门市国民经济和社会发展统计公报》（ht-
tp：//www.xm.gov.cn/zfxxgk/xxgkznml/gmzgan/tjgb/201403/t20140331_ 848560. htm）。

④ 厦门市民政局：《厦门市民政局关于 2014 年民政救助对象救助标准和低收入家庭标准的通知》
（http：//xxgk.xm.gov.cn/mzj/zfxxgkml/xxgkzcfg/zdshbz/201403/t20140311_ 835744. htm）。

保对象 15.11 万人次；农村 2057.30 万元，发放低保对象 8.07 万人次；发放临时救助金 1581.95 万元，救助 6125 户次。①

## 第三节　苏州市社会福利体系整合实践

2008 年 8 月，江苏省委省政府批准苏州市作为全省"城乡发展一体化综合配套改革试点地区"；2010 年 4 月，苏州市被人力资源和社会保障部社会保障研究所课题组遴选为"统筹城乡社会保障典型示范区"；2011 年 7 月，江苏省政府下发《省政府关于支持苏州城乡发展一体化综合配套改革的若干政策意见》，为苏州实施城乡一体化发展战略创造良好政策环境。

### 一　苏州市经济社会发展概况

苏州市位于江苏省南部，下辖张家港市、常熟市、太仓市、昆山市，吴江区、吴中区、相城区、姑苏区，以及苏州工业园区和苏州高新区。截至 2014 年末，全市共有 55 个镇、40 个街道、1041 个行政村、1034 个居委会，城镇常住人口 1060.40 万人，常住人口城镇化率 73.95%。从 2008 年到 2014 年，全市 GDP 总量从 6701.3 亿元增加到 13761 亿元，增长 1.05 倍；户籍人口人均 GDP 从 10.64 万元增加到 20.82 万元，增长 0.96 倍。一般预算收入从 668.9 亿元增加到 1443.8 亿元，增长 1.16 倍；一般预算支出从 619.55 亿元增加到 1304.8 亿元，增长 1.11 倍。城镇居民人均可支配收入从 23867 元提高到 46677 元，提高 0.96 倍；农村居民人均纯收入从 11785 元提高到 23560 元，提高 1.0 倍。具体如表 4—9 所示。

表 4—9　　　　2008—2014 年苏州市经济社会发展主要指标

| 年份 | 2008 | 2009 | 2010 | 2011 | 2012 | 2013 | 2014 |
|---|---|---|---|---|---|---|---|
| GDP 总量（亿元） | 6701.3 | 7740.20 | 9228.91 | 10716.99 | 12011.65 | 13015.7 | 13761 |
| 户籍人口（万人） | 629.75 | 633.29 | 637.66 | 642.3 | 647.81 | 653.84 | 661.08 |

① 厦门市统计局、国家统计局厦门调查队：《厦门市 2014 年国民经济和社会发展统计公报》（http://www.stats-xm.gov.cn/tjzl/tjgb/ndgb/201503/t20150318_25135.htm）。

续表

| 年份 | 2008 | 2009 | 2010 | 2011 | 2012 | 2013 | 2014 |
|---|---|---|---|---|---|---|---|
| 户籍人口<br>人均 GDP（万元） | 10.64 | 12.22 | 14.47 | 16.69 | 18.54 | 19.91 | 20.82 |
| 地方财政一般<br>预算收入（亿元） | 668.9 | 745.18 | 900.6 | 1100.9 | 1204.3 | 1331 | 1443.8 |
| 地方财政一般<br>预算支出（亿元） | 619.55 | 686.78 | 820.7 | 996.8 | 1113.47 | 1212.7 | 1304.8 |
| 城镇居民人均<br>可支配收入（元） | 23867 | 26320 | 29219 | 33243 | 37531 | 41143 | 46677 |
| 农村居民人均<br>纯收入（元） | 11785 | 12969 | 14657 | 17226 | 19396 | 21578 | 23560 |
| 城乡居民收入比 | 2.03：1 | 2.03：1 | 1.99：1 | 1.93：1 | 1.93：1 | 1.91：1 | 1.98：1 |

资料来源：根据苏州市统计局、国家统计局苏州调查队公布的《2008—2014 年苏州市国民经济和社会发展统计公报》数据整理。

## 二 推进城乡教育一体化均衡发展

苏州市历来重视教育事业的发展，1992 年，苏州市在全国率先实现"两基"目标；1997 年，苏州市荣获江苏省"两基"工作教育先进市称号；1998 年，苏州市在全国率先普及高中阶段教育；2001 年，苏州被教育部评为全国"双基"工作先进地区；2004 年，苏州率先现实高等教育普及化；2006 年，苏州在全省率先实施免费义务教育；2007 年，苏州下辖五市七区全部通过省教育现代化建设水平评估，率先基本实现教育现代化；2009 年，苏州被教育部评为全国义务教育均衡发展先进地区。[①] 2010 年 10 月，苏州市委、市政府下发《关于加快实现城乡教育一体化现代化的意见》（苏发〔2010〕55 号），系统规划了实现城乡教育一体化现代化的指导思想、基本原则、总体目标、阶段任务、政策措施和保障机制。《意见》提出：以办好

———————

① 苏州市教育局：《苏州教育发展要事》（http://www.szedu.com/jyzc/jygl1/szjyfzys/201110/t20111014_ 24678.shtml）。

每一所学校、教好每一个学生、发展好每一位教师为总体目标，以实现城乡教育一体化为主要任务；全面形成"以县为主，城乡一体"的教育管理体制，由各市、区政府（管委会）统筹规划、建设和管理学前教育、义务教育、高中段教育，对区域内城乡学校统一管理体制、统一规划布局、统一办学标准、统一办学经费、统一教师配置、统一办学水平；实现城乡学校校园环境一样美、教学设施一样全、公用经费一样多、教师素质一样好、管理水平一样高、学生个性一样得到弘扬，率先实现教育现代化。[①]

### 三　建设城乡一体化的就业创业制度

苏州市致力于推进城乡劳动者就业政策统一、就业服务共享、就业机会公平和就业条件平等。2009年4月，苏州市人民政府印发《苏州市城乡一体化发展综合配套改革就业和社会保障实施意见》（苏府〔2009〕79号），构建了城乡一体化就业创业制度的总体框架。[②] 一是建立健全城乡统一的社会就业失业登记制度。将农村就业纳入整个社会就业体系，建立城乡劳动力资源调查制度和就业、失业的界定标准体系，实行社会登记失业率统计制度。二是完善城乡统一的就业困难人员就业援助制度。对劳动年龄内有就业愿望和就业能力的城乡劳动力，发放统一的《就业失业登记证》；鼓励用人单位吸纳农村就业困难人员就业，对招用农村就业困难人员的各类用人单位，给予社保补贴的政策优惠；为失业登记的农村居民提供免费职业介绍和职业培训服务；通过初次技能鉴定的农村就业困难人员，可申领一次性职业技能鉴定补贴；建立用地企业按比例吸纳农村劳动力就业制度。三是建立完善安置和鼓励农民多渠道、多形式就业的机制。扶持农村居民自主创业，对有创业愿望和具备创业条件的农村劳动力和被征地农民开展免费创业培训，提供政策咨询、专家评析、项目推介、创业孵化、融资服务、开业指导和后续服务；农村劳动力自办实体的，享受与城镇人员同等的扶持待遇。鼓励农村居民灵活就业，开展创建充分就业社区、充分就业行政村、农村劳动力充

---

① 中共苏州市委、苏州市人民政府：《关于加快实现城乡教育一体化现代化的意见》（苏发〔2010〕55号）（http：//www. nb. suzhou. gov. cn/newsview. asp？id=924）。

② 参见苏州市人民政府《苏州市人民政府关于印发苏州市城乡一体化发展综合配套改革就业和社会保障实施意见的通知》（http：//www. suzhou. gov. cn/asite/show. asp？ID=67006）。

分转移乡镇活动，引导和鼓励农村居民从事非全日制、家庭作坊式、承包经营生产等适合农村就业的工种。将公益性岗位的范围延伸至行政村，对就业困难人员实行援助安置。安排农村就业困难人员进入符合条件的公益性岗位，可享受社会保险补贴和岗位补贴。四是完善城乡统一的职业培训制度。将农村劳动力培训纳入城乡社会培训体系，完善城乡一体的职业技能培训普惠制；开展农村劳动力岗位职业技能提升培训试点的企业，可享受政府相关培训经费补贴政策；增加地方财政对农村劳动力培训的投入，对本地农村劳动力开展免费的就业、创业和技能培训。

截至 2013 年末，全市充分就业社区达标率 98%，充分就业（转移）行政村达标率达 98.4%。[1]截至 2014 年末，全市城乡从业人员 693.4 万人，其中第一产业 24.5 万人，第二产业 419.8 万人，第三产业 249.1 万人，分别占全市城乡从业人员总数的 3.53%、60.54%、35.93%。2014 年末，全市城镇非私营单位从业人员 315.42 万人，其中在岗职工人数为 307.21 万人，在岗职工人数中企业人员为 281.91 万人；全市城镇私营个体从业人员 349.11 万人，比 2013 年增加 24.79 万人。2014 年，全市新增就业人数 17.2 万人，全市有 12.2 万名城镇失业人员实现再就业，全年城镇就业困难人员实现就业 2.05 万人；全市新开发公益性岗位 1.16 万个，城镇登记失业率为 1.92%；全市开展城乡劳动力免费培训共 43.6 万人，其中职业技能培训 5.5 万人，企业职工岗位技能提升培训 21.82 万人，创业培训 1.36 万人。[2]

## 四　建立城乡一体化的社会救助体系

一是建立城乡一体化的最低生活保障制度。1996 年 11 月，苏州市政府发布《苏州市市区城镇居民最低生活保障暂行办法》，建立城镇居民最低生活保障制度；1998 年，苏州市建立农村居民最低生活保障制度，从 1998 年起推进城乡一体的最低生活保障制度，缩小低保标准差距；2001 年，苏州市政府下发《苏州市城镇居民最低生活保障制度实施办法》（苏府〔2001〕

---

① 苏州市人力资源和社会保障局：《关于发布 2013 年苏州市人力资源和社会保障事业发展统计公报的通知》（http://www.zfxxgk.suzhou.gov.cn/sjjg/szsrlzyhshbzj/201405/t20140504_ 381793.html）。

② 苏州市人力资源和社会保障局：《2014 年苏州市人力资源和社会保障事业发展统计公报》（http://www.zfxxgk.suzhou.gov.cn/sjjg/szsrlzyhshbzj/201505/t20150521_ 569773.html）。

60 号），完善城镇居民最低生活保障制度；2002 年，苏州市政府下发《苏州市农村居民最低生活保障制度实施办法》（苏府〔2002〕136 号），完善农村居民最低生活保障制度。2005 年，苏州工业园区在全省率先实现城乡低保标准并轨；2008 年昆山市，2010 年吴江市、吴中区、相城区、高新区先后实现低保标准城乡并轨。2010 年，苏州市城镇最低生活保障标准每月 450元，农村最低生活保障标准为每月 400 元；从 2011 年 7 月起，苏州市城乡居民最低生活保障标准统一提高到每月 500 元，标志着苏州市城乡最低生活保障制度实现了并轨。实施并轨后，全市 6.93 万城镇、农村低保对象享受相同标准的最低生活保障待遇。① 从 2012 年 7 月 1 日起，城乡最低生活保障标准由 2011 年的每月 500 元提高至每月 570 元②；从 2013 年 7 月 1 日起，城乡最低生活保障标准由 2012 年的每月 570 元提高至每月 630 元。③

　　二是建立城乡一体化的医疗救助制度。2008 年，苏州市人民政府印发《苏州市区社会医疗救助办法》（苏府〔2008〕1 号），实施城乡一体化的医疗救助制度。《办法》将原来分散在卫生、民政、残联、工会等部门的各类医疗救助职能统一到人社部门管理，通过建立一个平台、一张卡、一个标准、一次结算，在全国首创建立城乡统一的社会医疗救助制度。2012 年，苏州在保留保费救助、实时救助基础上，整合年度救助和专项救助，增加自费救助，引入商业保险专业化运作，在全国率先建立起以特惠为重点，兼顾公平与效率的"四位一体"医疗救助制度。

### 五　实现城乡一体化居民社会保险制度

　　一是建立城乡一体化的居民养老保险制度。2007 年 2 月，苏州市人民政府印发《苏州市区城镇老年居民养老补贴暂行办法》（苏府〔2007〕25号），建立市区城镇居民养老补贴制度。《意见》规定，具有苏州市区（平江区、沧浪区、金阊区、高新区）城镇户籍并符合相关条件的老年居民，每

---

① 苏州市民政局社会救助处：《苏州市城乡最低生活保障全面并轨》（http://www.mzj.suzhou.gov.cn/szmz/infodetail/? infoid=2765d12c-00be-403c-ada4-31a806acd1da）。
② 苏州市民政局等：《关于调整苏州市市区社会救助（补助）标准的通知》（http://www.suzhou.gov.cn/bmfw_5950/sbmz/shjz/cxzdshbz_5997/201304/t20130416_220966.shtml）。
③ 苏州市民政局等：《关于调整苏州市市区社会救助（补助）标准的通知》（http://www.jshrss.gov.cn/zcfg/sjwj/szs/201306/t20130618_123960.html）。

月按 150 元的标准享受城镇老年居民养老补贴。2010 年 3 月,苏州市人民政府印发《苏州市新型农村社会养老保险管理办法》(苏府规字〔2010〕10号),建立新型农村社会养老保险制度。2011 年 12 月,苏州市人民政府印发《苏州市居民社会养老保险管理办法》(苏府规字〔2011〕15 号),提出:从 2012 年起,整合城镇老年居民养老补贴制度和新型农村社会养老保险制度,建立城乡统一的居民养老保险制度。截至 2014 年末,全市城乡居民养老保险参保人数(含享受待遇人员)47.1 万人,其中参保缴费人员 4.9万人,参保覆盖率达 99% 以上,按月享受基本养老待遇的人数为 42.2 万人,享受率达 100%。①

　　二是建立城乡一体化的居民医疗保险制度。2003 年 5 月,苏州市人民政府发布《苏州市农村合作医疗保险管理办法》(政府令 2003 年第 34 号),提出建立"政府组织引导,农村居民参保,集体扶持、财政资助相结合,以大病统筹为主的医疗互助共济制度"。2004 年 12 月,苏州市劳动和社会保障局、财政局联合下发《苏州市征地保养人员基本医疗保险实施办法》,建立征地保养人员基本医疗保险制度。2005 年 12 月,苏州市人民政府印发《苏州市市区居民医疗保险试行办法》(苏府〔2005〕135 号),从 2006 年 4月起实施市区居民医疗保险制度。2009 年 4 月,苏州市人民政府印发《苏州市城乡一体化发展综合配套改革就业和社会保障实施意见》(苏府〔2009〕79 号),提出"推进新型农村合作医疗制度向居民医疗保险制度衔接"。2012 年 3 月,苏州市人民政府印发的《关于加快推进苏州市城乡养老保险和居民医疗保险并轨的指导意见》(苏府〔2012〕63 号)提出:"全面整合现有的居民医疗保险、新型农村合作医疗保险、被征地农民医疗保险等多项制度,建立健全覆盖城乡所有非就业居民的统一的居民医疗保险体系,确保实现同一统筹地区城乡居民筹资水平相同、享受待遇标准一致。"2012年底,苏州市实现了医疗保险制度的城乡并轨。截至 2014 年末,全市居民医保参保人数 282 万人,其中参加学生(含大、中、小学生和儿童)医保的有 77.5 万人;居民医疗保险发生的符合住院政策范围的医疗费用结付,医

---

　　① 苏州市人力资源和社会保障局:《2014 年苏州市人力资源和社会保障事业发展统计公报》(http://www.zfxxgk.suzhou.gov.cn/sjjg/szsrlzyhshbzj/201505/t20150521_ 569773.html)。

保基金结付比例达到 71.1% 以上。①

## 六　不断扩大职工社会保险覆盖面

2012 年 8 月，苏州市人民政府印发《苏州市加快完善社会保障体系实现人人享有基本社会保障的工作方案》（苏府〔2012〕168 号），提出：持续扩大社会保险覆盖范围，坚持把覆盖面作为衡量社会保障制度可及性和有效性的首要指标，加大扩面征缴工作力度，将符合条件的人员全部纳入制度范围，做到"应保尽保"。② 从 2007 年到 2014 年，参加城镇职工基本养老保险（包括企业职工基本养老保险和机关事业单位养老保险）人数由 236.69 万增加到 401.1 万人，增长 0.69 倍；参加城镇职工基本医疗保险人数由 300.69 万人增加到 522 万人，增长 0.74 倍；参加失业保险人数从 207.40 万人增加到 332.9 万人，增长 0.61 倍；参加工伤保险人数从 227.69 万人增加到 350.8 万人，增长 0.54 倍；参加生育保险人数从 210.60 万人增加到 362.2 万人，增长 0.72 倍。具体如表 4—10 所示。

表 4—10　　　　　　　　2007—2014 年苏州市城镇职工社会保险统计

单位：万人

| 年份 | 2007 | 2008 | 2009 | 2010 | 2011 | 2012 | 2013 | 2014 |
|---|---|---|---|---|---|---|---|---|
| 基本养老保险* | 236.69 | 272.16 | 290.76 | 325.16 | 352.16 | 372.15 | 391.1 | 401.1 |
| 基本医疗保险 | 300.69 | 330.94 | 346.18 | 391.18 | 437.60 | 470.88 | 500.30 | 522 |
| 失业保险 | 207.40 | 232.50 | 234.32 | 256.80 | 282.10 | 307.81 | 317 | 332.9 |
| 工伤保险 | 227.69 | 252.21 | 255.26 | 287.13 | 320.35 | 336.15 | 341.5 | 350.8 |
| 生育保险 | 210.60 | 242.33 | 245.44 | 285.48 | 322.12 | 334.74 | 352.9 | 362.2 |

注：*苏州市的城镇职工基本养老保险包括"企业职工基本养老保险"和"机关事业单位职工养老保险"两部分，这里的基本养老保险参保人数系二者的实际缴费人数之和。

资料来源：根据《2007—2008 年苏州市劳动和社会保障事业发展统计公报》和《2009—2014 年苏州市人力资源和社会保障事业发展统计公报》数据整理。

---

① 苏州市人力资源和社会保障局：《2014 年苏州市人力资源和社会保障事业发展统计公报》（http://www.zfxxgk.suzhou.gov.cn/sjjg/szsrlzyhshbzj/201505/t20150521_569773.html）。

② 苏州市人民政府：《苏州市加快完善社会保障体系实现人人享有基本社会保障的工作方案》（http://www.jiangsu.gov.cn/jsgov/sx/shengxs/suzhous/201211/t20121107_320999.html）。

# 第四节　红河州社会福利体系整合实践

红河哈尼族彝族自治州是云南省的八个民族自治州之一，位于云南省东南部，南与越南接壤。2008 年初，红河州被云南省委、省政府确定为云南省"经济社会与城乡综合改革试点地区"，先后制定和实施了《红河州经济社会和城乡综合改革试点工作方案（试行）》和《关于推进统筹城乡发展的意见》，提出从统筹城乡规划、统筹城乡产业发展、统筹城乡基础设施、统筹城乡社会事业、统筹城乡社会保障体系、统筹城乡分配六个方面加快推进城乡综合改革，积极推进"小城大农"边疆民族地区的社会福利体系建设。

## 一　红河州经济社会发展概况

红河州具有三个显著特点：一是融边疆、山区、民族、贫困为一体。红河州有三个县与越南接壤，边境线长 848 公里；全州国土面积 3.29 万平方公里，山区面积占全州国土面积的 85%；境内居住着哈尼、彝、苗等 10 个世居民族，2012 年末少数民族人口占全州总人口的 59.8%。① 红河州农村贫困发生率较高，2011 年底全州有农村贫困人口 135.47 万人，贫困发生率 37.9%。② 二是"小城市大农村"。截至 2014 年底，全州常住人口共有 462 万人，其中城镇人口 190.62 万人，占 41.26%；乡村人口 271.38 万人，占 58.74%。③ 三是南北发展差距大。红河州以红河峡谷为界分为北部地区和南部地区。北部地区 7 个县（市），南部地区 6 个县。北部地区的经济社会发展程度远高于南部地区。全州 6 个国家扶贫开发工作重点县有 5 个在南部，全州近 70% 的贫困人口分布在南部。

2008 年以来，红河州在经济社会发展与城乡综合改革试点中取得了新

---

① 红河州统计局：《红河州 2012 年国民经济和社会发展统计公报》（http：//www.tjj.hh.gov.cn/info/1011/1349.htm）。

② 红河州扶贫办：《红河州扶贫开发工作及存在困难问题专报》（http：//www.fpb.hh.gov.cn/index.aspx）。

③ 红河州人力资源和社会保障局、红河州统计局：《2014 年红河州人力资源和社会保障事业发展统计公报》（http：//www.rsj.hh.gov.cn/info/egovinfo/xxgk_ content/666188001-15_ B/2015-0611001.htm）。

的成就。从 2008 年到 2014 年，全州 GDP 总量从 514.7 亿元增加到 1127.09 亿元，增长了 1.19 倍；人均 GDP 从 12133 元增加到 24396 元，增长了 1.01 倍。地方公共财政预算收入从 45.14 亿元增加到 111.02 亿元，增长 1.46 倍；地方公共财政预算支出从 107.34 亿元增加到 344.79 亿元，增长 2.21 倍。从 2009 年到 2014 年，城镇居民人均可支配收入从 10256 元提高到 23877 元，增加了 13621 元，提高了 1.33 倍；农村居民人均纯收入从 3446 元提高到 7726 元，增加了 4280 元，提高了 1.24 倍。具体如表 4—11 所示。

表 4—11　　　　　2008—2014 年红河州经济社会发展主要指标

| 年份 | 2008 | 2009 | 2010 | 2011 | 2012 | 2013 | 2014 |
|---|---|---|---|---|---|---|---|
| GDP 总量（亿元） | 514.7 | 560.88 | 650.42 | 780.64 | 905.43 | 1012 | 1127.09 |
| 人口（万人）* | 424.2 | 431.98 | 440.87 | 443.57 | 456.1 | 458.96 | 462 |
| 人均 GDP（元） | 12133 | 12984 | 14753 | 17599 | 19852 | 22050 | 24396 |
| 地方公共财政预算收入（亿元） | 45.14 | 52.04 | 61.22 | 72.79 | 84.48 | 97.20 | 111.02 |
| 地方公共财政预算支出（亿元） | 107.34 | 137.25 | 169.42 | 213.19 | 248.09 | 310.40 | 344.79 |
| 城镇居民人均可支配收入（元） | — | 10256 | 13416 | 16789 | 19712 | 22077 | 23877 |
| 农村居民人均纯收入（元）** | 3023 | 3446 | 3922 | 4650 | 5468 | 6288 | 7726 |
| 城乡居民收入比 | — | 2.98:1 | 3.42:1 | 3.61:1 | 3.60:1 | 3.51:1 | 3.09:1 |

注：* 在"人口"数据中，2008—2011 年为"户籍人口"数，2012—2014 年为"常住人口数"。
** 从 2014 年开始，以"农村居民人均可支配收入"指标取代"农民人均纯收入"指标。
资料来源：根据红河州统计局公布的《2008—2014 年红河州国民经济和社会发展统计公报》数据整理。"—"表示没有相应统计口径的数据。

## 二　在缩小"双重差距"中推进社会保障整合

红河州存在着突出的"地域差距"与"城乡差距"，处理和解决好社会保障发展中的"双重差距"成为红河州社会保障体系建设中的重点和难点。

州内的北部地区与南部地区之间，在社会保障体系建设的经济基础、发展速度、管理水平和人员素质等方面存在较大差距；在州内的城市与农村之间、城镇居民与农村居民之间比例悬殊，导致城乡社会保障体系建设的难度和速度差异明显。进入 21 世纪以来，红河州委、州政府先后下发了《关于加快南部地区开发建设的决定》（2000 年）、《关于加快红河南部地区发展的意见》（2009 年）；2011 年，红河州提出要在"十二五"期间实行"南部大开发"，编制南北区域发展规划，完善资源共享和利益补偿机制，建立南北相互促进、优势互补的互动机制，实现南北协调发展。在加快社会保障体系建设的过程中，红河州通过政策向南部地区倾斜、向农村倾斜的"双重倾斜"，缩小了南北差距和城乡差距，特别是有效地缩小了南部农村地区与北部城市地区的巨大差距，避免了全州社会保障发展中的"马太效应"。

### 三　扶贫开发与完善低保"双管齐下"

农村贫困人口比例高是红河州的基本州情，农村扶贫开发是红河州社会保障体系建设的重要组成部分。红河州始终坚持扶贫开发与低保制度的有机结合，消除了底线保障制度建设中单独依靠"民众自保"或"国家包揽"的弊端。2005 年，根据当时的国家扶贫标准，红河州有农村贫困人口 80.65 万人，贫困发生率为 23.9%。在"十一五"期间，全州累计投入各类扶贫资金近 60 亿元，实施了一系列扶贫开发工程，全州农民人均纯收入由 2005 年的 1991 元增加到 2010 年的 3922 元。到 2010 年，以 1196 元的国家扶贫标准计算，全州贫困人口下降到 38.08 万人，贫困发生率下降到 10.4%。

2011 年，按照国家新一轮扶贫纲要（2011—2020 年）规定的国家扶贫标准（农民人均纯收入 2300 元）计算，全州农村扶贫对象 135.47 万人，贫困发生率为 37.9%。[①] 2011 年以来，红河州进一步加大农村扶贫力度，效果显著。全州农村贫困发生率从 2011 年的 37.9%，分别下降至 2012 年的 28.8%，2013 年的 22.93%；农村扶贫对象人口从 2011 年末的 135.47 万人，

---

　① 　红河州扶贫办：《红河州扶贫开发工作及存在困难问题专报》（http：//www.fpb.hh.gov.cn/index.aspx）。

下降至 2013 年末的 82.60 万人，累计减贫 52.87 万人。①

在加大扶贫攻坚力度的同时，红河州不断夯实城乡最低生活保障体系。红河州于 1998 年建立城镇居民最低生活保障制度，为城镇贫困家庭提供生活保障。从 2003 年到 2013 年，城镇低保对象从 10.77 万人增加到 11.98 万人，2013 年的城镇低保对象占全州城镇人口的 6.53%；从 2003 年到 2013 年，全州城镇低保资金支出从 0.62 亿元增加到 3.25 亿元，增长了 4.24 倍。② 截至 2014 年末，全州享受城镇居民最低生活保障的人数为 11.05 万人，全年城镇居民最低生活保障支出达 3.56 亿元。③

红河州于 2007 年开始建立和实施规范化的农村最低生活保障制度，随着农村居民贫困线的不断调整，全州享受农村最低生活保障的人数逐年增加。从 2007 年到 2013 年，农村低保对象从 28 万人增加到 50.83 万人，增加了 22.83 万人，2013 年的农村低保对象占全州农村人口的 8.28%；从 2007 年到 2013 年，全州农村低保资金支出从 1.01 亿元增加到 6.35 亿元，增长了 5.29 倍。④ 截至 2014 年末，全州享受农村居民最低生活保障的人数为 50.67 万人，全年农村居民最低生活保障支出达 7.54 亿元。⑤

#### 四 健全城乡居民社会养老保险制度

2009 年，红河州出台《新型农村和城镇居民社会养老保险实施办法（试行）》，建立州级统筹的城乡居民社会养老保险制度，首先在弥勒县启动城乡居民社会养老保险试点。2010 年，在石屏县、屏边县开展第二批城乡居民社会养老保险试点；2011 年，在个旧市、开远市、泸西县、金平县、绿春县、红河县、河口县开展第三批试点。截至 2011 年底，全州新型农村

---

① 红河州统计局：《红河州农村贫困人口达 82.6 万人》（http://www.tjj.hh.gov.cn/info/1012/1705.htm）。

② 红河州统计局：《红河州 2003 年国民经济和社会发展统计公报》和《红河州 2013 年国民经济和社会发展统计公报》。

③ 红河州人力资源和社会保障局、红河州统计局：《2014 年红河州人力资源和社会保障事业发展统计公报》（http://www.rsj.hh.gov.cn/info/egovinfo/xxgk_content/666188001-15_B/2015-0611001.htm）。

④ 红河州统计局：《红河州 2007 年国民经济和社会发展统计公报》和《红河州 2013 年国民经济和社会发展统计公报》。

⑤ 红河州人力资源和社会保障局、红河州统计局：《2014 年红河州人力资源和社会保障事业发展统计公报》（http://www.rsj.hh.gov.cn/info/egovinfo/xxgk_content/666188001-15_B/2015-0611001.htm）。

社会养老保险参保 131 万人，城镇居民社会养老保险参保 4 万人。2012 年 7 月，蒙自市、建水县、元阳县全面启动城乡居民社会养老保险，实现了城乡居民社会养老保险制度全覆盖。

截至 2013 年末，全州城乡居民社会养老保险参保人数为 213.47 万人，参保率达 95.96%；其中参加新型农村社会养老保险 205.56 万人，参加城镇居民社会养老保险 7.91 万人，享受养老保险待遇 41.91 万人；2013 年全州收取城乡居民养老保险费 21527 万元，发放养老金 29970 万元。① 到 2014 年底，全州城乡居民基本养老保险参保人数达 2150306 人，享受养老保险待遇 434275 人。②

### 五　建立城乡居民基本医疗保险制度

红河州 2003 年在蒙自县（2010 年改"蒙自市"）启动新型农村合作医疗试点，2007 年实现全覆盖。经过十几年发展，实现了新型农村合作医疗的"四提高、两增加"。"四提高"：一是筹资标准提高。筹资标准从 2003 年的人均 30 元提高到 2012 年的人均 290 元。二是补助封顶线提高。补助封顶线从 2003 年的 9000 元提高到 2012 年的 8 万—10 万元。三是住院报销比例提高。住院报销从 2003 年的最高 40% 提高到 2012 年的最高 90%。四是农民参合积极性提高。参合人数大幅度增加，参保人数从 2003 年试点时的 20.99 万人，增加到 2007 年全州全面推开时的 277.69 万人，并发展到 2013 年的 345.72 万人；参合率从 2003 年的 81.5% 提高到 2013 年的 98.05%。③ "两增加"：一是参合农民受益人次增加，参合农民受益人次从 2007 年的 240.49 万人次增加到 2012 年的 624.10 万人次；二是基金筹集规模增加，基金筹集规模从 2007 年的 14433 万元增加到 2012 年的 98406 万元。④

①　红河州人力资源和社会保障局：《2013 年红河州人力资源和社会保障事业发展统计公报》（ht-tp：//www.rsj.hh.gov.cn/info/1003/4056.htm）。

②　红河州人力资源和社会保障局、红河州统计局：《2014 年红河州人力资源和社会保障事业发展统计公报》（http://www.rsj.hh.gov.cn/info/egovinfo/xxgk_content/666188001-15_B/2015-0611001.htm）。

③　红河州统计局：《红河州 2003 年国民经济和社会发展统计公报》和《红河州 2013 年国民经济和社会发展统计公报》。

④　红河州统计局：《红河州 2007 年国民经济和社会发展统计公报》和《红河州 2012 年国民经济和社会发展统计公报》。

红河州于 2007 年启动城镇居民基本医疗保险试点，先后制定和出台了《红河州城镇居民基本医疗保险办法（试行）》、《〈红河州城镇居民基本医疗保险办法（试行）〉实施细则》、《红河州城镇居民基本医疗保险门诊补助试行办法》和《红河州城镇居民大病补充医疗保险办法（试行）》，不断完善城镇居民基本医疗保险政策体系。截至 2013 年底，全州参加城镇居民基本医疗保险人数达到 39.27 万人，其中成年人 22.68 万人，大学生 1.12 万人、中、小学生与儿童 15.47 万人；2013 年，全州城镇居民基本医疗保险基金收入 13192 万元，支出 12613 万元。[1] 到 2014 年末，全州城镇居民基本医疗保险参保人数为 398071 人，全年参保人员缴费 3367 万元，各级财政补助 12867 万元，基本医疗保险基金支出 16208 万元。[2]

## 六 扩大城镇职工社会保险覆盖面

红河州从 1987 年开始建立真正意义上的城镇职工社会保险制度，逐步健全社会保险制度体系。[3] 在基本养老保险方面，从 2003 年到 2013 年，参保人数从 15.33 万人增加到 27.81 万人，增加了 12.48 万人；2013 年全州基本养老保险费收入 125210 万元，养老保险基金支出 179117 万元，离退休人员月人均养老金 1617 元。在基本医疗保险方面，从 2003 年到 2013 年，参保人数从 28.62 万人增加到 41.58 万人，增加了 12.96 万人；2013 年全州基本医疗保险费收入 123981 万元，基本医疗保险基金支出 108858 万元。在失业保险方面，从 2003 年到 2013 年，参保人数从 17.32 万人增加到 20.67 万人，增加了 3.35 万人；2013 年全州失业保险费收入 16954 万元，全年领取失业保险金人数 8980 人，失业保险金支出 6656 万元。在工伤保险方面，截至 2013 年底，全州参保人数达到 23.98 万人，其中农民工参保 7 万余人；2013 年全州工伤保险费收入 12508 万元，享受工伤保险待遇人数 3642 人，工伤保险基金支出 11248 万元。在生育保险方面，从 2003 年到 2013 年，参

---

① 红河州人力资源和社会保障局：《2013 年红河州人力资源和社会保障事业发展统计公报》（http://www.rsj.hh.gov.cn/info/1003/4056.htm）。

② 红河州人力资源和社会保障局、红河州统计局：《2014 年红河州人力资源和社会保障事业发展统计公报》（http://www.rsj.hh.gov.cn/info/egovinfo/xxgk_ content/666188001-15_ B/2015-0611001.htm）。

③ 柏忠林：《红河州"五条链"加快社会保险体系建设》，《红河日报》2012 年 3 月 4 日。

保人数从 4.72 万人增加到 16.90 万人，增加了 12.18 万人；2013 年全州生育保险费收入 4363 万元，享受生育保险待遇人数 3737 人次，生育保险基金支出 2944 万元。[①]

截至 2014 年末，全州城镇职工基本养老保险参保人数为 285217 人，其中参保在职职工为 190205 人，离退休人员为 95012 人；城镇职工基本医疗保险参保人数 419807 人，其中参保在职职工 268530 人，参保离退休人员 151277 人；失业保险参保人数 208745 人，其中农民工参保 13488 人，2014 年领取失业保险金人数 69293 人；工伤保险参保人数 245354 人，其中农民工参保 59021 人，2014 年享受工伤保险待遇人数 3255 人；生育保险参保人数 180559 人，2014 年享受生育保险医疗待遇 4616 人次，生育保险基金支出 3660 万元。[②]

## 七　建设统筹城乡的就业保障体系

红河州在贯彻落实《中华人民共和国就业促进法》过程中，将就业工作逐步纳入法制化轨道，健全和完善覆盖城乡的公共就业服务体系，逐步形成城乡统一的人力资源市场。通过建立劳动者平等就业制度，做到促进就业与稳定就业相互依托，素质就业与开发岗位同时并举，实现就业与社会保障有机联动，管理服务和维护权益紧密结合。一是落实优惠政策，拓宽就业渠道，推进创业培训工作，促进下岗失业人员再就业；二是加强农村劳动力技能提升培训，完善服务措施，促进农村富余劳动力转移就业；三是建立"零就业家庭"的动态管理制度，制订分类援助计划和方案，消除"零就业家庭"；四是充分发挥小额担保贷款促进创业、带动就业作用；五是加强基层劳动保障平台建设，发挥其信息枢纽和就业服务的职能作用。

在"十一五"期间，红河州共新增城镇就业 14.7 万人，比"十五"期间净增 2.19 万人，城镇登记失业率控制在 3.7% 以内；共转移农村劳动力 62.46 万人次，比"十五"期间增加 17.34 万人次，帮助就业困难人员就业

---

① 红河州统计局：《2003 年红河州国民经济和社会发展统计公报》；红河州人力资源和社会保障局：《2013 年红河州人力资源和社会保障事业发展统计公报》。

② 红河州人力资源和社会保障局、红河州统计局：《2014 年红河州人力资源和社会保障事业发展统计公报》（http://www.rsj.hh.gov.cn/info/egovinfo/xxgk_content/666188001-15_B/2015-0611001.htm）。

3万多人次，"零就业家庭"实现了动态清零。① 在"十二五"期间，红河州就业规模持续扩大，"业有所就"状况继续改善。截至2014年末，全州从业人员294.18万人，其中第一产业179.26万人，占60.94%；第二产业44.51万人，占15.13%；第三产业70.41万人，占23.93%。2014年，城镇新增就业32916人，其中城镇失业人员实现再就业8619人，就业困难人员实现就业6237人，开发公益性岗位4714个，消除"零就业家庭"31户，"零就业家庭"成员中有64人实现就业。城镇登记失业人员17395人，城镇登记失业率3.58%。全州发放创业小额贷款87449万元，扶持13083人自主创业。其中发放鼓励创业"贷免扶补"贷款44800万元，扶持6811人创业；发放小额担保贷款41289万元，扶持6272人自主创业；发放劳动密集型小企业贷款1360万元，扶持劳动密集型小企业创业8户。2014年组织农村劳动力转移就业特别行动计划现场招聘会32场次，新增农村劳动力转移就业41269人，其中省外输出13212人。②

## 第五节　城乡居民基本保险制度整合实践

### 一　城乡居民基本养老保险制度整合实践

城乡居民基本养老保险制度整合在我国社会养老保险制度整合中具有典范意义。我国从2009年启动新型农村社会养老保险试点，2011年启动城镇居民社会养老保险试点，到2012年底基本实现城乡居民社会养老保险制度全覆盖。新型农村社会养老保险制度和城镇居民社会养老保险制度的建立，为农村居民和城镇居民提供了基本养老保障，同时也存在一系列制度分割而导致的问题。北京市率先在全国实施一体化的城乡居民基本养老保险制度，2008年12月，北京市人民政府出台《北京市城乡居民养老保险办法》（京政发〔2008〕49号），决定自2009年1月1日起实行一体化的城乡居民养

---

① 黄鹏辉、朱薇：《用民声音符　奏民生新曲——我州社会民生建设纪略》，《红河日报》2012年11月8日。

② 红河州人力资源和社会保障局、红河州统计局：《2014年红河州人力资源和社会保障事业发展统计公报》（http://www.rsj.hh.gov.cn/info/egovinfo/xxgk_content/666188001-15_B/2015-0611001.htm）。

老保险制度。2009 年 9 月，浙江省人民政府发布《关于建立城乡居民社会养老保险制度的实施意见》（浙政发〔2009〕62 号），提出建立一体化的城乡居民社会养老保险制度。2011 年 7 月，湖北省人民政府发布《关于实施城乡居民社会养老保险制度的意见》（鄂政发〔2011〕40 号），决定将全省城镇居民社会养老保险制度和新型农村社会养老保险制度合并实施，建立个人缴费与政府补贴相结合的城乡居民养老保险制度。2011 年 8 月，宁夏回族自治区人民政府发布《关于统筹城乡居民社会养老保险试点的实施意见》（宁政发〔2011〕108 号），提出将新型农村社会养老保险与城镇居民社会养老保险制度统一、合并实施，建立个人缴费与政府补贴相结合的城乡居民养老保险制度。2011 年 11 月，内蒙古自治区人民政府办公厅发布《关于开展城镇和农村牧区居民社会养老保险试点的实施意见》（内政办发〔2011〕133 号），决定将城镇居民社会养老保险与新型农村牧区社会养老保险合并实施，建立城镇和农村牧区居民社会养老保险，简称城乡居民养老保险制度。2012 年 5 月，河北省人民政府发布《关于合并实施新型农村和城镇居民社会养老保险制度的通知》（冀政函〔2012〕68 号），决定自 2012 年 7 月 1 日起，全省新型农村社会养老保险和城镇居民社会养老保险合并实施，建立城乡居民社会养老保险制度。

除了上述省、自治区、直辖市开展省级层次的城乡居民社会养老保险制度整合试点外，全国还有部分市、县（区）自主开展了一体化的城乡居民社会养老保险试点。审计署 2012 年 8 月 2 日公布的数据显示，截至 2011 年底，全国已有 683 个县合并新型农村社会养老保险和城镇居民社会养老保险，实施一体化的城乡居民社会养老保险，参保人数达到 14390.60 万人。①

2014 年 4 月 21 日，国务院发布《关于建立统一的城乡居民基本养老保险制度的意见》，决定将新农保和城居保制度合并实施，在全国范围内建立统一的城乡居民基本养老保险制度。截至 2014 年底，全国已有 30 个省（区、市）出台城乡居民基本养老保险制度整合的实施办法及相关配套

---

① 国家审计署:《全国社会保障资金审计结果公告》（2012 年第 34 号）（http://www.audit.gov.cn/n1992130/n1992150/n1992379/n3071301.files/n3071602.htm）。

政策。①

## 二 城乡居民基本医疗保险制度整合实践②

重庆市最早开展城乡居民基本医疗保险制度整合试点。2007 年 9 月，重庆市人民政府下发《关于开展城乡居民合作医疗保险试点的指导意见》（渝府发〔2007〕113 号），提出建立城乡统一的居民合作医疗保险制度。2008 年 11 月，四川省成都市人民政府发布《成都市城乡居民基本医疗保险暂行办法》（成都市人民政府 155 号令），决定从 2009 年起实现城镇居民基本医疗保险与新型农村合作医疗一体化，建立全市统一的城乡居民基本医疗保险制度。2009 年 4 月，天津市人民政府下发《天津市城乡居民基本医疗保险规定》，决定整合城镇居民医保和新农合制度，从 2010 年开始实施全市统筹的城乡居民基本医疗保险制度。同年 9 月，天津市人力资源和社会保障局印发《天津市城乡居民基本医疗保险规定实施细则》（津人社局发〔2009〕23 号），进一步规范城乡居民基本医疗保险制度的运行机制。2010 年 10 月，宁夏回族自治区人民政府下发《关于统筹城乡居民基本医疗保险的意见》（宁政发〔2010〕147 号），决定从 2011 年开始整合城镇居民基本医疗保险和新型农村合作医疗制度，建立全区城乡居民基本医疗保险制度，实现制度框架、管理体制、政策标准、支付结算、信息系统、经办服务"六统一"。2012 年 8 月，云南省昆明市人民政府印发《昆明市城乡居民基本医疗保险实施办法》（昆政发〔2012〕65 号），决定从 2013 年起对全市城镇居民基本医疗保险和新型农村合作医疗进行制度整合，建立政策统一、待遇统一、经办统一、系统统一的城乡居民基本医疗保险制度。2013 年 4 月，青海省人民政府下发《关于进一步提高全省城乡居民医保筹资标准促进城乡医保健康发展的意见》（青政〔2013〕21 号），提出 2013 年内完成新农合和城镇居民医保并轨，建立统一的城乡居民基本医疗保险制度，实现管理部门、筹资标准、统筹层次、基本政策和信息系统"五统一"。2013 年 12 月，山东

---

① 人力资源和社会保障部：《人力资源和社会保障部 2014 年第四季度新闻发布会》（http：//www. china. com. cn/zhibo/2015-01/23/content_ 34609192. htm? show=t）。

② 毕天云：《城乡居民社会保障制度普遍整合的实现路径》，《学术探索》2014 年第 11 期。

省人民政府下发《关于建立居民基本医疗保险制度的意见》 （鲁政发〔2013〕31号），决定从2014年1月1日起将城镇居民基本医疗保险和新型农村合作医疗制度进行整合，建立城乡一体的居民基本医疗保险制度。

根据2015年1月23日人力资源和社会保障部在"2014年第四季度新闻发布会"上提供的数据，截至2014年底，全国已有8个省份和其他省的35个地市开展了城乡居民基本医疗保险制度整合试点。

# 第五章

# 中国社会福利体系整合的民意基础

在社会福利政策研究中，公民参与是一个受到特别关注和重视的领域，公民参与被认为是社会政策的基石。推进我国社会福利体系整合，需要全面了解社会公众的意愿、态度和意见，反映社会公众的期盼、诉求和建议，尽可能得到社会公众的认可、接受和支持。本章以重庆市、厦门市、苏州市和红河州的问卷调查数据为基础，分析公众对义务教育保障整合、就业保障整合、养老保障整合、医疗保障整合、住房保障整合、社会救助整合和社会服务整合的态度和意愿。

## 第一节　义务教育保障整合意愿

义务教育是国民教育的基础，是实现"学有所教"的前提。义务教育具有强制性、公益性和普惠性，义务教育公平是教育领域的底线公平，义务教育整合是教育保障整合的基础。义务教育整合的关键是缩小城乡义务教育差距，实现城乡义务教育均衡发展。民意调查的重点是了解公众对义务教育阶段、义务教育经费、城乡生均教育经费、外来务工人员子女就学等问题的态度、看法和意愿。

### 一　对义务教育阶段的看法

2006年公布修订的《义务教育法》规定，我国实行九年义务教育制度，包括小学六年和初中三年。随着经济社会的发展和教育需求的变化，公众可能对拓展义务教育阶段产生新的期待和需求。调查结果显示，在回答"你认为义务教育应该包括哪些阶段"时，有61.8%的调查对象选择"幼儿园、小学、初中和高中"，20.3%的人选择"小学、初中和高中"，12.4%的人选择"幼儿园、小学和初中"，只有5.6%的人选择"小学和初中"。具体如表5—1所示。

表5—1　　　　　　　　　　对义务教育阶段的看法

|  | 总计 | 重庆 | 厦门 | 苏州 | 红河 |
|---|---|---|---|---|---|
| 人数（人） | 1974 | 500 | 489 | 485 | 500 |
| 小学和初中（%） | 5.6 | 5.8 | 3.7 | 6.0 | 6.8 |
| 幼儿园、小学和初中（%） | 12.4 | 12.2 | 11.5 | 18.4 | 7.6 |
| 小学、初中和高中（%） | 20.3 | 19.4 | 20.2 | 21.9 | 19.6 |
| 幼儿园、小学、初中和高中（%） | 61.8 | 62.6 | 64.6 | 53.8 | 66.0 |
| 总计（%） | 100 | 100 | 100 | 100 | 100 |

表5—1反映出三个重要信息。

第一，公众对拓展义务教育阶段的愿望比较强烈。义务教育所涵盖的阶段越少，公众的支持比例越低，说明目前以小学和初中为主的义务教育时段安排已经不能满足公众需求。在现实条件下，如果实行12年义务教育制，应该优先把高中教育纳入义务教育范围。从长远发展看，我国应逐步拓展义务教育时限，把教育福利更大范围地惠及广大百姓。

第二，公众对政府承担义务教育责任有更高的期待。义务教育具有公益性和普惠性，在责任分担机制中，政府承担的责任越多，家庭所承担的责任就越少。扩大义务教育阶段，意味着政府将承担更多更大的责任，在一定程度上可以减轻家庭的负担。从这个角度看，公众支持扩大义务教育时段，既有目前"上学贵"的反映，也蕴含着公众的"理性考量"。

第三，经济发展水平是影响公众义务教育阶段看法的重要因素。从四个地区的经济发展水平与义务教育年限期待之间的关系看，存在着明显的负相关关系。从第四章的分析中可以看到，总体而言，苏州市的经济发展水平最高（人均GDP、城镇居民人均可支配收入、农民人均纯收入），选择义务教育包括"幼儿园、小学、初中和高中"的比例最低；红河州的经济发展水平最低，选择义务教育包括"幼儿园、小学、初中和高中"的比例最高。

## 二　对义务教育经费主要承担者的看法

《义务教育法》规定："国家建立义务教育经费保障机制，义务教育经费由国务院和地方各级人民政府依法予以保障，义务教育经费投入实行国务院和地方各级人民政府根据职责共同负担。"调查结果显示，在回答"您认为义务教育阶段的费用应该主要由哪一级财政承担"时，有61.3%的人选择"中央财政"，19.8%的人选择"省级财政"。具体如表5—2所示。

表5—2　　　　　　　　　　对义务教育经费主要承担者的看法

|  | 总计 | 重庆 | 厦门 | 苏州 | 红河 |
|---|---|---|---|---|---|
| 人数（人） | 1972 | 500 | 489 | 483 | 500 |
| 中央财政（%） | 61.3 | 73.0 | 54.8 | 47.2 | 70.2 |
| 省级财政（%） | 19.8 | 12.2 | 21.1 | 29.0 | 16.8 |
| 州市财政（%） | 10.3 | 6.2 | 14.1 | 13.7 | 7.2 |
| 不清楚（%） | 8.6 | 8.6 | 10.0 | 10.1 | 5.8 |
| 总计（%） | 100 | 100 | 100 | 100 | 100 |

从表5—2可以看到，对于承担义务教育费用的政府级别，不同地区公众的看法明显不同。经济发展程度不同，对中央财政的依赖度也不同。在中央政府主要承担义务教育阶段经费的看法上，重庆市和红河州的公众有比较高的期待，达到了70%以上，厦门和苏州分别只有54.8%和47.2%。因此，根据不同地区公众意见的差别，在负担义务教育阶段费用问题上，中央财政的负担比例应该因地制宜，对于经济较为落后的地区给予更大程度的支持。

## 三　对义务教育城乡生均经费标准的看法

义务教育生均经费的城乡差距，是城乡社会福利差距的体现之一。在1993—2005年，我国小学、初中生均预算内教育事业费中公用经费的城乡差距十分显著。义务教育生均经费城乡差距比经历了先上升后下降，再上升又持续下降的演变过程。① 缩小义务教育生均经费的城乡差距，是促进城乡义务教育整合与均衡发展的重要途径。调查结果显示，在回答"您认为义务教育阶段城乡生均教育经费实行哪一种标准比较合理"时，公众对统一城乡生均教育经费标准的意见比较一致，有 70.7%的调查对象认为城乡义务教育生均经费应该实行一个标准比较合理。具体如表 5—3 所示。

表 5—3　　　　　　　　　对义务教育城乡生均经费标准的看法

|  | 总计 | 重庆 | 厦门 | 苏州 | 红河 |
|---|---|---|---|---|---|
| 人数（人） | 1973 | 500 | 489 | 484 | 500 |
| 城市高于农村（%） | 18.1 | 16.2 | 20.4 | 21.3 | 14.4 |
| 农村高于城市（%） | 11.2 | 12.8 | 8.8 | 8.1 | 15.2 |
| 城乡一个标准（%） | 70.7 | 71.0 | 70.8 | 70.7 | 70.4 |
| 总计（%） | 100 | 100 | 100 | 100 | 100 |

### 四　进城务工人员子女义务教育的接纳

根据教育部公布的《2014 年全国教育事业发展统计公报》，截至 2014 年底，全国义务教育阶段在校生中进城务工人员随迁子女共 1294.73 万人，其中在小学就读 955.59 万人，在初中就读 339.14 万人。② 我国目前有 2 亿多流动人口，进城务工人员子女的教育福利如何实现，是关乎教育公平的重大问题。合理安置进城务工人员随迁子女的义务教育，是我国城市化进程中的一项历史任务；既是义务教育整合发展的重要任务，更是实现义务教育公平的根本要求。

（一）进城务工人员子女接受义务教育的学校选择

保障进城务工人员子女的义务教育权利，首先必须解决承担义务教育的学校，保证孩子有地方读书。调查结果显示，在回答"您认为外来务工人员子女在哪里的学校接受义务教育比较合适"时，有 68.7%的调查对象选择

---

① 吴春霞：《中国城乡义务教育经费差距演变与影响》，《教育科学》2007 年第 6 期。

② 教育部：《2014 年全国教育事业发展统计公报》（http://www.moe.gov.cn/jyb_ xwfb/gzdt_ gzdt/s5987/201507/t20150730_ 196698.html）。

"打工地公办学校"，21.4%的调查对象选择"原居住地学校"。具体如表5—4所示。

表5—4　　　　　　对外来务工人员子女接受义务教育学校的看法

| | 总计 | 重庆 | 厦门 | 苏州 | 红河 |
|---|---|---|---|---|---|
| 人数（人） | 1979 | 500 | 492 | 487 | 500 |
| 原居住地学校（%） | 21.4 | 17.0 | 22.0 | 32.9 | 13.6 |
| 打工地公办学校（%） | 68.7 | 75.8 | 69.7 | 52.0 | 77.4 |
| 打工地民办学校（%） | 9.9 | 7.2 | 8.3 | 15.2 | 9.0 |
| 总计（%） | 100 | 100 | 100 | 100 | 100 |

在四个地区之间，调查对象的意见也存在着一定差异。在苏州地区，支持进城务工子女在当地公办学校就读的比例最低，只有52.0%；相反，认为应该回原居住地接受义务教育的比例最高，接近33%。在红河和重庆两地，超过3/4的调查对象都认为外来务工子女更适合在打工地公办学校就读。综合调查对象的意见，把进城务工人员子女安排在打工地公办学校就读，既能减少打工人员子女回到原籍接受教育所引发的一系列留守儿童问题，也能降低在民办学校就读可能产生的教育风险。

（二）对进城务工人员子女在流入地公办学校编班的态度

进城务工人员子女在流入地公办学校的编班安排，不仅仅是一个教育技术问题，更是一个教育价值取向问题。在"单独编班"和"混合编班"的背后，蕴含着教育者的"教育融合"、"教育排斥"、"教育歧视"等观念。调查结果显示，在回答"您认为在城市公办学校上学的外来务工人员子女如何编班比较合适"时，有82.5%的调查对象选择"混合编班"，反映出绝大多数对象对教育融合的认同。在四个地区之间，苏州地区的公众对混合编班的认同率最低，只有68.0%，低于平均认同率14.6个百分点。具体如表5—5所示。

表 5—5　　　　　　　　对进城务工人员子女在流入地公办学校编班的态度

| | 总计 | 重庆 | 厦门 | 苏州 | 红河 |
|---|---|---|---|---|---|
| 人数（人） | 1973 | 500 | 489 | 484 | 500 |
| 单独编班（%） | 17.5 | 7.0 | 15.7 | 32.0 | 15.2 |
| 与城市生源混合编班（%） | 82.5 | 93.0 | 84.3 | 68.0 | 84.8 |
| 总计（%） | 100 | 100 | 100 | 100 | 100 |

# 第二节　就业保障制度整合意愿

就业是民生之本。就业既是创造福利的途径，也是获得福利的前提。增加就业机会，提高就业能力，提供就业保障，是民生福利保障的根本。民意调查中主要涉及就业歧视判断、就业服务期望和失业保险制度等三个方面。

## 一　就业歧视现象的判断

消除就业歧视，实现就业公平，是促进就业统筹和就业整合的重要任务。调查结果显示，在回答"您认为我国目前存在着哪些就业歧视现象"时，有69.0%的调查对象认为存在"学历歧视"，46.1%的人认为存在"性别歧视"，46.0%的人认为存在"户籍歧视"。具体如表5—6所示。

表 5—6　　　　　　　　　公众眼中的就业歧视现象

| | 总计 | 重庆 | 厦门 | 苏州 | 红河 |
|---|---|---|---|---|---|
| 人数（人） | 1977 | 500 | 491 | 486 | 500 |
| 学历歧视（%） | 69.0 | 66.6 | 67.0 | 63.2 | 79.2 |
| 性别歧视（%） | 46.1 | 44.2 | 45.2 | 44.9 | 50.2 |
| 户籍歧视（%） | 46.0 | 43.0 | 48.9 | 46.1 | 45.8 |
| 民族歧视（%） | 18.6 | 11.6 | 15.5 | 18.3 | 28.8 |

从表5—6中可以看到，公众认为在我国就业市场上不同程度地存在着学历歧视、性别歧视、户籍歧视和民族歧视现象，其中最突出的是学历歧

视。在四个地区之间，经济社会发展相对落后和平均受教育年限最低的红河州民众对学历歧视的"感受"最深，对民族歧视也有更高的认同率。

### 二　对政府和社会提供就业服务的期望

就业服务是就业保障的重要组成部分，是提高就业率和就业质量的有效措施。就业服务的重点对象包括失地农民、农民工、失业的城镇职工和无业的城镇居民四类人群，政府和社会应该为这四类人群提供就业援助。

#### （一）对失地农民就业援助的期望

城镇化进程中产生的失地农民，面临生产方式和生活方式的双重转型，失地农民的职业转换和再就业直接关系到能否成功实现"人的城镇化"。调查结果显示，在回答"您认为政府和社会应该为失地农民提供哪些就业帮助"时，调查对象认为政府和社会应该为失地农民提供多种形式的就业援助，其中认同程度最高的是"提供技能培训"，占调查对象的82.5%；其他援助形式依次是提供工作岗位（69.2%）、提供就业信息（68.3%）、提供创业机会（63.2%）和提供创业补助（53.4%）。具体如表5—7所示。

表5—7　　　　　　政府和社会应该为失地农民提供的就业帮助

|  | 总计 | 重庆 | 厦门 | 苏州 | 红河 |
|---|---|---|---|---|---|
| 人数（人） | 1980 | 500 | 494 | 486 | 500 |
| 提供技能培训（%） | 82.5 | 88.2 | 80.0 | 81.5 | 80.2 |
| 提供工作岗位（%） | 69.2 | 74.6 | 64.6 | 68.5 | 69.2 |
| 提供就业信息（%） | 68.3 | 72.8 | 64.0 | 64.8 | 71.4 |
| 提供创业机会（%） | 63.2 | 65.0 | 61.7 | 58.4 | 67.8 |
| 提供创业补助（%） | 53.4 | 49.2 | 57.1 | 48.6 | 58.6 |
| 其他（%） | 1.4 | 1.4 | 2.8 | 1.0 | 0.4 |

表5—7表明，公众希望政府和社会为失地农民提供多种形式的就业援助，综合发挥各种援助形式的作用。同时，公众把"提供技能培训"排在就业援助的首位，与建设人力资源强国的理念完全一致，在就业援助中要给予高度重视。

（二）对农民工就业援助的期望

人力资源和社会保障部公布的《2014 年度人力资源和社会保障事业发展统计公报》显示，2014 年全国农民工总量达到 27395 万人，比 2013 年增加 501 万人，其中外出农民工 16821 万人。由于农民工自身素质和就业流动性等因素，为农民工提供就业援助非常必要。调查结果显示，在回答"您认为政府和社会应该为农民工提供哪些就业援助"时，公众认为政府和社会应该为农民工提供多种形式的就业援助，其中认同程度最高的是"提供技能培训"，占调查对象的 82.5%；其他援助形式依次是提供就业信息（占 70.8%）、提供工作岗位（占 67.7%）、提供创业机会（占 61.1%）和提供创业补助（占 48.6%）。具体如表 5—8 所示。

表 5—8　　　　　　　　政府和社会应该为农民工提供的就业援助

|  | 总计 | 重庆 | 厦门 | 苏州 | 红河 |
|---|---|---|---|---|---|
| 人数（人） | 1979 | 500 | 493 | 486 | 500 |
| 提供技能培训（%） | 82.5 | 86.0 | 80.3 | 83.3 | 80.4 |
| 提供就业信息（%） | 70.8 | 73.2 | 69.8 | 68.1 | 72.2 |
| 提供工作岗位（%） | 67.7 | 76.2 | 61.9 | 65.4 | 67.2 |
| 提供创业机会（%） | 61.1 | 63.0 | 56.0 | 58.6 | 66.8 |
| 提供创业补助（%） | 48.6 | 48.0 | 48.7 | 41.8 | 56.0 |
| 其他（%） | 1.8 | 3.2 | 2.4 | 0.6 | 0.8 |

表 5—8 表明，在农民工的就业援助上，公众对基本就业帮助的认同度高于创业援助的认同度。就地区差异而言，红河州的调查对象对创业平台搭建（创业机会和创业补助）的关注度明显高于其他三个地区。

（三）对企业失业职工就业援助的期望

根据人力资源和社会保障部公布的数据，2014 年末城镇登记失业人数为 952 万人，城镇登记失业率为 4.09%。调查结果显示，在回答"对于失业的城镇企业职工，您认为最重要的就业援助方式是什么"时，42.8% 的被访者选择"提供新的工作岗位"，34.4% 的人选择"提供免费技能培训"。具体如表 5—9 所示。

表5—9　　　　　　　城镇企业失业职工最重要的就业帮助方式

| | 总计 | 重庆 | 厦门 | 苏州 | 红河 |
|---|---|---|---|---|---|
| 人数（人） | 1882 | 500 | 403 | 479 | 500 |
| 提供新的工作岗位（%） | 42.8 | 47.0 | 43.9 | 32.8 | 47.4 |
| 提供免费技能培训（%） | 34.4 | 31.6 | 34.7 | 35.3 | 36.2 |
| 发放失业救济金（%） | 14.3 | 15.4 | 12.7 | 23.0 | 6.4 |
| 提供就业信息（%） | 7.9 | 5.8 | 7.9 | 8.4 | 9.6 |
| 其他（%） | 0.5 | 0.2 | 0.7 | 0.6 | 0.4 |
| 总计（%） | 100 | 100 | 100 | 100 | 100 |

（四）对无业城镇居民就业援助的期望

在中国的社会福利保障语境中，"城镇居民"是一个比较特殊的人群，一般指没有固定工作单位和固定收入的城镇非从业人员。加强无业或待业城镇居民的就业援助，是我国就业保障整合的一项重要任务。调查结果显示，在回答"对于待业或无业城镇居民，您认为最重要的就业援助方式是什么"时，排在首位的是"提供新的工作岗位"，占调查对象总数的40.9%；排在第二位的是"提供免费技能培训"，有35.6%的人选择此项。具体如表5—10所示。

表5—10　　　　　　　待业或无业城镇居民最重要的就业援助方式

| | 总计 | 重庆 | 厦门 | 苏州 | 红河 |
|---|---|---|---|---|---|
| 人数（人） | 1877 | 500 | 401 | 476 | 500 |
| 提供新的工作岗位（%） | 40.9 | 50.2 | 37.2 | 37.4 | 38.6 |
| 提供免费技能培训（%） | 35.6 | 29.8 | 37.9 | 33.2 | 41.4 |
| 发放基本生活补贴（%） | 14.6 | 11.4 | 17.5 | 20.6 | 9.8 |
| 提供就业信息（%） | 8.4 | 8.0 | 6.5 | 8.4 | 10.2 |
| 其他（%） | 0.5 | 0.6 | 1.0 | 0.4 | 0.0 |
| 总计（%） | 100 | 100 | 100 | 100 | 100 |

从表5—10中可以看出，四个地区间的公众意见有较大差异。厦门和苏州两地，在提供新的工作岗位和提供免费技能培训两个选项上，公众的意见比较接近，尤其厦门地区，都在37%左右。在重庆地区，选择"提供新的工作岗位"的公众比例明显高于其他选项，为50.2%。红河地区情况比较特殊，其最高选项为"提供免费技能培训"，为41.4%，选择"提供新的工作岗位"的比例略低，为38.6%。

### 三　对公务员缴纳失业保险金的意见

在我国现行的失业保险制度设计中，公务员不缴纳失业保险金，但企业职工和事业单位职工却必须参加失业保险。这种制度设计是否公平合理？公众如何看待这一问题？调查结果显示，在回答"您认为公务员有必要缴纳失业保险金吗"时，有55.3%的调查对象认为，公务员缴纳失业保险金是非常必要或必要的；26.2%的调查对象认为，公务员缴纳失业保险金是不必要的；还有18.5%的公众对这一问题表示"不清楚"。具体如表5—11所示。

表5—11　　　　　　　　　对公务员缴纳失业保险金的态度

| | 总计 | 重庆 | 厦门 | 苏州 | 红河 |
|---|---|---|---|---|---|
| 人数（人） | 1980 | 500 | 494 | 486 | 500 |
| 非常必要（%） | 26.1 | 27.2 | 16.2 | 34.0 | 27.0 |
| 必要（%） | 29.2 | 32.6 | 24.9 | 28.8 | 30.6 |
| 不必要（%） | 26.2 | 21.4 | 34.6 | 18.1 | 30.8 |
| 不清楚（%） | 18.5 | 18.8 | 24.3 | 19.1 | 11.6 |
| 总计（%） | 100 | 100 | 100 | 100 | 100 |

进一步分析发现，四个地区的公众意见存在一定差异。厦门地区的公众意见具有"一低两高"的鲜明特点：认为公务员有必要缴纳失业保险金的比例最低（41.1%），选择"不必要"的比例最高（34.6%），选择"不清楚"的比例最高（24.3%）。苏州地区的公众意见具有"一高一低"的特征，选择"有必要"的比例最高（62.8%），选择"不必要"的比例最低（18.1%）。

## 第三节　养老保障制度整合意愿

我国现有四项基本养老保障制度：机关事业单位养老保障制度、城镇企业职工基本养老保险制度、新型农村社会养老保险制度和城镇居民社会养老保险制度。促进四项基本养老保障制度的整合，是我国社会保障体系整合的核心任务之一。本书中的民意调查主要涉及农村居民、农民工、城镇居民、企业职工、事业单位人员、公务员（参公人员）等人群之间的养老保障制度整合。

### 一　农民工适合参加的养老保险制度

农民工是一个流动性的就业人群，在现行的社会养老保障制度体系中，有的参加新型农村社会养老保险制度，有的参加城镇职工基本养老保险制度，有的地方单独建立农民工基本养老保险制度。从公众的角度看，农民工最适合参加哪种社会养老保险制度呢？调查结果显示，在回答"您认为农民工最适合参加哪一种社会养老保险"时，有45.7%的人选择"新型农村社会养老保险"，25.1%的人选择"城镇职工社会养老保险"，选择"城镇居民社会养老保险"和"单独建立养老保险制度"的公众较少，分别占17.3%和11.9%。具体如表5—12所示。

表5—12　　　　　农民工最适合参加的社会养老保险

|  | 总计 | 重庆 | 厦门 | 苏州 | 红河 |
|---|---|---|---|---|---|
| 人数（人） | 1974 | 500 | 490 | 484 | 500 |
| 新型农村社会养老保险（%） | 45.7 | 46.0 | 40.8 | 38.2 | 57.6 |
| 城镇职工社会养老保险（%） | 25.2 | 28.0 | 29.2 | 29.8 | 13.8 |
| 城镇居民社会养老保险（%） | 17.3 | 18.4 | 18.0 | 15.7 | 17.0 |
| 单独建立养老保险制度（%） | 11.9 | 7.6 | 12.0 | 16.3 | 11.6 |
| 总计（%） | 100 | 100 | 100 | 100 | 100 |

进一步分析发现，四个地区的公众态度存在着一定的差异。红河州的城

镇化水平最低，选择"新型农村社会养老保险"的比例最高，达到 57.6%；厦门地区和苏州地区的城镇化水平较高，城乡一体化程度比较高，选择"城镇职工社会养老保险"的比例较高。

## 二　失地农民适合参加的养老保险制度

失地农民是在城市化进程中产生的特殊人群，在现有的社会养老保障制度体系中，有的参加新型农村社会养老保险，有的参加城镇居民社会养老保险，有的地方单独建立失地农民社会养老保险制度。从公众的角度看，失地农民最适合参加哪种社会养老保险制度呢？调查结果显示，在回答"您认为失地农民最适合参加哪一种社会养老保险"时，有 43.4% 的人选择"新型农村社会养老保险"，29.5% 的人选择"城镇居民社会养老保险"，选择"城镇职工社会养老保险"和"单独建立养老保险制度"的公众较少，分别占 14.1% 和 13.1%。具体如表 5—13 所示。

表 5—13　　　　　　　　　　　失地农民最适合参加的社会养老保险

| | 总计 | 重庆 | 厦门 | 苏州 | 红河 |
| --- | --- | --- | --- | --- | --- |
| 人数（人） | 1971 | 500 | 488 | 483 | 500 |
| 新型农村社会养老保险（%） | 43.4 | 37.8 | 41.6 | 43.3 | 50.8 |
| 城镇居民社会养老保险（%） | 29.5 | 38.6 | 27.0 | 25.5 | 26.8 |
| 城镇职工社会养老保险（%） | 14.1 | 14.4 | 16.4 | 18.0 | 7.6 |
| 单独建立养老保险制度（%） | 13.1 | 9.2 | 15.0 | 13.3 | 14.8 |
| 总计（%） | 100 | 100 | 100 | 100 | 100 |

进一步分析发现，四个地区的公众态度存在着一定的差异。厦门、苏州和红河地区的公众，排在第一位的选择是"新型农村社会养老保险"，分别为 41.6%、43.3% 和 50.8%。而重庆地区有点例外，排在第一位的选择是"城镇居民社会养老保险"，这可能与重庆地区的户籍制度改革和加速城镇化相关。

### 三 对城乡居民养老保险制度整合的态度

(一) 对统一城乡居民基础养老金的态度

我国先后于 2009 年、2011 年开展新型农村社会养老保险和城镇居民社会养老保险试点，到 2012 年底已经实现两项社会养老保险制度全覆盖。在两项社会养老保险政策的规定中，基础养老金由政府公共财政承担。推进城乡居民基本养老保险制度整合，最根本的是实现基础养老金标准的统一。调查结果显示，在回答"您赞成农村居民与城镇居民享受相同标准的基础养老金吗"时，有 80.9% 的调查对象赞成统一，仅有 13.5% 的人明确表示不赞成。具体如表 5—14 所示。

表 5—14　　　　　　　对城乡居民享受相同标准基础养老金的态度

| | 总计 | 重庆 | 厦门 | 苏州 | 红河 |
|---|---|---|---|---|---|
| 人数（人） | 1981 | 500 | 494 | 487 | 500 |
| 非常赞成（%） | 51.9 | 57.4 | 53.6 | 50.9 | 45.8 |
| 比较赞成（%） | 29.0 | 25.8 | 29.4 | 30.6 | 30.0 |
| 不太赞成（%） | 11.3 | 10.4 | 8.9 | 9.4 | 16.4 |
| 非常不赞成（%） | 2.2 | 2.0 | 2.4 | 1.8 | 2.6 |
| 不清楚（%） | 5.6 | 4.4 | 5.7 | 7.2 | 5.2 |
| 总计（%） | 100 | 100 | 100 | 100 | 100 |

进一步分析发现，在统一城乡居民基础养老金标准问题上，四个地区的公众态度差异较小。重庆、厦门、苏州、红河四地公众，持有赞成态度的比例分别是 83.2%、83.0%、81.5%、75.8%。在一定程度上可以说，统一城乡居民基础养老金标准是不同经济发展水平地区的一致需求。

(二) 对基础养老金统筹层次的意见

我国的行政区划分为不同层次，统一城乡居民基础养老金标准，需要考虑统筹层次即行政区划的范围。根据我国现行的行政区划层级，城乡居民基础养老金的统筹层次可分为四个层次：县级统一、州（市）统一、省级统一和全国统一。调查结果显示，排在第一位的意见是"全国统一"，占

33.6%；排在第二位的是"全市（州）统一"，占 29.0%；支持"全县统一"的比例最低，只有 12.9%，排序最后。具体如表 5—15 所示。

表 5—15　　　　　　　　　对城乡居民基础养老金标准统一层次的意见

| | 总计 | 重庆 | 厦门 | 苏州 | 红河 |
|---|---|---|---|---|---|
| 人数（人） | 1980 | 500 | 494 | 486 | 500 |
| 全国统一（%） | 33.6 | 43.2 | 24.5 | 20.0 | 46.8 |
| 全省统一（%） | 17.0 | 15.2 | 14.0 | 19.3 | 19.4 |
| 全市（州）统一（%） | 29.0 | 23.8 | 41.7 | 34.4 | 16.2 |
| 全县统一（%） | 12.9 | 10.2 | 10.1 | 19.3 | 12.0 |
| 不清楚（%） | 7.5 | 7.6 | 9.7 | 7.0 | 5.6 |
| 总计（%） | 100 | 100 | 100 | 100 | 100 |

　　进一步分析发现，在基础养老金标准的统筹层次上，四个地区的公众意见差别较大。在重庆和红河，支持"全国统一"的比例最高，分别占该地区调查对象总数的 43.2%和 46.8%。在厦门和苏州两地，支持"全市（州）统一"的比例最高，分别占该地区调查对象总数的 41.7%和 34.4%。此外，苏州地区的公众意见比较分散，支持"县级统一"和"省级统一"的比例各占约 20%。总体而言，调查对象主要集中在全国统一或在全市（州）统一，不倾向于最低级别的县级统一。

### 四　对公务员与事业单位人员养老保障制度整合的态度

　　2008 年初，国务院通过《事业单位工作人员养老保险制度改革试点方案》；2009 年 1 月，人力资源和社会保障部公布《事业单位养老保险制度改革方案》，正式确定在山西、上海、浙江、广东和重庆五个省市开展事业单位养老保险制度改革试点工作。由于受多种因素限制，各试点省市进展缓慢。2014 年 10 月前，我国绝大多数地区的公务员和事业单位人员实行公共财政支持的退休金制度。机关事业单位与企业职工养老金"双轨制"的弊端日益显现，改革"双轨制"养老保障制度的呼声越来越高。调查结果显示，在回答"您认为公务员和事业单位人员的养老保障应该实行一个制度吗"时，有74.6%的调查对象认为应该实行一个制度，只有12.3%的公众认为两者应该实行不同制度，还有13.1%的公众在这个问题上表示"不清楚"。具体如表5—16所示。

表5—16　　　　　对公务员和事业单位人员养老保障制度整合的意见

| | 总计 | 重庆 | 厦门 | 苏州 | 红河 |
|---|---|---|---|---|---|
| 人数（人） | 1971 | 500 | 493 | 478 | 500 |
| 同一个制度（%） | 74.6 | 77.4 | 73.1 | 76.8 | 71.0 |
| 不同的制度（%） | 12.3 | 9.8 | 10.5 | 10.9 | 18.0 |
| 不清楚（%） | 13.1 | 12.8 | 16.4 | 12.3 | 11.0 |
| 总计（%） | 100 | 100 | 100 | 100 | 100 |

### 五　对事业单位人员与企业职工养老保险制度整合的态度

2014年10月前，我国绝大多数事业单位职工没有参加城镇职工基本养老保险制度，其参照系仍然是国家机关职工的养老保障制度。调查结果显示，在回答"您认为事业单位人员和企业职工的养老保障应该实行一个制度吗"时，有71.4%的调查对象认为应该实行一个制度，有18.2%的公众认为两者应该实行不同制度，还有10.5%的公众表示"不清楚"。具体如表5—17所示：

表5—17　　　　　对事业单位人员和企业职工养老保障整合的意见

| | 总计 | 重庆 | 厦门 | 苏州 | 红河 |
|---|---|---|---|---|---|
| 人数（人） | 1975 | 500 | 492 | 483 | 500 |
| 同一个制度（%） | 71.4 | 73.6 | 74.4 | 74.3 | 63.2 |
| 不同的制度（%） | 18.2 | 14.8 | 14.2 | 17.2 | 26.4 |
| 不清楚（%） | 10.5 | 11.6 | 11.4 | 8.5 | 10.4 |
| 总计（%） | 100 | 100 | 100 | 100 | 100 |

# 第四节  医疗保障制度整合意愿

我国现行的基本医疗保险制度包括新型农村合作医疗制度、城镇居民基本医疗保险制度和城镇职工基本医疗保险制度。在推进基本医疗保险制度整合过程中，中央政府已提出明确要求，优先整合新型农村合作医疗和城镇居民基本医疗保险，建立一体化的城乡居民基本医疗保险制度。本书从三个方面调查了解公众对医疗保障制度整合的态度、看法、意见和建议。

## 一  新型农村合作医疗制度整合的意愿

### （一）农民工适合参加的医保制度

在医疗保险制度实践中，农民工由于户籍身份，基本都参加了新型农村合作医疗制度，也有部分农民工参加城镇职工基本医疗保险制度，有的同时参加两项医疗保险制度。从公众的角度看，农民工比较适合参加哪个基本医疗保险制度呢？调查结果显示，在回答"您认为农民工最适合参加哪一种社会医疗保险"时，有42.7%的调查对象选择"新型农村合作医疗"，25.5%的调查对象选择"城镇职工基本医疗保险"，还有10.6%的调查对象选择"单独设立医疗保险"。具体如表5—18所示。

表5—18　　　　　　　　农民工最适合参加的社会医疗保险

|  | 总计 | 重庆 | 厦门 | 苏州 | 红河 |
|---|---|---|---|---|---|
| 人数（人） | 1975 | 500 | 489 | 486 | 500 |
| 新型农村合作医疗（%） | 42.7 | 44.2 | 34.8 | 36.4 | 55.4 |
| 城镇职工基本医疗保险（%） | 25.5 | 27.8 | 29.0 | 30.5 | 14.8 |
| 城镇居民基本医疗保险（%） | 21.3 | 21.4 | 25.2 | 19.3 | 19.0 |
| 单独设立医疗保险（%） | 10.6 | 6.6 | 11.0 | 13.8 | 10.8 |
| 总计（%） | 100 | 100 | 100 | 100 | 100 |

进一步分析发现，四个地区的公众意见存在一定差异。选择新型农村合作医疗制度的比例，厦门最低，只占34.8%；红河最高，达到55.4%。选择

城镇职工基本医疗保险制度的比例，苏州最高，达到 30.5%；红河最低，只有 14.8%。总体而言，经济水平相对落后的重庆和红河，选择新型农村合作医疗制度的比例高于经济相对发达的苏州和厦门。

（二）失地农民适合的医保制度

在现行的医疗保障制度体系中，失地农民最初参加新型农村合作医疗制度。随着部分失地农民转为城镇居民，其基本医疗保障也转为城镇居民基本医疗保险制度。从我国经济社会的发展趋势看，失地农民重新"回到农民"的可能性微乎其微，走向市民化是必然选择。从公众的角度看，失地农民最适合参加哪种社会医疗保险制度呢？调查结果显示，在回答"您认为失地农民最适合参加哪一种社会医疗保险"时，排在第一位的是"新型农村合作医疗"，占 41.7%；第二位是"城镇居民基本医疗保险"，占 33.6%；第三位是"城镇职工基本医疗保险"，占 14.0%；最后是"单独设立医疗保险"，仅占 10.8%。具体如表 5—19 所示。

表 5—19　　　　　　　　　失地农民最适合参加的社会医疗保险

| | 总计 | 重庆 | 厦门 | 苏州 | 红河 |
|---|---|---|---|---|---|
| 人数（人） | 1968 | 500 | 486 | 482 | 500 |
| 新型农村合作医疗（%） | 41.7 | 36.4 | 39.5 | 40.9 | 49.8 |
| 城镇居民基本医疗保险（%） | 33.6 | 43.0 | 31.7 | 29.7 | 29.8 |
| 城镇职工基本医疗保险（%） | 14.0 | 13.4 | 16.5 | 18.3 | 7.8 |
| 单独设立医疗保险（%） | 10.8 | 7.2 | 12.3 | 11.2 | 12.4 |
| 不清楚（%） | 0.1 | 0 | 0 | 0 | 0.2 |
| 总计（%） | 100 | 100 | 100 | 100 | 100 |

进一步分析发现，四个地区的公众意见存在一定差异。在重庆，公众的第一选择是"城镇居民基本医疗保险"而非"新型农村合作医疗"，这一结果与重庆市的户籍制度改革和统筹城乡社会保障体系建设实践密切相关。在苏州和红河，40% 以上的公众认为新型农村合作医疗更适合失地农民，各占 40.9% 和 49.8%。综合而言，对于失地农民的医疗保险制度安排，比较可行的方法是整合新型农村合作医疗和城镇居民基本医疗保险，建立城乡一体化

的居民基本医疗保险制度，而非单独设立医疗保险制度或参加城镇职工基本医疗保险。

（三）对取消新农合家庭账户的态度

新型农村合作医疗制度是以大病统筹为主的农民医疗互助共济制度。2004 年 1 月，在国务院办公厅转发卫生部等部门《关于进一步做好新型农村合作医疗试点工作指导意见的通知》（国办发〔2004〕3 号）中提出："合理设置统筹基金与家庭账户。"《通知》规定："在建立大病统筹基金的同时，可建立家庭账户。可用个人缴费的一部分建立家庭账户，由个人用于支付门诊医疗费用；个人缴费的其余部分和各级财政补助资金建立大病统筹基金，用于参加新型农村合作医疗农民的大额或住院医疗费用的报销。……各地区根据实际确定门诊费用的报销比例，引导农民合理使用家庭账户。家庭账户结余资金，可以结转到下一年度使用。"新型农村合作医疗制度运行十余年来，家庭账户在吸引农民参合、鼓励农民利用门诊服务、发展新农合等方面起到了重要作用；同时也存在筹资水平较低、管理成本较高、纵向积累功能缺失等问题。[1]针对家庭账户存在的不足，学术界对新农合家庭账户的存废问题进行过探讨，宁夏、江西、安徽等地取消了家庭账户，实行"门诊统筹"与"大病统筹"相结合的补偿模式。调查结果显示，对于取消家庭账户，不赞成的人数略高于赞成的人数。在回答"您赞成取消新型农村合作医疗的家庭账户吗"时，有 38.0% 的调查对象选择"赞成"，40.9% 的人表示"不赞成"，还有 21.1% 的人表示"不清楚"。具体如表 5—20 所示。

表 5—20　　　　　　　　　　对取消新农合家庭账户的态度

| | 总计 | 重庆 | 厦门 | 苏州 | 红河 |
|---|---|---|---|---|---|
| 人数（人） | 1979 | 500 | 493 | 486 | 500 |
| 非常赞成（%） | 18.1 | 21.6 | 17.4 | 20.4 | 12.8 |
| 比较赞成（%） | 19.9 | 24.0 | 19.3 | 22.4 | 14.0 |
| 不太赞成（%） | 32.1 | 30.4 | 29.6 | 25.1 | 43.4 |

---

[1] 朱坤、程晓明等：《新型农村合作医疗门诊家庭账户分析》，《中国卫生资源》2007 年第 3 期。

续表

|  | 总计 | 重庆 | 厦门 | 苏州 | 红河 |
|---|---|---|---|---|---|
| 非常不赞成（%） | 8.8 | 8.8 | 8.3 | 6.4 | 11.8 |
| 不清楚（%） | 21.1 | 15.2 | 25.4 | 25.7 | 18.0 |
| 总计（%） | 100 | 100 | 100 | 100 | 100 |

进一步分析发现，在新农合家庭账户取消问题上，不同区域间的差异十分明显。在厦门，表示赞成的人数和不赞成的人数基本相当，分别占36.7%和37.9%；在苏州，持赞成态度的比例高于不赞成的比例，二者之间相差11.3个百分点；在红河，有55.2%的公众持不赞成态度，只有36.8%的公众持赞成态度。因此，公众在是否取消新型农村合作医疗中的家庭账户上尚存争议，认识尚未统一，不宜采取一刀切的简单方法处理，需根据不同地区实际提出具有针对性的方案。

## 二 整合新型农村合作医疗与城镇居民基本医疗保险的意愿

随着进城务工人员日益增加，常住人口城镇化水平不断提高，建立在户籍分离和管理分离基础上的新型农村合作医疗制度和城镇居民基本医疗保险制度，越来越不适应公平性和流动性的需要，推进二者之间的合并、并轨和整合已是大势所趋。调查结果显示，在回答"您认为新型农村合作医疗与城镇居民基本医疗保险有必要合并吗"时，有69.8%的调查对象认为"有必要"，只有18.9%的调查对象认为"没必要"。具体如表5—21所示。

表5—21　　　对合并新型农村合作医疗与城镇居民基本医疗保险的态度

|  | 总计 | 重庆 | 厦门 | 苏州 | 红河 |
|---|---|---|---|---|---|
| 人数（人） | 1980 | 500 | 493 | 487 | 500 |
| 非常必要（%） | 28.4 | 40.6 | 28.2 | 24.6 | 20.0 |
| 有必要（%） | 41.4 | 37.0 | 42.0 | 45.2 | 41.2 |
| 没必要（%） | 16.1 | 11.6 | 13.4 | 15.6 | 23.6 |
| 完全没必要（%） | 2.8 | 2.0 | 1.6 | 2.1 | 5.6 |

续表

|  | 总计 | 重庆 | 厦门 | 苏州 | 红河 |
|---|---|---|---|---|---|
| 不清楚（%） | 11.4 | 8.8 | 14.8 | 12.5 | 9.6 |
| 总计（%） | 100 | 100 | 100 | 100 | 100 |

综合分析发现，重庆、厦门、苏州和红河，各有 77.6%、70.2%、69.9% 和 61.2% 的调查对象肯定了合并城乡居民基本医疗保险制度的必要性。高达 70% 的调查对象认同整合的必要性，说明推进新型农村合作医疗制度与城镇居民基本医疗保险制度整合具有广泛的民意基础。相比而言，重庆公众对整合必要性的认同率达到 77.6%，是四个地区中最高的，这与重庆建立和实践城乡一体化的居民合作医疗保险制度密切相关。红河的公众认同率最低，与该地尚未开展整合实践相关。

### 三 对取消城镇职工医保个人账户的态度

1998 年 12 月 14 日，国务院发布《关于建立城镇职工基本医疗保险制度的决定》（国发〔1998〕44 号），决定建立社会统筹和个人账户相结合的城镇职工基本医疗保险制度。《决定》规定：建立由统筹基金和个人账户构成基本医疗保险基金，职工个人缴纳的基本医疗保险费，全部计入个人账户；用人单位缴纳的基本医疗保险费分为两部分，一部分用于建立统筹基金，一部分划入个人账户，划入个人账户的比例一般为用人单位缴费的 30% 左右；统筹基金和个人账户要划定各自的支付范围，分别核算，不得相互挤用；个人账户的本金和利息归个人所有，可以结转使用和继承。学术界对个人账户的功能和作用一直存在着争论，部分学者主张取消个人账户，大多数学者主张保留个人账户并对其进行完善和重新定位。薛惠元和张翼系统梳理了关于个人账户利弊的各种观点，建议改革现行统账结合的城镇职工基本医疗保险制度，逐步取消个人账户。[①] 夏艳清利用全国医保个人账户抽样调查数据，

---

① 薛惠元、张翼：《医疗保险个人账户何去何从———一个研究述评》，《广西经济管理干部学院学报》2010 年第 3 期。

剖析个人账户起到的积极作用和存在的问题，提出应逐步取消医保个人账户。[①] 那么，公众是如何看待这个问题呢？调查结果显示，在回答"您赞成取消城镇职工基本医疗保险的个人账户吗"时，有 48.3% 的人选择"不赞成"，31.5% 的人选择"赞成"，20.2% 的人表示"不清楚"。具体如表 5—22 所示。

表 5—22　　　　　　对取消城镇职工基本医疗保险个人账户的态度

|  | 总计 | 重庆 | 厦门 | 苏州 | 红河 |
|---|---|---|---|---|---|
| 人数（人） | 1973 | 500 | 490 | 483 | 500 |
| 非常赞成（%） | 15.1 | 17.4 | 14.9 | 17.2 | 11.0 |
| 比较赞成（%） | 16.4 | 22.0 | 14.5 | 15.7 | 13.4 |
| 不太赞成（%） | 34.4 | 33.6 | 33.1 | 30.8 | 40.0 |
| 非常不赞成（%） | 13.9 | 11.2 | 14.1 | 13.9 | 16.4 |
| 不清楚（%） | 20.2 | 15.8 | 23.5 | 22.4 | 19.2 |
| 总计（%） | 100 | 100 | 100 | 100 | 100 |

从地区差异看，持赞成比例最高的是重庆市，接近 40%，略高于其他三个地区，厦门、苏州和红河都在 30% 上下。持不赞成态度的以红河州的比例最高，达到 56.4%。总体而言，多数公众对取消个人账户持反对意见，不宜强行取消。

## 第五节　住房保障制度整合意愿

"安居乐业"是基础的民生需求，"住有所居"是基本的民生保障。目前，我国公众获得住房的基本途径有四条：购买商品房、自己建房、申请保障房、享受福利房。从可行性的角度看，单独靠一种方式不能解决住房保障问题，四种方式应该有主次轻重之分。调查结果显示，在解决我国民众住房

---

① 夏艳清：《城镇职工医保个人账户应保留还是取消——基于部分地区医保个人账户抽样调查数据的分析》，《宏观经济研究》2014 年第 4 期。

问题的主要方法上，排在第一位的是"主要靠保障房"，占调查对象的68.0%；其中厦门比例最高，达到73.4%。排在第二位的是"主要靠自建房"，占调查对象的13.0%，苏州比例最高为17.2%。排在第三位的是"主要靠商品房"，占调查对象的10.9%。排在末尾的是"主要靠福利房"，占调查对象的8.2%。四地公众把"保障性住房"作为解决住房保障的首要方法，反映出公众对保障性住房的认可。具体如表5—23所示。

表5—23　　　　　　　解决我国民众住房问题的主要方法

| | 总计 | 重庆 | 厦门 | 苏州 | 红河 |
|---|---|---|---|---|---|
| 人数（人） | 1971 | 500 | 488 | 483 | 500 |
| 主要靠保障房（%） | 68.0 | 67.8 | 73.4 | 63.6 | 67.0 |
| 主要靠自建房（%） | 13.0 | 11.6 | 11.9 | 17.2 | 11.2 |
| 主要靠商品房（%） | 10.9 | 10.4 | 9.6 | 11.4 | 12.2 |
| 主要靠福利房（%） | 8.2 | 10.2 | 5.1 | 7.9 | 9.6 |
| 总计（%） | 100 | 100 | 100 | 100 | 100 |

## 第六节　社会救助制度整合意愿

社会救助是实现底线福利公平的基本途径，社会救助制度整合是社会福利体系整合的重要任务。本书重点调查公众对农村五保供养制度整合、城乡最低生活保障制度整合、城乡医疗救助制度整合的意愿和态度。

### 一　对农村五保标准统筹层次的态度

农村五保供养制度是中国特色的生活救助制度，主要采取集中供养和分散供养两种形式提供生活保障。在实践操作中，我国各地农村五保供养标准的统筹层次不一，促进统筹层次统一是平等享受供养待遇和提高供养公平性的有效措施。调查结果显示，在回答"您认为农村五保供养标准应该在哪个层次统一"时，公众的看法和态度既有共同性也有差异性。就整体而言，排在第一位的选择是"全国统一"（占28.3%），但与排在第二位的"全市（州）统一"（占27.6%）差距不大。具体如表5—24所示。

表5—24　　　　　　　　　　对农村五保供养标准统筹层次的看法

| | 总计 | 重庆 | 厦门 | 苏州 | 红河 |
|---|---|---|---|---|---|
| 人数（人） | 1977 | 500 | 491 | 486 | 500 |
| 全国统一（%） | 28.3 | 38.2 | 20.6 | 16.3 | 38.0 |
| 全市（州）统一（%） | 27.6 | 22.6 | 36.7 | 35.0 | 16.0 |
| 全省统一（%） | 21.8 | 22.2 | 18.9 | 20.2 | 25.8 |
| 全县统一（%） | 14.3 | 11.0 | 13.6 | 19.5 | 13.0 |
| 不清楚（%） | 8.1 | 6.0 | 10.2 | 9.1 | 7.2 |
| 总计（%） | 100 | 100 | 100 | 100 | 100 |

就地区而言，四个地方的差异比较大。重庆和红河的公众把"全国统一"排在第一位，分别占当地调查对象的38.2%和38.0%；厦门和苏州的公众把"全市（州）统一"排在第一位，分别占当地调查对象的36.7%和35.0%。排在第二位的选择，重庆是"全市（州）统一"（22.6%），厦门是"全国统一"（20.6%），苏州和红河选择"全省统一"的分别占当地调查对象的20.2%和25.8%。

## 二　对城乡最低生活保障统筹的态度

### （一）对农村低保标准统筹层次的看法

在我国农村最低生活保障制度的实际运行中，测定最低生活保障线的方法有多种，不同地区之间的最低生活保障线和补差标准也不尽一致。提高低保标准的统筹层次，缩小低保标准的地区差异，是提高最低生活保障制度公平性的重要措施。调查结果显示，在回答"您认为农村低保标准应该在哪个层次上统一"时，公众的看法既有共同性也有差异性。就整体而言，排在第一位的选择是"全市（州）统一"（占29.5%），但与排在第二位的"全国统一"（占27.6%）之间的差距不大。具体如表5—25所示。

表 5—25                        对农村低保标准统筹层次的看法

| | 总计 | 重庆 | 厦门 | 苏州 | 红河 |
|---|---|---|---|---|---|
| 人数（人） | 1980 | 500 | 494 | 486 | 500 |
| 全市（州）统一（%） | 29.5 | 23.0 | 38.1 | 37.0 | 20.0 |
| 全国统一（%） | 27.6 | 37.6 | 18.8 | 15.4 | 38.4 |
| 全省统一（%） | 21.2 | 23.0 | 18.2 | 19.1 | 24.6 |
| 全县统一（%） | 14.9 | 11.4 | 16.0 | 20.0 | 12.2 |
| 不清楚（%） | 6.8 | 5.0 | 8.9 | 8.4 | 4.8 |
| 总计（%） | 100 | 100 | 100 | 100 | 100 |

就地区而言，差异却比较明显。重庆和红河的公众把"全国统一"排在第一位，分别占当地调查对象的 37.6% 和 38.4%；厦门和苏州的公众把"全市（州）统一"排在第一位，分别占当地调查对象的 38.1% 和 37.0%。排在第二位的选择，重庆公众选择"全市（州）统一"和"全国统一"的比例相同（均为 23.0%），红河公众的选择是"全省统一"（24.6%），厦门公众的选择是"全国统一"（18.8%），苏州公众的选择"全县统一"（20.0%）。

（二）对城市低保标准统筹层次的看法

我国于 1997 年开始建立城市居民最低生活保障制度，已实现了"应保尽保"目标，完成了城市特困群体最低生活保障的普遍覆盖。在实际操作中，由于各地的经济发展水平不同，最低生活保障支出不同，不同层次的城市之间低保水平存在着差异。提高城市低保的统筹层次，缩小城市间低保水平差异，是城市低保制度整合的任务之一。调查结果显示，在回答"您认为城市低保标准应该在哪个层次统一"时，排在第一位的选择是"全市（州）统一"。有 34.8% 的公众选择"全市（州）统一"，有 28.0% 的公众选择"全国统一"，有 21.9% 的公众选择"全省统一"，只有 9.5% 的公众选择"全县统一"。具体如表 5—26 所示。

表 5—26　　　　　　　　　对城市低保标准统筹层次的看法

| | 总计 | 重庆 | 厦门 | 苏州 | 红河 |
|---|---|---|---|---|---|
| 人数（人） | 1980 | 500 | 493 | 487 | 500 |
| 全市（州）统一（%） | 34.8 | 25.6 | 47.7 | 43.7 | 22.0 |
| 全国统一（%） | 28.0 | 37.2 | 19.7 | 15.4 | 39.8 |
| 全省统一（%） | 21.9 | 23.8 | 17.2 | 21.8 | 24.6 |
| 全县统一（%） | 9.5 | 8.4 | 7.3 | 13.1 | 9.0 |
| 不清楚（%） | 5.9 | 5.0 | 8.1 | 6.0 | 4.6 |
| 总计（%） | 100 | 100 | 100 | 100 | 100 |

　　在四个地区之间，公众的第一选择存在明显差异。在经济发展相对落后的重庆和红河，"全国统一"成为公众的第一选择，分别占当地调查对象的37.2%和39.8%。在经济相对发达的厦门和苏州，"全市（州）统一"成为公众的首选，分别占当地调查对象的47.7%和43.7%。由此可以看到，经济发展水平与公众统筹层次意愿之间存在负相关关系，经济相对落后地区的公众，希望统筹层次越高越好。

（三）对城乡低保标准统筹层次的看法

　　在我国的城乡低保制度运行过程中，同一层级行政区划范围内的农村低保标准与城市低保标准是分别设定的，在同一层次行政区划范围内的低保标准存在着明显的城乡差异，城市低保标准高于农村低保标准。实现城乡低保制度统筹与整合，应该逐步缩小城乡低保标准之间的差距。调查结果显示，在回答"如果统一城乡低保标准，您认为应该在哪个层次上统一"时，公众的第一选择是"全市（州）统一"。有33.9%的公众选择"全市（州）统一"，有27.4%的公众选择"全国统一"，有20.8%的公众选择"全省统一"，只有11.4%的公众选择"全县统一"。具体分布情况如表5—27所示。

表 5—27　　　　　　　　　对城乡低保标准统筹层次的看法

|  | 总计 | 重庆 | 厦门 | 苏州 | 红河 |
|---|---|---|---|---|---|
| 人数（人） | 1978 | 500 | 493 | 485 | 500 |
| 全市（州）统一（%） | 33.9 | 25.2 | 45.4 | 44.3 | 20.6 |
| 全国统一（%） | 27.4 | 36.6 | 17.6 | 14.6 | 40.8 |
| 全省统一（%） | 20.8 | 24.0 | 18.3 | 18.4 | 22.4 |
| 全县统一（%） | 11.4 | 8.6 | 9.5 | 15.3 | 12.0 |
| 不清楚（%） | 6.6 | 5.6 | 9.1 | 7.4 | 4.2 |
| 总计（%） | 100 | 100 | 100 | 100 | 100 |

在四个地区之间，公众的第一选择存在明显差异。在经济发展相对落后的重庆和红河，"全国统一"成为第一选择，分别占当地调查对象的 36.6%和 40.8%。在经济相对发达的厦门和苏州，公众的首选是"全市（州）统一"，分别占当地调查对象的 45.4%和 44.3%。由此可以看到，经济发展水平与公众统筹层次意愿之间存在着一种负相关关系，经济相对落后地区的公众，希望统筹层次越高越好。

### 三　城乡医疗救助统筹的意愿

医疗救助既是社会救助体系的组成部分，也是医疗保障体系的组成部分。推进城乡医疗救助制度的统筹与整合，是实现城乡医疗救助公平的具体措施。在本书中，重点调查了公众对城乡医疗救助标准统筹的态度、看法和意见。

#### （一）对农村医疗救助标准统筹层次的看法

2013 年 11 月，民政部、卫生部、财政部联合发布《关于实施农村医疗救助的意见》，针对患大病农村五保户和贫困农民家庭实行医疗救助制度。医疗救助基金主要通过各级财政拨款和社会各界自愿捐助等多渠道筹集，对因患大病个人负担费用难以承担并影响家庭基本生活的个人（家庭），以现金形式给予适当补助。调查结果显示，在回答"您认为农村医疗救助标准应该在哪个层次统一"时，公众的第一选择是"全市（州）统一"。有 30.0%的公众选择"全市（州）统一"，有 27.8%的公众选择"全国统一"，有

22.7%的公众选择"全省统一"，只有13.3%的公众选择"全县统一"。具体如表5—28所示。

表 5—28　　　　　　　　　　对农村医疗救助标准统筹层次的看法

| | 总计 | 重庆 | 厦门 | 苏州 | 红河 |
|---|---|---|---|---|---|
| 人数（人） | 1977 | 500 | 494 | 483 | 500 |
| 全市（州）统一（%） | 30.0 | 24.2 | 39.9 | 38.3 | 17.4 |
| 全国统一（%） | 27.8 | 35.8 | 20.0 | 15.9 | 39.6 |
| 全省统一（%） | 22.7 | 24.8 | 19.4 | 17.4 | 29.0 |
| 全县统一（%） | 13.3 | 10.2 | 11.3 | 21.1 | 10.6 |
| 不清楚（%） | 6.2 | 5.0 | 9.3 | 7.2 | 3.4 |
| 总计（%） | 100 | 100 | 100 | 100 | 100 |

在四个地区之间，公众的第一选择存在着一定差异。在重庆和红河，"全国统一"成为第一选择，分别占当地调查对象的35.8%和39.6%。在厦门和苏州，公众的首选是"全市（州）统一"，分别占当地调查对象的39.9%和38.3%。

（二）对城市医疗救助标准统筹层次的看法

2005年3月，国务院办公厅转发民政部等部门《关于建立城市医疗救助制度试点工作意见的通知》，提出建立城市医疗救助制度。救助对象主要是未参加城镇职工基本医疗保险的低保人员、已参加城镇职工基本医疗保险但个人负担仍然较重的人员和其他特殊困难群众，救助基金主要来源于财政预算拨款、专项彩票公益金、社会捐助等渠道。调查结果显示，在回答"您认为城市医疗救助标准应该在哪个层次统一"时，公众的第一选择是"全市（州）统一"。有33.2%的公众选择"全市（州）统一"，有29.6%的公众选择"全国统一"，有23.6%的公众选择"全省统一"，只有8.2%的公众选择"全县统一"。具体如表5—29所示。

表 5—29              对城市医疗救助标准统筹层次的看法

|  | 总计 | 重庆 | 厦门 | 苏州 | 红河 |
|---|---|---|---|---|---|
| 人数（人） | 1978 | 500 | 493 | 485 | 500 |
| 全市（州）统一（%） | 33.2 | 25.2 | 43.4 | 43.9 | 20.2 |
| 全国统一（%） | 29.3 | 38.6 | 23.1 | 13.8 | 41.8 |
| 全省统一（%） | 23.6 | 24.6 | 17.4 | 23.5 | 29.0 |
| 全县统一（%） | 8.2 | 6.2 | 7.3 | 13.6 | 5.8 |
| 不清楚（%） | 5.7 | 5.4 | 8.7 | 5.2 | 3.2 |
| 总计（%） | 100 | 100 | 100 | 100 | 100 |

在四个地区之间，公众的第一选择存在着一定差异。在重庆和红河，
"全国统一"成为第一选择，分别占当地调查对象的 38.6% 和 41.8%。在厦
门和苏州，公众的首选是"全市（州）统一"，分别占当地调查对象的
43.4% 和 43.9%。

（三）对城乡医疗救助标准统筹层次的看法

2009 年 6 月，民政部等五部门联合发布《关于进一步完善城乡医疗救
助制度的意见》，进一步明确了城乡医疗救助的范围、方式、内容和方案，
推进了城乡医疗救助制度的统筹与整合。城乡医疗救助标准统筹是城乡医疗
救助制度统筹的核心环节，是实现城乡医疗救助公平的重要保障。调查结果
显示，在回答"如果统一城乡医疗救助标准，你认为应该在哪个层次上统
一"时，公众的第一选择是"全市（州）统一"。有 33.4% 的公众选择"全
市（州）统一"，有 27.4% 的公众选择"全国统一"，有 23.8% 的公众选择
"全省统一"，只有 9.4% 的公众选择"全县统一"。具体如表 5—30 所示。

表 5—30              对城乡医疗救助标准统筹层次的看法

|  | 总计 | 重庆 | 厦门 | 苏州 | 红河 |
|---|---|---|---|---|---|
| 人数（人） | 1977 | 500 | 494 | 483 | 500 |
| 全市（州）统一（%） | 33.4 | 25.8 | 43.9 | 45.1 | 18.8 |
| 全国统一（%） | 27.4 | 36.4 | 20.4 | 13.5 | 39.4 |

续表

|  | 总计 | 重庆 | 厦门 | 苏州 | 红河 |
|---|---|---|---|---|---|
| 全省统一（%） | 23.8 | 26.2 | 18.4 | 21.3 | 29.4 |
| 全县统一（%） | 9.4 | 6.0 | 8.1 | 13.9 | 9.4 |
| 不清楚（%） | 6.0 | 5.6 | 9.1 | 6.2 | 3.0 |
| 总计（%） | 100 | 100 | 100 | 100 | 100 |

在四个地区之间，公众的第一选择存在着一定差异。在重庆和红河，"全国统一"成为第一选择，分别占当地调查对象的 36.4% 和 39.4%。在厦门和苏州，公众的首选是"全市（州）统一"，分别占当地调查对象的 43.9% 和 45.1%。

综上所述，在社会救助制度的整合意愿上，受访公众的意愿有两个显著特点：一是"全市（州）统一"的认同度最高。无论是城乡低保标准的统筹层次，还是城乡医疗救助标准的统筹层次，排在第一位的公众选择都是"全市（州）统一"。二是地区间的第一选择与经济发展水平相关。经济相对落后的重庆和红河，公众首选"全国统一"；经济相对发达的厦门和苏州，公众首选"全市（州）统一"。

## 第七节　社会服务体系整合意愿

从大福利视阈看，社会服务是一种越来越重要的福利类型，包括面向全体社会成员的普惠服务和面向弱势群体的特惠服务，社会服务体系整合是社会福利体系整合的内在要求。在社会服务体系建设中，要优先发展满足弱势群体需求的社会服务项目；在社会服务体系整合过程中，要优先统筹与整合弱势群体的社会服务体系。在本书中，重点调查公众对养老社会服务、儿童社会服务、妇女社会服务和残疾人社会服务整合的态度、看法和意见。

### 一　养老社会服务整合的意愿

我国自 1999 年进入老龄化社会以来，人口老龄化加速发展，老年人口基数大、增长快，并日益呈现高龄化、空巢化趋势。截至 2014 年底，我国

60 周岁及其以上人口达到 21242 万人，占全国总人口的 15.5%。[①] 加强养老社会服务体系建设与整合，是应对人口老龄化挑战、适应传统养老模式转变和解决失能半失能老年群体养老问题的客观需要。在养老社会服务体系建设与整合中，首先必须了解老年人社会服务需求的项目与排序，增强服务供给的针对性和有效性。调查结果显示，在回答"您认为本地老年人特别需要提供哪些社会服务"时，公众认为既要尽可能为老年人提供全面的社会服务，又要注意不同社会服务项目的供给顺序。在调查问卷所列举的七个服务项目中，公众排序第一的项目是"日常生活照料服务"，占调查对象总数的73.4%。具体如表 5—31 所示。

表 5—31　　　　　　　　　　对老年人社会服务供给的看法

|  | 总计 | 重庆 | 厦门 | 苏州 | 红河 |
|---|---|---|---|---|---|
| 人数（人） | 1981 | 500 | 494 | 487 | 500 |
| 日常生活照料服务（%） | 73.4 | 74.0 | 72.3 | 79.5 | 67.6 |
| 文体活动服务（%） | 64.8 | 67.8 | 67.6 | 54.2 | 69.4 |
| 慢性病跟踪服务（%） | 63.3 | 61.2 | 61.1 | 56.9 | 73.8 |
| 康复护理服务（%） | 57.2 | 54.8 | 58.7 | 53.4 | 62.0 |
| 急诊呼叫服务（%） | 54.8 | 51.0 | 57.5 | 53.2 | 57.6 |
| 法律援助服务（%） | 52.8 | 49.4 | 47.4 | 53.6 | 60.6 |
| 精神陪护服务（%） | 52.4 | 50.4 | 56.9 | 50.9 | 51.4 |
| 其他（%） | 1.6 | 2.0 | 2.8 | 0.4 | 1.2 |

根据表 5—31 所示，红河与其他三个地区之间存在着明显差异。在排序前三位的社会服务项目中，重庆、厦门、苏州三地公众的排序与调查样本总体的排序基本一致，红河则比较特殊，刚好相反。红河公众把"慢性病跟踪服务"排在第一位，"文体活动服务"排在第二位，"日常生活照料服务"排在第三位。

---

① 国家统计局：《2014 年国民经济和社会发展统计公报》。

## 二　儿童社会服务整合的意愿

儿童是国家和民族的未来，儿童社会服务体系建设直接关系着儿童的健康成长与民族的繁荣昌盛。截至 2014 年末，我国 16 周岁以下人口为 23957 万人，占全国总人口的 17.5%。[①] 加强社会服务体系建设，为各类儿童提供其所需的社会服务，是我国社会福利体系建设的历史任务。调查结果显示，在回答"您认为本地儿童特别需要提供哪些社会服务"时，有 73.3% 的公众把提供"孤残儿童救助服务"排在第一位；排在第二位的服务项目是"幼儿园入园服务"，占调查对象的 70.3%。具体如表 5—32 所示。

表 5—32　　　　　　　　　　对儿童社会服务供给的看法

| | 总计 | 重庆 | 厦门 | 苏州 | 红河 |
|---|---|---|---|---|---|
| 人数（人） | 1979 | 500 | 493 | 486 | 500 |
| 孤残儿童救助服务（%） | 73.3 | 70.8 | 71.4 | 68.3 | 82.8 |
| 幼儿园入园服务（%） | 70.3 | 61.4 | 72.0 | 74.1 | 73.8 |
| 留守儿童救助服务（%） | 64.1 | 66.8 | 65.5 | 52.3 | 71.6 |
| 流浪儿童救助服务（%） | 58.6 | 53.6 | 55.4 | 53.7 | 71.6 |
| 其他（%） | 1.2 | 0.8 | 2.8 | 0.6 | 0.6 |

就不同地区间的差异而言，厦门和苏州两地的公众最为关注幼儿园入园服务，两地分别有 72.0% 和 74.1% 的公众选择该项；重庆和红河两地的公众更关注残疾儿童救助服务，尤其在红河，有 82.8% 的公众认为本地儿童特别需要该项社会服务。对流浪儿童和留守儿童救助服务，红河公众的关注度超过厦门、苏州和重庆三地。

综合来看，公众认为社会首先应该为孤残儿童提供救助服务，这与孤残儿童是弱势群体中弱势人群密切相关；然后是幼儿园入园服务，入园服务涉及适龄的大多数儿童，尤其在经济发达地区，幼儿入园难问题更为严重。

---

① 国家统计局：《2014 年国民经济和社会发展统计公报》。

### 三 妇女社会服务整合的意愿

《中华人民共和国妇女权益保障法》规定："保障妇女享有社会保险、社会救助、社会福利和卫生保健等权益，国家提倡和鼓励为帮助妇女开展的社会公益活动。"截至 2014 年末，我国女性人口 66703 万人，占全国总人口的 48.8%。① 加强妇女社会服务体系建设，提高妇女社会服务水平，是增进妇女社会福利的重要保障。调查结果显示，在回答"您认为本地妇女特别需要提供哪些社会服务"时，排在第一位的选择是"妇科病检查服务"，占调查对象的 79.5%；排在第二位的是"就业援助服务"，占调查对象的 71.2%；排在第三位的是"职业技能培训服务"，占调查对象的 70.2%。具体如表 5—33 所示。

表 5—33　　　　　　　　　　对妇女社会服务供给的看法

|  | 总计 | 重庆 | 厦门 | 苏州 | 红河 |
|---|---|---|---|---|---|
| 人数（人） | 1980 | 500 | 494 | 486 | 500 |
| 妇科病检查服务（%） | 79.5 | 83.6 | 73.5 | 76.7 | 84.2 |
| 就业援助服务（%） | 71.2 | 72.0 | 72.1 | 68.7 | 72.8 |
| 职业技能培训服务（%） | 70.2 | 71.2 | 72.1 | 68.3 | 69.2 |
| 家庭暴力庇护服务（%） | 62.6 | 58.4 | 63.4 | 57.6 | 70.8 |
| 留守妇女救助服务（%） | 45.9 | 43.2 | 46.6 | 41.2 | 52.4 |
| 其他（%） | 1.1 | 1.2 | 1.8 | 0.8 | 0.4 |

从不同地区看，需求选择的比重排序基本相同，也存在一些差异。相对而言，重庆和红河对妇科病检查服务的需求更强烈，都有80%以上的公众选择；在厦门和苏州，选择的比重则在75%上下。对于家庭暴力庇护服务，红河的公众较其他三个地区更为重视，有70.8%的公众选择，而其他三地的比重在60%上下。

---

① 国家统计局：《2014 年国民经济和社会发展统计公报》。

## 四 残疾人社会服务整合的意愿

残疾人是一个需要特别关怀的弱势群体，残疾人服务体系建设是增进和改善残疾人福利状况的重要途径。党的十八大报告明确要求："健全残疾人社会保障和服务体系，切实保障残疾人权益。"根据第六次全国人口普查及第二次全国残疾人抽样调查数据推算，截至 2010 年末，我国残疾人总人数为 8502 万人。其中，视力残疾 1263 万人，听力残疾 2054 万人，言语残疾130 万人，肢体残疾 2472 万人，智力残疾 568 万人，精神残疾 629 万人，多重残疾 1386 万人；重度残疾 2518 万人，中度和轻度残疾 5984 万人。[①] 调查结果显示，在回答"您认为本地残疾人特别需要提供哪些社会服务"时，排在第一位的选择是"就业服务"，占调查对象的 82.3%；排在第二位的是"康复服务"，占调查对象的 78.4%；排在第三位的是"职业技能培训服务"，占调查对象的 76.8%。具体如表 5—34 所示。

表 5—34　　　　　　　　　　对残疾人社会服务供给的看法

| | 总计 | 重庆 | 厦门 | 苏州 | 红河 |
|---|---|---|---|---|---|
| 人数（人） | 1981 | 500 | 494 | 487 | 500 |
| 就业服务（%） | 82.3 | 81.6 | 83.0 | 79.1 | 85.6 |
| 康复服务（%） | 78.4 | 79.0 | 80.6 | 75.6 | 78.4 |
| 职业技能培训服务（%） | 76.8 | 70.0 | 78.7 | 74.5 | 83.8 |
| 法律援助服务（%） | 64.2 | 63.0 | 62.8 | 58.9 | 72.2 |
| 其他（%） | 1.3 | 1.0 | 2.2 | 0.6 | 1.2 |

根据表 5—34 所示，公众认为，社会应该为残疾人全面提供就业、康复、技能培训和法律援助服务。四地公众认同度最高的社会服务项目是就业服务，但四地公众的选择比例略有不同，红河地区比重最高，达到 85.6%，苏州地区最低，为 79.1%。此外，对残疾人提供法律援助服务的认同度，红

① 中国残疾人联合会：《2010 年末全国残疾人总数及各类、不同残疾等级人数》，中国残疾人联合会官网（http://www.cdpf.org.cn/sytj/content/2012-06/26/content_ 30399867.htm）。

河的比例也最高。

　　21 世纪以来，我国残疾人社会服务体系建设成效显著。《2014 年中国残疾人事业发展统计公报》数据显示，截至 2014 年底，全国共有康复机构6914 个，其中残联系统康复机构 2622 个；康复机构在岗人员总数达到23. 36 万人，其中业务人员 16. 0 万人，管理人员 3. 05 万人，其他人员 4. 31万人；在 914 个市辖区和 2023 个县（市）开展了社区康复服务工作，累计已建社区康复站的社区总数 21. 9 万个，配备 39. 2 万名社区康复协调员。截至 2014 年底，全国残疾人职业培训基地达到 6154 个，全国城镇残疾人就业人数 436. 0 万人，城镇新就业残疾人 27. 8 万人；农村残疾人在业 1723. 6 万人，其中 1360. 4 万残疾人从事农业生产劳动。截至 2014 年底，全国已有2180. 0 万城乡残疾人参加城乡居民基本养老保险制度，参保率 74. 2%，领取养老金待遇的人数达到 858. 6 万人；城镇残疾职工参加基本养老和医疗保险人数稳定在 280 万人左右，城镇 261. 5 万和农村 844. 1 万残疾人纳入最低生活保障范围；城镇集中供养残疾人和农村五保供养残疾人分别达到 11. 2万人和 66. 2 万人，257. 7 万城乡残疾人得到了其他救助救济。①

---

　　① 中国残疾人联合会：《2014 年中国残疾人事业发展统计公报》（残联发〔2015〕12 号），中国残疾人联合会官网（http://www.cdpf.org.cn/zcwj/zxwj/201503/t20150331_ 444108.shtml）。

# 第六章

# 中国社会福利体系整合的制约因素

在我国的社会结构中，社会福利体系虽然具有相对独立的运行逻辑，但并非孤立存在的社会设置。社会福利体系"嵌入"宏观社会结构中，受制于其他社会子系统。制约我国社会福利体系整合的因素主要有经济因素、人口因素、体制因素、法制因素、政策因素、人才因素、技术因素和思想因素。只有全面把握各种制约因素及其制约机制和制约方式，才能减少整合阻力，减轻整合压力，降低整合风险，提高整合效率，实现整合目标。

## 第一节　经济因素

社会福利体系整合需要经济支持，社会福利体系整合必然增加经济投入。经济发展程度不仅是决定社会福利水平的根本因素，也是决定社会福利体系整合的基础因素。在经济因素中，比较重要的变量包括国内生产总值、财政收支状况和居民收入水平。

### 一　国内生产总值

国内生产总值（GDP）是衡量一个国家或地区综合经济状况的最佳指标。一般而言，一个国家的 GDP 总量越大，标志着一个国家的经济实力越强，意味着一个国家发展社会福利的经济条件越好。GDP 总量既为扩大社会福利普遍性提供经济基础，也为提高社会福利体系整合度创造经济条件。

21 世纪以来，我国 GDP 总量逐年增加，为扩大社会福利覆盖面、建设普遍型社会福利体系奠定了坚实基础。从 2003 年到 2014 年，我国 GDP 总量从 135822.7 亿元提高到 636463 亿元，增加了 500640.3 亿元，增长了 3.69 倍，为普遍型社会福利体系的建立提供了经济支撑（表 6—1）。2003 年以来，我国先后新增了一系列社会福利项目，新建了一系列保障和改善民生的社会福利制度。2003 年，新建新型农村合作医疗制度、农村医疗救助制度和工伤保险制度；2005 年新建城市医疗救助制度；2006 年实施免费义务教育制度；2007 年新建农村最低生活保障制度和城镇居民基本医疗保险制度；2009 年新建新型农村社会养老保险制度；2010 年实施公共租赁住房制度；2011 年新建城镇居民社会养老保险制度；2012 年新建城乡居民大病医疗保险制度；2014 年整合建立城乡居民基本养老保险制度；2016 年启动城乡居民基本医疗保险制度整合。

表 6—1　　　　　　2003—2014 年国内生产总值与三次产业增加值构成

| 年份 | 全国 GDP（亿元） | 人均 GDP（元） | 第一产业（亿元） | 第二产业（亿元） | 第三产业（亿元） |
|------|------|------|------|------|------|
| 2003 | 135822.7 | 10542 | 17381.7 | 62436.3 | 56004.7 |
| 2004 | 159878.3 | 12336 | 21412.7 | 73904.3 | 64561.3 |
| 2005 | 184937.4 | 14185 | 22420.0 | 87598.1 | 74919.3 |
| 2006 | 216314.4 | 16500 | 24040.0 | 103719.5 | 88554.9 |
| 2007 | 265810.3 | 20169 | 28627.0 | 125831.4 | 111351.9 |
| 2008 | 314045.4 | 23708 | 33702.0 | 149003.4 | 131340.0 |
| 2009 | 340902.8 | 25608 | 35226.0 | 157638.0 | 148038.0 |
| 2010 | 401512.8 | 30015 | 40533.6 | 187383.2 | 173596.0 |
| 2011 | 473104.0 | 35198 | 47486.2 | 220412.8 | 205205.0 |
| 2012 | 519470.1 | 38459 | 52373.6 | 235162.0 | 231934.5 |
| 2013 | 568845.2 | 41908 | 56957 | 249684.4 | 262203.8 |
| 2014 | 636463 | 46531 | 58332 | 271392 | 306739 |

资料来源：2003—2013 年的数据来源于国家统计局《国家数据·国内生产总值》（http://data.stats.gov.cn/normalpg? src=/lastestpub/quickSearch/y/year06.html&h=800）。2014 年的数据来源于国家统计局《2014 年国民经济和社会发展统计公报》。

## 二　财政收支状况

### （一）财政收入

财政收入是指国家财政参与社会产品分配所取得的收入，是实现国家职能的财力保证。财政收入是衡量政府财力的核心指标，政府提供公共产品和公共服务的范围和数量，在很大程度上取决于财政收入状况。

在现代社会福利体系中，政府是最重要的社会福利供给主体，财政收入的多少直接关系到政府福利供给能力的强弱。财政收入是扩大社会福利范围、提高社会福利水平的必要条件。一般而言，财政收入增加，政府的福利供给能力增强；财政收入减少，政府的福利供给能力降低。从 2003 年到 2014 年，全国公共财政收入保持比较高的增长速度，从 21715.25 亿元提高到 140370.03 亿元，增加了 118654.78 亿元，增长了 5.46 倍。具体如表 6—2 所示。

表 6—2　　　　　2003—2014 年全国公共财政收入及增长率

| 年份 | 全国财政收入（亿元） | 中央财政收入（亿元） | 地方财政收入（亿元） | 全国财政收入比上年增长（%） |
|---|---|---|---|---|
| 2003 | 21715.25 | 11865.27 | 9849.98 | 14.9 |
| 2004 | 26396.47 | 14503.10 | 11893.37 | 21.6 |
| 2005 | 31649.29 | 16548.53 | 15100.76 | 19.9 |
| 2006 | 38760.20 | 20456.62 | 18303.58 | 22.5 |
| 2007 | 51321.78 | 27749.16 | 23572.62 | 32.4 |
| 2008 | 61330.35 | 32680.56 | 28649.79 | 19.5 |
| 2009 | 68518.30 | 35915.71 | 32602.59 | 11.7 |
| 2010 | 83101.51 | 42488.47 | 40613.04 | 21.3 |
| 2011 | 103874.43 | 51327.32 | 52547.11 | 25.0 |
| 2012 | 117253.52 | 56175.23 | 61078.29 | 12.9 |
| 2013 | 129209.64 | 60198.48 | 69011.16 | 10.2 |
| 2014 | 140370.03 | 64493.45 | 75876.58 | 8.64 |

资料来源：2003—2014 年数据来源于国家统计局国家数据：《中央和地方财政收入及比重》（http：//data.stats.gov.cn/easyquery.htm？cn=C01）。

公共财政收入的持续快速增长，为中央政府和地方政府制定实施新的社会福利政策，不断增加社会福利项目，扩大社会福利覆盖面，提高社会福利水平，提供了强有力的财政支撑。在加快社会福利体系整合过程中，为了保证社会福利整合政策的顺利实施，必须确保整合后的福利水平等于或高于整合前的福利水平，为此需要增加社会福利的财政投入。正是在这个意义上，财政收入成为推进社会福利体系整合的重要因素。

（二）财政支出

财政收入增长为增强政府福利供给能力提供了必要条件，但财政收入增加并非意味着社会福利的财政投入会自动提高。实践表明，一个国家的社会福利支出总额及其在公共财政支出中的比重，可以反映该国政府对社会福利的重视程度。社会福利支出总额及其在公共财政支出中的比重越高，说明政府对社会福利越重视。2003 年以来，我国逐步形成了"民生为本"的公共财政支出取向，中央政府和地方政府逐年加大了社会福利财政投入，用于社会福利的财政支出不断增加。从 2003 年到 2014 年，"财政性教育经费"从 3850.62 亿元提高到 26420.58 亿元，增长了 5.86 倍；"政府卫生支出"从 1116.9 亿元提高到 10590.7 亿元，增长了 8.48 倍；"财政补贴基本养老保险基金"从 530 亿元提高到 3548 亿元，增长了 5.69 倍；"民政事业费"① 从 498.9 亿元提高到 4404.1 亿元，增长了 7.83 倍。从 2008 年到 2014 年，"住房保障支出"从 673.70 亿元提高到 5071.32 亿元，增长了 6.53 倍。具体如表 6—3 所示。

表 6—3 　　　　　　　　 2003—2014 年全国社会福利财政支出情况

单位：亿元

| 年份 | 财政性教育经费 | 政府卫生支出 | 财政补贴基本养老保险基金 | 民政事业费* | 住房保障支出 |
|---|---|---|---|---|---|
| 2003 | 3850.62 | 1116.9 | 530 | 498.9 | — |

---

① 我国的民政事业相当于狭义的社会福利，即"小福利"（民政福利），主要包括各种社会救助和社会福利服务。"民政事业费"中，最主要的项目包括城乡低保费用、农村五保费用、城乡医疗救助费用和临时救助费用。

续表

| 年份 | 财政性教育经费 | 政府卫生支出 | 财政补贴基本养老保险基金 | 民政事业费* | 住房保障支出 |
|------|----------------|--------------|--------------------------|-------------|--------------|
| 2004 | 4465.86 | 1293.6 | 614 | 577.4 | — |
| 2005 | 5161.08 | 1550.1 | 651 | 718.4 | — |
| 2006 | 6348.36 | 1778.9 | 971 | 915.4 | — |
| 2007 | 8280.21 | 2297.1 | 1157 | 1215.5 | — |
| 2008 | 10449.63 | 3593.9 | 1437 | 2146.5 | 673.70 |
| 2009 | 12231.09 | 4816.3 | 1646 | 2181.9 | 725.97 |
| 2010 | 14670.07 | 5732.5 | 1954 | 2697.5 | 2376.88 |
| 2011 | 18586.70 | 7464.2 | 2272 | 3229.1 | 3820.69 |
| 2012 | 22236.23 | 8432.9 | 2648 | 3683.7 | 4479.62 |
| 2013 | 24488.22 | 9521.4 | 3019 | 4276.5 | 4480.55 |
| 2014 | 26420.58 | 10590.7 | 3548 | 4404.1 | 5071.32 |

注：＊从2010年开始，"民政事业费"改称"社会服务事业费"。

资料来源：根据《2003—2014年全国教育经费执行情况统计公告》、《2003—2006年中国卫生事业发展情况统计公报》、《2007—2011年我国卫生事业发展统计公报》、《2012—2014年我国卫生和计划生育事业发展统计公报》、《2003—2007年劳动和社会保障事业发展统计公报》、《2008—2014年人力资源和社会保障事业发展统计公报》、《2003—2009年民政事业发展统计公报》、《2010—2014年社会服务事业发展统计公报》、《2008—2014年全国公共财政支出决算表》的数据整理。张毓辉、万泉、翟铁民等：《2012年中国卫生总费用核算结果与分析》，《中国卫生经济》2014年第2期。

　　推进社会福利体系整合对公共财政支出提出了新的要求，将进一步加大公共财政支出压力。整合城乡居民基本医疗保险制度，需要提高农村居民的财政补助标准；整合城乡居民基本养老保险制度，增加城乡居民基础养老金，需要增加财政支出；改革机关事业单位工作人员养老保险制度，实现机关事业单位工作人员与城镇企业职工基本养老保险制度"并轨"，必然增加相当的财政投入。

## 三　居民收入水平

　　从缴费角度，可以把社会福利分为缴费型福利（社会保险）与非缴费型福利（社会救助和特殊福利）两大类型。缴费型福利与民众的缴费能力相关，非缴费型福利与政府财政能力相关。居民收入水平与民众缴费能力相关，直接影响缴费型福利的发展。收入增加有助于提高缴费能力，增加社会保险参保人数，扩大社会保险覆盖面。从 2007 年到 2014 年，我国城镇居民人均可支配收入从 13786 元提高到 28844 元，增长 1.09 倍；农村居民纯收入从 4140 元提高到 9892 元，增长 1.39 倍。与此同时，从 2007 年到 2014 年，我国五项社会保险基金收入①从 10812 亿元提高到 39828 亿元，增长 2.68 倍；参加城镇职工基本养老保险的人数从 20137 万人增加到 34124 万人，增长 0.69 倍；参加城乡居民社会养老保险的人数从 5171 万人增加到 50107 万人，增长 8.69 倍；参加城镇职工基本医疗保险的人数从 18020 万人增加到 28296 万人，增长 0.57 倍；参加城乡居民基本医疗保险的人数从 76891 万人增加到 105051 万人，增长 0.37 倍。具体如表 6—4 所示。

表 6—4　　2007—2014 年城乡居民收入变化与主要社会保险项目发展情况

| 年份 | 2007 | 2008 | 2009 | 2010 | 2011 | 2012 | 2013 | 2014 |
|---|---|---|---|---|---|---|---|---|
| 城镇居民人均可支配收入（元） | 13786 | 15781 | 17175 | 19109 | 21810 | 24565 | 26955 | 28844 |
| 农村居民人均纯收入（元） | 4140 | 4761 | 5153 | 5919 | 6977 | 7917 | 8896 | 9892 |
| 五项社会保险基金收入（亿元） | 10812 | 13696 | 16116 | 18823 | 24043 | 28909 | 35253 | 39828 |
| 城镇职工基本养老保险（万人） | 20137 | 21891 | 23550 | 25707 | 28391 | 30427 | 32218 | 34124 |
| 城乡居民社会养老保险（万人）* | 5171 | 5595 | 8691 | 10277 | 33182 | 48370 | 49750 | 50107 |
| 城镇职工基本医疗保险（万人） | 18020 | 19996 | 21937 | 23735 | 25227 | 26486 | 27443 | 28296 |
| 城乡居民基本医疗保险（万人） | 76891 | 93326 | 101510 | 103028 | 105316 | 107656 | 109829 | 105051 |

注：* 2007—2010 年的"城乡居民社会养老保险"人数仅指参加"农村社会养老保险"的人数，2011—2014 年的"城乡居民社会养老保险"人数系参加"新型农村社会养老保险"与"城镇居民社会养老保险"的人数总和；"城乡居民基本医疗保险"人数系参加"新型农村合作医疗"与"城镇居民基本医疗保险"的人数总和。

资料来源：根据《2007—2014 年国民经济和社会发展统计公报》、《2008—2014 年人力资源和社会保障事业发展统计公报》、《2007—2011 年我国卫生事业发展统计公报》、《2012—2014 年我国卫生和计划生育事业发展统计公报》数据整理。

---

①　根据人力资源和社会保障部的统计数据，2009—2012 年的"五项社会保险基金收入"不包括"城乡居民社会养老保险"的基金收入。

# 第二节 人口因素

社会福利归根结底要满足人的福利需求，人口状况是直接影响社会福利发展的内在因素，也是影响社会福利体系整合的重要变量。中国是世界上人口数量最多的国家，社会福利体系整合涉及十几亿人的切身利益，必须充分考虑人口因素的影响。在人口因素中，比较重要的变量包括人口流动、人口就业结构、人口年龄结构、人口城乡结构和人口收入结构。

## 一 人口流动

巨大规模的人口流动是我国改革开放进程中的显著特点之一，人口流动对社会福利体系建设与整合提出了新的时代要求。党的十八大报告明确提出，社会保障体系建设要适应流动性。改革开放以来，我国经济社会的快速变化推动了劳动力流动，基本趋势是从农村向城市流动，从经济欠发达地区向经济发达地区流动。在人口流动过程中形成了规模庞大的流动人口，并且一直保持持续增长的趋势。在 20 世纪 80 年代初的 1982 年，全国流动人口只有 657 万人①，到 2014 年已增加到 2.53 亿人，32 年间增长了 37.5 倍。根据国家统计局、人力资源和社会保障部 2008 年以来公布的全国流动人口数据，农民工占全国人户分离人口总数的 90% 以上，成为流动人口的主体。具体如表 6—5 所示。

| 年份 | 全国人户分离人口（亿人） | 流动人口（亿人） | 全国农民工总量（万人） | 外出农民工（万人） | 本地农民工（万人） |
|---|---|---|---|---|---|
| 表 6—5 | | 2008—2014 年我国流动人口情况 | | | |
| 2008 | — | — | 22542 | 14041 | 8501 |
| 2009 | — | — | 22978 | 14533 | 8445 |
| 2010 | 2.61 | 2.21 | 24223 | 15335 | 8888 |

① 郑真真、杨舸：《中国人口流动现状及未来趋势》，《人民论坛》2013 年第 11 期。

续表

| 年份 | 全国人户分离人口（亿人） | 流动人口（亿人） | 全国农民工总量（万人） | 外出农民工（万人） | 本地农民工（万人） |
|---|---|---|---|---|---|
| 2011 | 2.71 | 2.30 | 25278 | 15863 | 9415 |
| 2012 | 2.79 | 2.36 | 26261 | 16336 | 9925 |
| 2013 | 2.89 | 2.45 | 26894 | 16610 | 10284 |
| 2014 | 2.98 | 2.53 | 27395 | 16821 | 10574 |

资料来源：根据《2008—2014年国民经济和社会发展统计公报》和《2008—2014年度人力资源和社会保障事业发展统计公报》数据整理。

人口流动特别是农村人口跨县、跨市、跨省流动时，对社会福利体系整合特别是社会保险制度整合提出了一系列新的任务。如异地安置退休人员的住院医疗费用结算问题，流动人员跨统筹区域就医费用的报销与结算问题，农民工基本养老保险关系的转移接续问题；又如流动人员在流入地享受保障性住房的资格与条件问题，进城务工人员随迁子女平等享受城市义务教育资源问题；等等。因此，人口流动要求加快社会福利体系整合步伐，通过福利体系整合适应人口流动性，更好地为流动人口享受应得社会福利提供高效、便捷的服务。

## 二 人口就业结构

与社会福利体系整合直接相关的人口就业结构主要包括产业结构、城乡结构和失业人数。从2003年到2014年，全国就业人口从73736万人增加到77253万人，增加了3517万人；第一产业就业人口比重从49.1%下降到29.5%，下降了19.6个百分点；第二产业就业人口比重从21.6%提高到29.9%，提高了8.3个百分点；第三产业就业人口比重从29.3%提高到40.6%，提高了11.3个百分点。城镇就业人员从25639万人增加到39310万人，增加了13671万人，平均每年增加1242.8万人；乡村就业人员从48793万人下降到37943万人，下降了10850万人，平均每年下降986.4万人；年末城镇登记失业人数呈总体上升趋势，从800万人增加到952万人。具体如表6—6所示。

表 6—6　　　　　　　2003—2014 年我国人口就业结构变化情况

| 年份 | 全国就业人口总数（万人） | 第一产业比重（%） | 第二产业比重（%） | 第三产业比重（%） | 城镇就业人员总数（万人） | 乡村就业人员总数（万人） | 年末城镇登记失业人数（万人） |
|---|---|---|---|---|---|---|---|
| 2003 | 73736 | 49.1 | 21.6 | 29.3 | 25639 | 48793 | 800 |
| 2004 | 74264 | 46.9 | 22.5 | 30.6 | 26476 | 48724 | 827 |
| 2005 | 74647 | 44.8 | 23.8 | 31.4 | 27331 | 48494 | 839 |
| 2006 | 74978 | 42.6 | 25.2 | 32.2 | 28310 | 48090 | 847 |
| 2007 | 75321 | 40.8 | 26.8 | 32.4 | 29350 | 47640 | 830 |
| 2008 | 75564 | 39.6 | 27.2 | 33.2 | 32103 | 43461 | 886 |
| 2009 | 75828 | 38.1 | 27.8 | 34.1 | 33322 | 42506 | 921 |
| 2010 | 76105 | 36.7 | 28.7 | 34.6 | 34687 | 41418 | 908 |
| 2011 | 76240 | 34.8 | 29.5 | 35.7 | 35914 | 40506 | 922 |
| 2012 | 76704 | 33.6 | 30.3 | 36.1 | 37102 | 39602 | 917 |
| 2013 | 76977 | 31.4 | 30.1 | 38.5 | 38240 | 38737 | 926 |
| 2014 | 77253 | 29.5 | 29.9 | 40.6 | 39310 | 37943 | 952 |

资料来源：2003—2012 年数据来源于国家统计局《2004—2013 年中国统计年鉴》，2013—2014 年数据来源于《2013—2014 年人力资源和社会保障事业发展统计公报》。

就业人口的产业结构变化，与社会保险制度整合密切相关。根据我国的三次产业划分，第一产业就业人口比重下降，第二产业和第三产业就业人口比重上升，意味着参加农村社会保险的人数下降，参加城镇居民社会保险和城镇职工五大社会保险的人数增加。就业人口的城乡结构变化，对统筹城乡社会保障体系建设提出了迫切要求。乡村就业人员总数减少和城镇就业人员总数增加，意味着参加农村社会保障的人数减少，参加城镇社会保障体系的人数增加。城镇登记失业人数的变化，既与公共就业服务体系相关，也与失业保险制度和最低生活保障制度相关。

## 三　人口年龄结构

人口年龄结构特别是人口老龄化程度与社会养老保险制度密切相关。随着老龄化程度不断提高，社会养老保险费支出必然增加，社会养老保险的公平性和社会养老保险制度统筹层次问题会日益凸显。从 2003 年到 2014 年，我国 65 岁及以上人口从 9692 万人上升到 13755 万人，平均每年增加 369.4 万人；65 岁及以上人口占全国总人口的比重从 7.5% 提高到 10.1%。从 2006 年到 2014 年，60 岁及以上人口从 14901 万人上升到 21242 万人，平均每年增加 792.63 万人；60 岁及以上人口占全国总人口的比重从 11.3% 提高到 15.5%，平均每年提高 0.525 个百分点。具体如表 6—7 所示。

表 6—7              2003—2014 年我国人口老龄化情况

| 年份 | 全国总人口（万人） | 60 岁及以上人口（万人） | 占全国总人口比重（%） | 65 岁及以上人口（万人） | 占全国总人口比重（%） |
|---|---|---|---|---|---|
| 2003 | 129227 | — | — | 9692 | 7.5 |
| 2004 | 129988 | — | — | 9857 | 7.6 |
| 2005 | 130756 | — | — | 10055 | 7.7 |
| 2006 | 131448 | 14901 | 11.3 | 10419 | 7.9 |
| 2007 | 132129 | 15340 | 11.6 | 10636 | 8.0 |
| 2008 | 132802 | 15989 | 12.0 | 10956 | 8.2 |
| 2009 | 133474 | 16714 | 12.5 | 11309 | 8.5 |
| 2010 | 133972 | 17765 | 13.3 | 18883 | 14.1 |
| 2011 | 134735 | 18499 | 13.7 | 12288 | 9.1 |
| 2012 | 135404 | 19390 | 14.3 | 12714 | 9.4 |
| 2013 | 136072 | 20243 | 14.9 | 13161 | 9.7 |
| 2014 | 136782 | 21242 | 15.5 | 13755 | 10.1 |

资料来源：根据国家统计局《2003—2014 年国民经济和社会发展统计公报》和《2010 年第六次全国人口普查主要数据公报（第 1 号）》数据整理。2003—2005 年没有全国 60 岁及以上人口数据。

随着 60 岁及以上人口逐年增加，领取基本养老保险金的人数将不断增多，基本养老保险费及财政补贴支出也将随之增长。从 2003 年到 2014 年，参加城镇职工基本养老保险人数从 15506 万人增加到 34124 万人，增长了 1.20 倍；城镇职工基本养老保险支出从 3122 亿元增加到 21755 亿元，增长了 5.97 倍；城镇职工基本养老保险补贴从 530 亿元增加到 3548 亿元，增长了 5. 69 倍。从 2003 年到 2014 年，参加城乡居民基本养老保险人数从 5428 万人增加到 50107 万人，增长了 8. 23 倍；城乡居民基本养老保险支出从 15 亿元增加到 1571 亿元，增长了 103. 73 倍。具体如表 6—8 所示。

表 6—8　　　　　　　　　2003—2014 年我国基本养老保险支出情况

| 年份 | 城镇职工基本养老保险人数（万人） | 城镇基本养老保险支出（亿元） | 城镇基本养老保险财政补贴（亿元） | 参加城乡居民基本养老保险人数（万人）* | 城乡居民养老保险支出（亿元） |
|---|---|---|---|---|---|
| 2003 | 15506 | 3122 | 530 | 5428 | 15 |
| 2004 | 16353 | 3502 | 614 | 5378 | — |
| 2005 | 17487 | 4040 | 651 | 5442 | 21 |
| 2006 | 18766 | 4897 | 971 | 5374 | 30 |
| 2007 | 20137 | 5965 | 1157 | 5171 | 40 |
| 2008 | 21891 | 7390 | 1437 | 5595 | 56. 8 |
| 2009 | 23550 | 8894 | 1646 | 8691 | 76 |
| 2010 | 25707 | 10555 | 1954 | 10277 | 200 |
| 2011 | 28391 | 12765 | 2272 | 33182 | 599 |
| 2012 | 30427 | 15562 | 2648 | 48370 | 1150 |
| 2013 | 32218 | 18470 | 3019 | 49750 | 1348 |
| 2014 | 34124 | 21755 | 3548 | 50107 | 1571 |

注：* 2003—2010 年的数据为参加农村社会养老保险的数据，其中 2003—2008 年为参加"老农保"的数据，2009—2010 年为参加"新农保"的数据。

资料来源：根据《2003—2007 年度劳动和社会保障事业发展统计公报》和《2008—2014 年度人力资源和社会保障事业发展统计公报》整理，2004 年没有公布城乡居民养老保险支出数据。

在这个过程中，随着机关事业单位基本养老保险制度的建立，需要统筹考虑和平衡机关事业单位工作人员、城镇企业职工和城乡居民的基础养老金问题，需要统筹考虑不同人群基础养老金的地域平衡问题。

## 四　人口城乡结构

人口城乡结构的核心指标是城镇化率，包括常住人口城镇化率和户籍人口城镇化率。城镇化率的提高意味着更多的农村居民转变为城镇居民（农民市民化），城镇化率提高要求加快整合农村居民与城镇居民之间的社会保障制度，缩小城乡居民之间的社会保障差距；要求加快建立城乡居民与城镇企业职工的社会保险制度之间的衔接机制，促进城乡居民与城镇企业职工之间的社会保险制度整合。从 2003 年到 2014 年，我国城镇常住人口从 52376 万人增长到 74916 万人，增加了 22540 万人，平均每年增加 2049.09 万人；城镇常住人口比重从 40.53%增长到 54.77%，增长了 14.24 个百分点；我国乡村常住人口从 76851 万人下降到 61866 万人，减少了 14985 万人，平均每年减少 1362.27 万人；农村常住人口比重从 59.47%下降到 45.23%，降低了 14.24 个百分点。具体如表 6—9 所示。

表 6—9　　　　　　2003—2014 年我国人口城乡结构变化情况

| 年份 | 全国总人口（万人） | 城镇常住人口（万人） | 城镇常住人口比重（%） | 乡村常住人口（万人） | 乡村常住人口比重（%） |
|---|---|---|---|---|---|
| 2003 | 129227 | 52376 | 40.53 | 76851 | 59.47 |
| 2004 | 129988 | 54283 | 41.76 | 75705 | 58.24 |
| 2005 | 130756 | 56212 | 42.99 | 74544 | 57.01 |
| 2006 | 131448 | 57706 | 43.9 | 73742 | 56.1 |
| 2007 | 132129 | 59379 | 44.9 | 72750 | 55.1 |
| 2008 | 132802 | 60667 | 45.7 | 72135 | 54.3 |
| 2009 | 133474 | 62186 | 46.6 | 71288 | 53.4 |
| 2010 | 133972 | 66557 | 49.68 | 67415 | 50.32 |
| 2011 | 134735 | 69079 | 51.3 | 65656 | 48.7 |
| 2012 | 135404 | 71182 | 52.6 | 64222 | 47.4 |
| 2013 | 136072 | 73111 | 53.73 | 62961 | 46.27 |
| 2014 | 136782 | 74916 | 54.77 | 61866 | 45.23 |

资料来源：根据《2003—2014 年国民经济和社会发展统计公报》和《2010 年第六次全国人口普查主要数据公报（第 1 号）》数据整理。

## 五　人口收入结构

在社会福利发展中，人口收入结构与社会救助体系建设密切相关。在收入结构中，最低收入人群的数量越大，社会救助体系的兜底保障就越重要，特别是最低生活保障制度就越关键。1997 年，根据《国务院关于在全国建立城市居民最低生活保障制度的通知》，全国普遍建立城市居民最低生活保障制度；2006 年，新修订的《农村五保供养工作条例》正式颁布，将农村五保供养纳入公共财政范畴；2007 年，根据《国务院关于在全国建立农村最低生活保障制度的通知》，全国普遍建立农村最低生活保障制度。至此，我国构建了全面覆盖城乡最低收入群体（贫困人群）的最低生活保障体系。从 2007 年到 2014 年，三项生活保障制度覆盖人数从 6369.7 万人增加到 7613.3 万人，增加了 1243.6 万人，基本实现了"应保尽保"目标；国家投入三项生活保障制度的财政资金从 446.3 亿元增加到 1781.8 亿元，增长了 2.99 倍。从 2007 年到 2014 年，城乡医疗救助人数从 3338 万人次增加到 9119 万人次，增长了 1.73 倍；城乡医疗救助财政资金从 42.5 亿元增加到 256.2 亿元，增长了 5.03 倍。具体如表 6—10 所示。

表 6—10　　　　2007—2014 年我国城乡社会救助人数及财政资金支出情况

| 年份 | 2007 | 2008 | 2009 | 2010 | 2011 | 2012 | 2013 | 2014 |
|---|---|---|---|---|---|---|---|---|
| 城市低保人数（万人） | 2272.1 | 2334.8 | 2345.6 | 2310.5 | 2276.8 | 2143.5 | 2064.2 | 1877.0 |
| 农村低保人数（万人） | 3566.3 | 4305.5 | 4760.0 | 5214.0 | 5305.7 | 5344.5 | 5388.0 | 5207.2 |
| 农村五保人数（万人） | 531.3 | 548.6 | 553.4 | 556.3 | 551 | 545.6 | 537.2 | 529.1 |
| 城乡三保人数（万人） | 6369.7 | 7188.9 | 7659 | 8080.8 | 8133.5 | 8033.6 | 7989.4 | 7613.3 |
| 城市低保资金（亿元） | 277.4 | 393.4 | 482.1 | 524.7 | 659.9 | 674.3 | 756.7 | 721.7 |
| 农村低保资金（亿元） | 109.1 | 228.7 | 363.0 | 445.0 | 667.7 | 718.0 | 866.9 | 870.3 |
| 农村五保资金（亿元） | 59.8 | 73.7 | 88.0 | 98.1 | 121.7 | 145.0 | 172.3 | 189.8 |
| 城乡三保资金（亿元） | 446.3 | 659.8 | 933.1 | 1067.8 | 1449.3 | 1537.3 | 1795.9 | 1781.8 |
| 医疗救助人次（万人次） | 3338 | 5278.1 | 6295.4 | 7555.9 | 8519.1 | 8051.2 | 8485.2 | 9119 |
| 医疗救助资金（亿元） | 42.5 | 68 | 105.8 | 133 | 187.6 | 203.8 | 224.9 | 256.2 |

资料来源：根据民政部发布的《2007—2009 年民政事业发展统计公报》和《2010—2014 年社会服务事业发展统计公报》数据整理。

2014 年 2 月，国务院以 649 号令颁布《社会救助暂行办法》，拓展社会救助范围，整合社会救助项目，构建了一个包括最低生活保障、特困人员供养、受灾人员救助、医疗救助、教育救助、住房救助、就业救助和临时救助的综合性新型社会救助体系，为依靠自身能力难以维持基本生活的城乡贫困居民提供物质帮助和社会服务。提高新型社会救助体系的整体效益，必须健全政府领导、民政部门牵头、有关部门配合、社会力量参与的社会救助工作协调机制，加强制度衔接。

## 第三节　体制因素

制约我国社会福利体系整合的体制因素主要集中于业务经办体制。我国现行社会福利保障经办机构主要包括社会保险经办机构、新型农村合作医疗经办机构、社会救助经办机构和住房公积金经办机构。现行社会福利保障经办机构存在着一系列突出问题[1]：一是机构设置分散。按照社会福利项目设立经办机构，一个项目一套机构，"叠床架屋"的机构设置导致成本过高，资源分散。二是机构定性不清。全国各地对经办机构的性质定位和职能界定各不相同，有的地方作为政府机构，工作人员属于行政编制，实行"公务员管理"；有的地方作为政府机关下属的事业单位，工作人员属于事业编制，实行"参公管理"；有的地方作为独立的事业单位，按照事业单位进行管理；有的地方没有明确的性质定位，工作人员身份庞杂。三是机构名称混乱。省、市、县、乡四级经办机构的名称五花八门，目前有中心、局、办、站、所、室等称谓。例如，浙江省 2010 年表彰的 11 个"新型农村合作医疗经办机构建设先进单位"中，县级经办机构的就有"新型农村合作医疗管理中心"、"城乡居民合作医疗管理委员会办公室"、"新型农村合作医疗管理委员会办公室"、"农村合作医疗管理办公室"、"城乡居民合作医疗业务管理中心"、"新型农村合作医疗办公室"和"新型农村合作医疗管委会办公室"七个称谓。[2] 四是机构能力不足。经办机构政策执行能力不足、服务能力不足、人力资源不足、风险控制能力不足、信息系统不兼容等。推进社会福利体系整合，必须改革社会福利经办体制，推进社会福利经办机构整合。

---

① 郑功成主编：《中国社会保障改革与发展战略：总论卷》，人民出版社 2011 年版，第 183 页。

② 浙江省卫生厅：《关于公布 2009 年度新型农村合作医疗经办机构建设先进单位的通知》（浙卫发〔2010〕56 号）。

# 第四节　法制因素

　　社会福利体系整合必须依法实施，法制化既是社会福利体系整合的根本保障，也是社会福利体系整合的基本要求。社会福利体系整合中的各种利益关系需要法律制度进行调节，社会福利体系整合中的各种社会行动需要法律制度进行引导，社会福利体系整合的成果需要法律制度加以确认。从实现社会福利体系整合法制化的基本要求看，现行社会福利法制建设还存在着较大差距。一是社会福利整合的"有法可依"。"有法可依"是实现社会福利体系整合法制化的前提条件，但我国的社会福利体系整合是在"碎片化"背景下紧急启动的，具有鲜明的"应急性"特征，法律支持的准备不充分，法制化层次比较低。迄今为止，社会福利体系整合主要依靠和执行专项性的国家政策和地方性法规，既没有制定和出台全国统一的《社会福利整合法》或《社会保障整合法》，也没有颁布专项社会福利整合的基本法律。社会福利整合立法的滞后性，虽然具有一定的必然性与合理性，但不能长期滞后于实践。二是社会福利整合的"有法必依"。"有法必依"是实现社会福利体系整合法制化的可靠基础。有法必依的核心是普遍守法，只有各级各类国家机关、各级福利主管部门、工作人员、公司企业、全体公民都严格遵守社会福利整合的法律法规，社会福利整合的目标任务才能落到实处。我国已先后制定和颁布了城乡义务教育均衡发展、城乡公共就业服务体系统筹、城乡居民社会养老保险制度整合、机关事业单位社会养老保险制度改革、城镇职工基本医疗保险制度整合、廉租住房制度与公共租赁住房制度并轨等一系列行政法规，关键在于严格遵守和狠抓落实。三是社会福利整合的"执法必严"。"执法必严"是实现社会福利体系整合法制化的关键环节。只有严格执行已经公布和实施的社会福利整合法规，社会福利体系整合才能"落地生根"，才能"开花结果"。在严格执法环节，最重要的是各级社会福利主管部门及其工作人员必须从国家大局出发，从人民利益出发，打破部门分割和部门利益，切实转变职能，深化改革，恪尽职守，敢于担当，加强协同。四是社会福利整合的"违法必究"。"违法必究"是实现社会福利体系整合法制化的重要保障。社会福利体系整合过程是一个利益再调整、再分配、再重组的过程，必须严肃查处各种剥夺、侵占、损害福利对象合法利益的违法犯罪行为，加大社会福利违法犯罪打击力度，提高社会福利违法犯罪成本，确保社会福利整合成果。

## 第五节　政策因素

制约我国社会福利体系整合的政策因素包括社会福利系统外部的政策和社会系统内部的政策两大类。

### 一　外部政策因素

制约社会福利体系整合的外部政策因素主要有三种：一是户籍政策。1958 年 1 月颁布的《中华人民共和国户口登记条例》，标志着中国城乡二元户籍制度正式建立。以二元户籍制度为基础分配社会福利保障资源，在城乡之间形成了各自独立的社会福利保障制度。在社会主义市场经济条件下，城乡二元户籍制度不仅影响劳动力合理流动，而且影响农村参保人员社会保险关系转移，是阻碍城乡社会福利体系整合的最大因素。2014 年 7 月发布的《国务院关于进一步推进户籍制度改革的意见》提出，建立城乡统一的户口登记制度，取消农业户口与非农业户口性质区分。但是，已经"附着"并"固化"在户籍身份上的社会保障待遇或社会保障特权无法在短期内消除，进城务工的农业人口要与城镇人口享受同等社会保障待遇，还有很长的路要走。二是就业政策。就业是民生之本，是推进经济社会发展和改善提高保障状况的根本途径。积极的就业政策能够拓展就业空间，提高劳动者就业率，增强社会保险缴费能力，扩大社会保险基金总量，提升社会保险制度整合能力。党的十八大明确提出"劳动者自主就业、市场调节就业、政府促进就业和鼓励创业"的就业方针，实施就业优先战略和更加积极的就业政策，推动实现更高质量的就业。鼓励自主创业和灵活就业，一方面有利于实现充分就业，减少和降低失业率；另一方面也增加了社会保险费征缴的难度，加大了社会保险关系转移接续的工作量。三是分配政策。社会福利保障制度具有校正和调节初次分配的功能，初次分配政策对社会福利体系整合的影响较大。如果初次分配的社会公平度高，初次分配的社会差距小，则通过社会福利保障制度调节收入分配的压力就小，社会福利体系整合的难度就低；如果初次分配的社会公平度低，初次分配的社会差距大，则通过社会福利保障制度调节收入分配的压力就大，社会福利体系整合的难度就高。因此，初次分配政策既要坚持效率原则，也要坚持公平原则，为社会福利体系整合创造良好的分配环境。

## 二　内部政策因素

制约社会福利体系整合的内部政策因素是指社会福利政策本身，主要表现为三种情形：一是政策碎片化。一个福利项目一个政策，同一类型的福利项目有多个福利政策，政策碎片化是制度碎片化的政策根源。例如，在基本养老保险政策领域，有城镇企业职工基本养老保险政策、事业单位职工基本养老保险政策、机关工作人员退休养老政策、新型农村社会养老保险政策和城镇居民基本养老保险政策；在基本医疗保险政策领域，有机关事业单位公费医疗政策、城镇企业职工基本医疗保险政策、新型农村合作医疗政策和城镇居民基本医疗保险政策等。政策碎片化导致社会福利体系的整合难度大，整合进展慢，整合时间长。二是政策变化快。在"只争朝夕"的赶超型发展理念下，一些社会福利政策尚未完全定型，就不得不做出调整改变。例如，城乡居民基本养老保险制度的建立与发展。2009 年 9 月，国务院下发《关于开展新型农村社会养老保险试点的指导意见》，决定建立新型农村社会养老保险制度，要求在 2020 年之前基本实现对农村适龄居民的全覆盖。2011 年 6 月，国务院下发《关于开展城镇居民社会养老保险试点的指导意见》，要求在 2012 年底全面建立城镇居民社会养老保险制度。2014 年 2 月，国务院发布《关于建立统一的城乡居民基本养老保险制度的意见》，决定合并新型农村社会养老保险制度和城镇居民社会养老保险制度，在全国范围内建立统一的城乡居民基本养老保险制度。又如事业单位人员养老保险制度改革。2008 年 3 月，国务院印发《事业单位工作人员养老保险制度改革试点方案》，试图建立单独的事业单位工作人员养老保险制度，但历经七年的改革试点没有取得实质性进展，证明孤立改革事业单位养老保险制度行不通。2015 年 1 月，国务院发布《关于机关事业单位工作人员养老保险制度改革的决定》，决定统一改革机关事业单位工作人员养老保险制度，实际上否定了 2008 年单独改革事业单位工作人员养老保险制度的政策初衷。三是政策差异大。政策差异主要体现在同一政策在不同统筹区域之间的差异，政策的地域差异增加了跨区域衔接与整合的难度。例如，新型农村合作医疗制度，有的是县级统筹，有的是地（市）级统筹，不同统筹范围之间的住院报销比例和门诊减免比例不同，参保人员跨统筹区域流动时，新农合关系转移接续难度大。又如，农民工就业流动性大，基本养老保险和基本医疗保险便携性差，转移接续社会保险关系的手续烦琐等。

## 第六节　人才因素

制约我国社会福利体系整合的人才因素主要包括三个方面：一是数量严重不足。我国的社会福利体系规模庞大，社会福利体系整合涉及非常繁重复杂的业务经办，必须有充足的人才队伍作为支撑。但是，与社会福利覆盖面的迅速扩大相比，社会福利经办队伍的增长速度相对滞后，处于超负荷运转状态，难以适应和满足社会福利体系整合的需要。以社会保险经办系统为例，经办人员的增长速度远远赶不上社会保险制度的膨胀速度，全国社会保险经办系统相对应的各个险种的参保人次人均负荷比不断攀升，从 2000 年的 1∶2757（1 个经办人员对应 2757 参保人次），提高到 2012 年的 1∶9692。[①] 截至 2013 年底，全国参加基本养老保险人数 81968 万人，参加城镇基本医疗保险人数 57073 万人，参加工伤保险人数 19917 万人，参加失业保险人数 16417 万人，参加生育保险人数 16392 万人，五项社会保险参保总人数达到 191767 万人；与此同时，全国社会保险经办机构 8363 个，工作人员 17.7 万人。[②] 截至 2013 年底，平均每个经办人员对应的参保人数从 2012 年的 1∶9692 人，提高到 2013 年的 1∶10834 人，一年间增加了 1142 人。由于工作量成倍增加，县市级经办机构及其工作人员处于超负荷运转状态，不得不超编使用工作人员。据不完全统计，2012 年全国就有 26 个省份

---

① 郑秉文：《中国社会保险经办服务体系的现状、问题及改革思路》，《中国人口科学》2013 年第 6 期。

② 《人社部发布 2013 年全国社会保险情况》，2014 年 6 月 24 日，人民网（http: politics. people. com. cn/n/2014/0624/c1001−25194397. html）。

（含新疆生产建设兵团）超编，累计超编 15431 人[①]。二是编制身份混杂。目前，全国从事社会福利经办工作人员的编制身份大致分为公务员编制、参公人员编制、事业编制和合同聘用制等多种身份，不同编制身份的工作人员管理方式不同，工资福利待遇不同，激励机制不健全，严重影响工作队伍的稳定性和专业化。三是素质亟待提高。根据社会福利体系整合的新要求，亟待提高社会福利经办队伍特别是基层经办队伍的整体素质。在专业结构方面，需要大量吸纳掌握社会福利政策和熟悉社会福利业务的高级专门人才；在学历结构方面，需要大幅提高现有人员的学历层次。2012 年的统计数据显示，全国社会保险经办系统中，硕士及以上仅占 2.2%，大学本科占 47.8%，专科占 39.8%，高中及以下占 10.2%。[②]

## 第七节　技术因素

在社会福利体系整合过程中，随着福利覆盖面持续扩大，制度整合进程加快，统筹层次提高和人员流动频繁，需要处理的信息量将呈几何级数增加。数据更新交换迅速，依靠传统的手工操作和低水平的单机管理已经无能为力，必须构建现代化的技术支持体系。离开现代化的计算机技术、信息技术和网络技术，实现社会福利体系整合将成为"空中楼阁"，必须提高社会福利体系整合的技术含量。

制约社会福利体系整合的技术因素主要包括数据库建设技术、数据分析技术、数据整合技术、信息存储技术、信息管理技术、信息服务技术、信息共享技术和信息安全技术等。通过加快社会福利保障信息化建设，构建先进实用的技术体系，对实现社会福利体系整合具有多方面的价值和意义：一是提高社会福利决策的科学性。社会福利整合的宏观决策，需要依托全面完整、客观真实、准确可靠的数据支撑。通过信息化建设，有利于对社会福利保障数据进行全面收集、汇总和分析，为宏观决策和政策制定提供准确数

---

①　郑秉文：《中国社会保险经办服务体系的现状、问题及改革思路》，《中国人口科学》2013 年第 6 期。

②　同上。

据，预防和减少宏观决策失误。二是提高经办管理的效率性。通过信息化建设，将各种社会保障信息纳入信息系统管理，可以规范信息管理流程，加快信息传递速度，减少信息失真，改变信息沟通不畅状况，有效地提高经办管理水平和工作效率。三是降低人员参保的重复率。信息管理技术落后，参保人与管理机构之间信息不对称，是导致重复参保的一个重要原因。通过加强信息系统建设，实现参保信息联网管理，可以及时发现重复参保人员，减少重复参保人数。四是扩大信息资源的共享性。通过建设标准统一的信息系统，不同社会福利保障的主管部门之间，可以及时交换和共享社会保障信息资源，既可以彻底打破"信息封闭"和"信息孤岛"现象，也能减少信息系统中的重复投资、重复建设和重复浪费的"痼疾"。五是增强人员流动的适应性。随着劳动力和人口流动日趋频繁，参保人员跨统筹地区流动、异地就医、异地养老人数逐年上升，跨区域的社会福利保障业务需求越来越大。通过建设全国统一的信息系统，可以方便跨地区流动、跨地区养老和跨地区就医的业务办理，满足劳动者和参保人员跨地区求职、跨地区转移接续社会保险关系、跨地区享受社会保障待遇。六是提高信息服务的快捷性。通过信息系统建设，既为参保人员提供参保信息查询服务，提供网上手续办理服务，也方便参保人员及时了解政策规定及其变化。

## 第八节　思想因素

社会福利体系整合必然涉及利益调整与利益重组，而利益是人类最敏感的神经。社会福利体系整合的过程，也是一个各种思想观念碰撞、冲突、调适与重塑的过程，必须高度重视制约社会福利体系整合的思想因素。制约社会福利体系整合的思想因素表现为各种认识、观念、态度、心理和意识，广泛存在于社会福利政策的制定者、执行者、受益者和研究者中，既直接影响社会福利主管部门及其工作人员的行动，也影响广大社会福利对象的行为。

一是福利整合共识。顺利推进社会福利体系整合，首先必须在整合的紧迫性、必要性和重要性等方面形成基本的"重叠共识"，为整合行动提供认识基础和思想动力。如果认识不统一，宣传不到位，理解不深刻，行动不积极，再好的整合设计都会付诸东流。因此，推进社会福利体系整合，必须统一整合认识，达成整合共识，减少整合阻力。例如，党的十八大报告提出推进新型农村合作医疗制度与城镇居民基本医疗保险制度整合，建立统一的城乡居民基本医疗保险制度，但两年多来却进展缓慢，其中就有整合共识不足的深层原因。与此相反，整合新型农村社会养老保险制度与城镇居民社会养老保险制度的进度却非常迅速，其重要原因之一就是社会共识程度高，整合阻力小。

二是福利刚性预期。福利刚性预期是指社会成员对自己的福利待遇具有只许上升不能下降的心理预期，是世界各国社会福利发展中普遍存在的一种社会福利心理，并已内化为一种福利心理定式。这种社会心理期待福利规模只能扩大不能缩小，福利项目只能增加不能减少，福利水平只能提高不能降低。在社会福利体系整合过程中，福利刚性预期必然要求整合后的福利水平必须等于或高于整合前的福利水平，否则，新的福利整合政策将面临目标群体的反对和抵制，甚至会引发大规模的社会福利运动。我国 2008 年启动的事业单位工作人员养老保险制度改革试点之所以举步维艰甚至半途而废，就是因为它把事业单位工作人员与机关工作人员分离开来，试图向企业职工基本养老保险制度"看齐"，事业单位工作人员因担心降低退休金待遇而反对和抵制。

三是福利道德风险。道德风险普遍存在于社会福利保障领域，是影响社会福利制度运行和社会福利体系整合的重要思想因素。在社会保险领域，比较典型的道德风险行为包括社会保险金缴纳中的偷逃和拖欠行为、社会养老保险中提前或超额领取养老金的行为、社会医疗保险中蓄意过度消耗医疗资源的行为、失业保险中在隐性就业的同时领取保险的行为、工伤保险中的"闹工伤"行为。[①] 在社会救助领域，社会救助制度既带来福利依赖和反工作伦理问题，也产生"贫困陷阱"问题。[②] 此外，在社会救济中有谎报和虚报灾情骗取救济款的行为，在城乡低保运行中还有"人情保"、"关系保"等问题。如果福利道德风险演变为一种福利反文化，必然增加福利体系整合的难度，影响社会福利体系整合的质量。

---

① 黎民：《社会保障领域的道德风险及其规避》，《社会科学研究》2014 年第 5 期。
② 邹贵海、刘峥：《社会救助制度道德风险及防范》，《道德与文明》2010 年第 3 期。

四是福利保护主义。我国社会福利保障领域中长期形成的各种福利保护主义，严重阻碍了社会福利体系的整合。首先是身份保护主义。社会福利保障领域的身份保护主义表现在不同身份类型的社会成员之间，享有不同范围和水平的社会福利待遇，甚至形成福利分层和福利特权，违背社会公平原则。身份保护主义主要包括户籍身份保护主义（农村户籍与城镇户籍）、单位身份保护主义（机关单位、事业单位和企业单位）和社会身份保护主义（干部身份、工人身份和农民身份）三种类型。其次是部门保护主义。社会福利保障的不同主管部门，遵循经济人逻辑，从部门利益出发，在福利供给中要么争夺福利资源，要么逃避福利责任，要么相互推诿扯皮。再次是地方保护主义。经济发展水平和财政实力不同的地区之间，社会互助意识与社会互济精神不足甚至"嫌贫爱富"；担心整合过程中"吃亏"，"算计"整合过程中的"收益"；办理社会保险转移接续手续"条件苛刻"，转移社会保险基金"慢条斯理"。

# 第七章

# 中国社会福利体系整合的基本任务

从大福利视角出发，我国社会福利体系整合是一项复杂艰巨的社会系统工程，其基本任务包括社会福利制度整合、社会福利管理整合、社会福利政策整合、社会福利主体整合、社会福利类型整合和社会福利机制整合。

## 第一节　社会福利制度整合

在社会福利体系整合中，制度整合是关键，也是当务之急。在基本形成普遍型社会福利体系的基础上推进制度整合，可以倒逼其他方面的改革与整合。

### 一　教育保障制度整合

教育公平是社会公平的基础，教育保障整合是实现教育公平的重要途径。推进教育保障制度整合，核心是实现教育公平，归宿是提高教育质量。教育保障制度整合的主要任务有五：一是构建覆盖城乡的学前教育体系。学前教育是建设学习型社会的开端，在国民教育体系中具有重要地位；但学前教育仍是国民教育体系中的薄弱环节，投入不足，资源短缺，师资队伍不强，体制机制不完善，城乡区域发展不平衡。要坚持公益性和普惠性原则，以"扩大总量、调整结构、健全机制、提升质量"为重点；加大财政投入力度，重点扩大农村学前教育资源，解决贫困地区学前教育资源短缺问题；坚持发展公办幼儿园与扶持民办幼儿园"双管齐下"，扩大城乡幼儿园的覆盖面；加强幼儿园教师队伍建设，完善幼儿园教师待遇保障机制；健全幼儿园监管体系，强化幼儿园保育教育指导。二是深入推进义务教育均衡发展。义务教育是国民教育的基础，义务教育制度是教育领域的底线公平制度，推进义务教育均衡发展是实现教育公平的基础。要增加优质教育资源供给，扩大优质教育资源覆盖面，推动优质教育资源共享，缩小重点学校与普通学校差距；增加义务教育经费的公共财政投入，加大对西部地区、农村地区和贫困地区的支持力度，推进义务教育学校标准化建设，均衡配置城乡义务教育学校办学资源；实行城乡统一的中小学编制标准，改善教师资源的初次配置，重点为边疆、民族、贫困、农村地区培养和补充紧缺教师，合理配置教师资源；坚持以流入地为主、以公办学校为主的"两为主"政策，保障和满足进城务工人员随迁子女在公办学校平等接受义务教育；健全农村留守义务教育学生关爱服务体系，确保留守学生顺利完成义务教育。三是统筹发展普通高中教育和中等职业教育。改变重视普通高中教育、轻视中等职业教育的传统观念，树立普教职教一视同仁的现代教育理念；扩大中等职业学校招生规模，保持中等职业教育与普通高中教育的比例大体相当；探索普通高中教育与中等职业教育融合、贯通模式，通过学籍互转、共享课程资源、教师资源和教育设施等形式实施普职融通教育。四是全面深化高等教育综合改革。调整优化高等教育内部结构，转变高等教育发展方式，坚持走内涵式、多样化、特色化的发展道路；实施中西部高等教育振兴计划，促进高等教育区域协调发展；以适应经济社会发展需求为导向，优化高校学科专业结构；创新高校人才培养机制，深化教育教学改革，提高人才培养质量。五是建设现代职业教育体系。健全从中职、专科、本科到专业学位研究生的培养体系，完善职业教育层次结构；坚持政府、企业和社会力量共同办学格局，形成公办和民办职业院校共同发展的职业教育办学体制；优化职业教育服务产业布局，统筹职业教育区域发展布局，推动职业教育集团化发展；加强中等职业教育基础地位，优化高等职业教育结构，完善职业人才衔接培养体系；改革职业教育专业课程体系，完善"双师型"教师培养培训体系，建立职业教育质量保障体系。

## 二 就业保障制度整合

就业是民生之本，建立覆盖全面、服务完善、规范有序、功能齐全的就业保障制度，促进就业保障制度整合，为劳动者提供劳动过程的全程保护。一是健全覆盖城乡的公共就业服务体系。以高校毕业生、农村转移劳动力、城镇就业困难人员和零就业家庭为重点服务对象，构建覆盖城乡、功能齐全、布局合理、方便可及的公共就业服务网络。做好就业指导、职业中介服务、创业服务、就业援助、职业技能培训、技能鉴定、劳动关系协调、劳动保障监察、劳动人事争议调解仲裁、就业失业登记管理工作，全面提升就业全过程公共服务能力。二是改善失业保险制度。进一步扩大失业保险参保对象，将所有职工纳入失业保险体系，提高失业保险参保人群的公平性；缩小失业人数与领取失业保险金人数的差距，扩大失业者的失业保险金受益面；综合考虑物价变化、最低工资标准、最低生活保障标准等因素，建立失业保险金标准的弹性调整机制；重新界定失业保险制度的功能，改进失业保险基金支出结构，综合发挥失业保险基金的失业补偿功能、预防失业功能和促进再就业功能；规范失业保险基金使用程序和范围，加强对失业保险基金管理使用的监督。三是完善劳动保护制度。健全安全生产制度，强化政府的安全生产监督管理责任，全面落实生产经营单位、从业人员的安全生产责任，减少生产安全事故，提高生产安全保障水平；完善职业病防治制度，全面建立前期预防制度、劳动过程中的防护与管理制度和职业病诊断与职业病人保障制度，保护劳动者的生命健康权益；修订工伤保险制度，细化工伤认定程序，提高工伤保险统筹层次，兑现工伤保险待遇，确保因工作遭受事故伤害或者患职业病的职工获得医疗救治和经济补偿，促进工伤预防和职业康复。

### 三 养老保障制度整合

养老保障制度整合的重点是正确处理机关事业单位工作人员退休保障制度、城镇企业职工基本养老保险制度、新型农村社会养老保险制度和城镇居民社会养老保险制度之间的关系，四种养老保障制度在缴费标准、管理方式、待遇水平上存在着较大差异，不仅不同制度之间难以衔接，而且存在着较为严重的社会不公现象。为此，需要全面深化养老保障制度改革，通过制度整合，建立全面覆盖、相互衔接、水平适度的社会养老保障制度。

推进养老保障制度整合的主要任务有四个：一是建立机关事业单位工作人员养老保险制度。长期以来，机关事业单位工作人员实行公共财政支撑的退休保障制度，养老金替代率高于企业职工，引起广泛的社会争议。实践证明，把事业单位工作人员剥离出来，单独改革事业工作人员养老保障制度的做法也行不通，必须综合改革现行机关事业单位工作人员退休保障制度。2015 年 1 月，国务院发布《机关事业单位工作人员养老保险制度改革的决定》（国发〔2015〕2 号），提出建立独立于机关事业单位之外、资金来源多渠道、保障方式多层次、管理服务社会化的养老保险体系，实行社会统筹与个人账户相结合的基本养老保险制度。二是深化企业职工基本养老保险改革。继续扩大企业职工基本养老保险的覆盖面，实现各类企业职工参加基本养老保险全覆盖；提高基本养老保险统筹层次，实现省级统筹，增强调剂能力；加快做实个人账户，保证资金安全和保值增值；实施优惠政策，建立企业年金制度。三是整合城乡居民社会养老保险制度。我国已具备城乡居民社会养老保险制度整合的经济基础、政策基础和实践基础，建立一体化城乡居民社会养老保险制度的时机已经成熟。2014 年 4 月 21 日，国务院发布《关于建立统一的城乡居民基本养老保险制度的意见》，决定在全国范围内建立统一的城乡居民基本养老保险制度。截至 2014 年底，全国已有 30 个省（区、市）出台城乡居民基本养老保险制度整合的实施办法及相关配套政策。四是建立全民基础养老金制度。民众的养老保障需求是无限的，养老保障供给能力则是有限的，需要在保障需求无限性和保障能力有限性之间找到一个平衡点。全民基础养老金制度满足公民养老需求中具有共同性和一致性的底线需求，为公民养老提供底线保障。我国现行的基本养老保险制度中均设有基础养老金制度，实现基础养老金全国统筹具有坚实的制度基础。在"全民基础养老金制度"下，实现基础养老金标准的全国统一，所有中国公民在退休后（城乡居民可以规定统一的受益年龄标准）均可享受同等水平的基础养老金待遇。至于养老保障中的个人贡献和激励机制，可通过"个人账户"制度来解决。贡献大、缴费多的个人，个人账户只设下限不封顶，多缴多得，少缴少得。这样，个人基本养老保障就由两个层次构成：底层是遵循底线公平原则的"全民基础养老金制度"，满足公民的底线保障需求；上层是遵循效率优先原则的"个人账户"制度，满足公民的非底线保障需求。

#### 四　医疗保障制度整合

我国已建成覆盖全民的医疗保障体系，基本实现了"全民医保"目标。在实现基本医疗保障全覆盖的基础上，推进基本医疗保障制度整合成为重中之重。

一是彻底改革和取消公费医疗制度。1998 年 12 月，国务院发布《关于建立城镇职工基本医疗保险制度的决定》（国发〔1998〕44 号），要求所有城镇用人单位（包括机关、企业、事业单位、民办非企业单位等）及其职工全部参加城镇职工基本医疗保险制度。但是，至今仍有个别地区和部分人群享受公费医疗，公费医疗制度成为特殊人群的"特权福利制度"，严重损害基本医疗公平。必须彻底取消公费医疗制度，将享受公费医疗的人群纳入城镇职工基本医疗保险制度，真正实现基本医疗公平。

二是推进职工基本医疗保险异地就医结算服务。在基本医疗保险统筹层次多级化的条件下，以异地安置退休人员和异地住院费用为重点的异地就医结算成为职工基本医疗保险制度整合的核心内容。尚未完成市级统筹的地区，要以全面实现市域范围内医疗费用直接结算为目标，推进和完善基本医疗保险市级统筹；已经实现市级统筹的地区，在统筹区内就医直接结算，并逐步实现制度政策、基金管理、就医结算、经办服务、信息系统方面的统一。规范省内异地就医直接结算，建立完善省级异地就医结算平台，通过平台开展省内异地就医直接结算；加强跨省异地就医的顶层设计，统筹考虑各类跨省异地就医人员需求，推进跨省异地就医直接结算。

三是整合城乡居民基本医疗保险制度。2003 年和 2007 年先后实施的新型农村合作医疗制度和城镇居民基本医疗保险制度，为保障城乡居民健康和实现全民医保做出了重大贡献。两项制度的经办管理分属不同的政府主管部门，两项制度之间缺乏有效的衔接机制，导致两个参保群体之间攀比待遇、重复参保等现象，造成财政重复补助和社会资源浪费，整合两项制度建立统一的城乡居民基本医疗保险制度迫在眉睫。国务院对整合新型农村合作医疗制度和城镇居民基本医疗保险制度提出了明确要求，部分地区也积累了新型农村合作医疗制度与城镇居民医保制度整合的成功经验，推进整合的关键在于理顺主管部门的职能归属。

四是全面建立城乡居民大病保险制度。2012 年启动实施的城乡居民大病保险，是基本医疗保障制度的拓展和延伸，是对基本医疗保障的有益补充。建立城乡居民大病保险制度，有利于推动医保、医疗、医药互联互动，有利于促进政府主导与市场机制作用相结合，有利于提高基本医疗保障水平和质量。

五是整合农村医疗救助和城市医疗救助制度。我国先后于 2003 年和 2005 年建立农村医疗救助制度和城市医疗救助制度，实现了医疗救助制度的城乡全覆盖，但至今仍是两个制度平行运行，对城市和农村贫困居民实行分类救助。随着在户籍制度改革中取消农业户口与非农业户口区分，特别是建立城乡统一的户口登记制度，必须尽快建立统一的城乡居民医疗救助制度。在此基础上推进城乡居民医疗救助制度与城乡居民基本医疗保险制度、城乡居民大病保险制度相结合，实现各项制度之间无缝衔接，提高医疗救助制度的社会效益。

### 五 住房保障制度整合

"住有所居"是公民的基本福利需求，维护公民的居住权利是政府的社会保障职责。20 世纪 90 年代末全面实施住房制度改革以来，计划经济时期的福利房逐步退出历史舞台，我国城乡居民现行住房大致可以分为商品房、保障房和自建房三类。保障房是社会保障性住房的简称，具有社会保障的福利性；根据产权性质和保障方式，保障性住房可以分为保障性商品房（包括安居房、经济适用住房、限价商品房和部分安置房等）和保障性租赁房（廉租住房和公共租赁住房）两类。我国的保障性住房制度是弥补住房市场化和商品化"失灵"的产物，在制定过程中具有鲜明的"应急"色彩，呈现出"头痛医头，脚痛医脚"的特点，产生了严重的碎片化现象。现有保障性住房不仅名称众多，产权多样，而且对象交叉重叠，有时难以准确区分，迫切需要加强整合。住房保障制度整合的主要任务有四个：一是继续适度建设普通商品房，满足中高收入群体的住房需求。随着经济社会发展和生活水平提高，人民群众必然产生改善居住条件和提高住房品质的客观需求。对于具备较高支付能力的中高收入群体而言，完全可以通过购买商品房满足居住舒适住房的需求。二是整合经济适用住房制度和限价商品房制度，建立统一的保障性商品房制度。经济适用住房是面向城市低收入住房家庭供应的、具有保障性的商品住房；经济适用住房的价格以保本微利为原则，购买者在一定期限内拥有"有限产权"。限价商品房一般称为"两限房"，是限定套型面积和限定价格的保障性商品住房，主要用于解决那些既无力购买商品房又不能享受经济适用住房政策的低收入家庭的住房问题。限价商品房的价格略高于经济适用房，购买限价商品房拥有完全产权。经济适用住房和限价商品房具有许多共同点：既有商品性也有福利性，保障对象为低收入家庭，购买者都能拥有产权，完全可以合并为"保障性商品房"。三是整合廉租住房制度和公共租赁住房制度，建立统一的保障性租赁住房制度。我国先后建立的廉租住房制度和公共租赁住房制度，在本质上没有实质性区别，独立平行运行产生了一系列问题，完全可以合并为一个统一的保障性租赁住房制度，国家也出台了公共租赁住房和廉租住房并轨运行的政策。四是建立统筹城乡的住房救助制度。针对住房困难的城乡社会救助对象建立托底性保障的住房救助制度，确保城乡特殊困难群众获得能够满足其家庭基本生活需要的住房。

### 六　生活保障制度整合

我国的生活保障体系由城市居民最低生活保障制度、农村最低生活保障制度和农村五保供养制度构成；"农村五保"建立时间最长，"城市低保"次之，"农村低保"最后。"三保并立"的格局是多种原因共同作用的结果，这种格局造成最低生活保障制度内部的"碎片化"和"底线不公平"，推进"三保整合"是大势所趋。一是三个制度的目标群体具有共同性。无论是城市低保对象、农村低保对象还是农村五保对象，归根结底都是"贫困群体"，完全可以纳入一个制度中统筹考虑。二是三个制度的资金筹集模式相同。无论是城市低保、农村低保还是农村五保，主要依靠公共财政支撑，区别主要在于各级政府承担的责任大小不同。三是三个制度的保障逻辑取向相同。无论是城乡低保制度还是农村五保制度，都遵循"结果主义"逻辑而非"原因主义"逻辑，只要陷入贫困，不分致贫原因只认贫困结果。四是三个制度的政府主管部门相同。城市低保、农村低保和农村五保的主管部门都是民政部门，三者之间的整合是一个"内部性"问题而非"外部性"问题，整合难度相对较小。

实现生活保障制度整合，可采取"三步走"策略：第一步是建立城乡一体化的最低生活保障制度。整合过程中分为"一套制度，两个标准"和"一套制度，一个标准"两个阶段，第一阶段实现城乡低保制度并轨，第二阶段实施补助标准并轨。第二步是建立"三保合一"的生活保障制度。首先整合城乡低保与五保，实现"三保"制度合一，然后缩小"三保"补助差距，实现"三保"标准合一。第三步是推进生活保障制度与相关制度整合。一是推进生活保障制度与扶贫制度的衔接，将低保对象和扶贫开发对象区分开来，对丧失劳动力的发放低保金，对有劳动能力的进行扶贫开发。二是推进生活保障制度与就业保障制度的衔接。对处于劳动年龄和具有劳动能力的低保对象，最重要和最持久的脱贫对策是加强职业技能培训，提高就业技能，提供就业岗位。三是推进生活保障制度与养老保障制度的衔接。60岁以上的低保对象，可以把低保制度与养老保障制度合并，以基本养老保障标准作为低保标准，提高低保标准，维持老年人的基本生活水准。四是推进生活保障制度与教育保障制度的衔接，为贫困家庭子女提供公共教育保障，提高贫困家庭子女的受教育程度，增强整个贫困家庭的脱贫能力，预防和避免"贫困陷阱"、"贫困传递"和"贫困循环"。

## 第二节　社会福利管理整合

社会福利管理是政府公共管理和社会管理的重要组成部分，是政府管理义不容辞的责任。推进社会福利管理整合，是改变社会福利管理碎片化的客观要求，是增进社会福利公平性的必由之路，是提高社会福利管理效能的必然选择。

### 一　管理职能整合

在政府的公共管理中，管理职能的确定是设置管理机构的基本依据，管理职能的变化是调整改革管理机构的前提条件。只有首先明确管理职能，才能合理设置管理机构。在我国社会福利发展过程中，随着社会福利项目不断增加，社会福利管理职能日益拓展，分别由不同管理部门承担。由于保障方式和保障机制的不同，出现了同一类型社会福利的管理职能由多个部门共同分担的格局，造成了社会福利管理职能的碎片化。在历史上，曾经出现过农村社会养老保险制度的管理职能由民政部门承担的现象，后来移交给了劳动和社会保障部门。在现实中，最有代表性的典型案例是医疗保障制度的管理职能被一分为三：城镇职工和城镇居民基本医疗保险制度与城乡居民大病保险制度的管理职能属于人力资源和社会保障部门，新型农村合作医疗制度的管理职能属于卫生计生部门，城乡医疗救助制度的管理职能属于民政部门。因此，重新划分新型农村合作医疗制度的管理职能，已经成为我国社会福利管理职能整合的关键难点和首要任务。

2012 年 11 月，党的十八大明确提出"整合城乡居民基本医疗保险制度"；2013 年 11 月，十八届三中全会通过的《中共中央关于全面深化改革若干重大问题的决定》中再次重申和强调"整合城乡居民基本医疗保险制度"。对于整合城镇居民基本医疗保险制度和新型农村合作医疗制度以及建立一体化的城乡居民基本医疗保险制度的必要性、重要性和紧迫性，社会各界已经达成共识，整合进展缓慢的"瓶颈"在于制度整合后的管理职能归属。从理论上讲，新型农村合作医疗制度和城镇居民基本医疗保险制度整合后，城乡居民基本医疗保险制度的管理职能归属有三种选择：要么归属卫生计生部门，要么归属人力资源和社会保障部门，要么新建一个独立的管理部门。从地方性的整合实践看，绝大部分归属人力资源和社会保障部门负责管理和经办，并积累了比较成功的运行经验。2016 年 1 月 3 日，国务院发布《关于整合城乡居民基本医疗保险制度的意见》（国发〔2016〕3 号），提出："整合城镇居民基本医疗保险和新型农村合作医疗两项制度，建立统一的城乡居民基本医疗保险制度。"但遗憾的是，国务院颁布的《意见》中仍然没有直接明确制度整合后的管理职能归属，导致人力资源和社会保障部、卫生计生委两个部门先后发文"承担"整合职能。因此，在城乡居民基本医疗保险制度的管理职能归属上，中央政府必须"当机立断"了，不要再让两个现行主管部门继续纠结于"是否愿意移交"和"是否愿意接收"的问题上。

## 二　主管部门整合①

如何实现多元化的社会福利主管部门整合？理论上有三套备选方案：一是实行一元化的集中管理，以"大部制"设计合并现有相关主管部门，成立一个综合性的管理机构，由一个政府部门统管整个社会福利体系。由于"路径依赖"的历史惯性、行政管理分工的"刚性"以及社会福利项目的复杂性，难以实行"一元化管理"。二是在现有各个主管部门之上成立"社会福利综合协调委员会"，统一指导、协调和平衡各个主管部门之间的关系，形成社会福利管理的合力机制。该方案能够在一定程度上减少或缓解"部门分治"的弊端，但面临着机构膨胀、机构臃肿和协调权威性等严峻挑战，其操作性和可行性也存在着诸多难题。三是建立"分工协同联动制"。对现行的"分头主管制"进行"升级换代"，各个主管部门切实树立整体观念和全局意识，转变"部门利益至上"的行动逻辑；以有效满足社会成员的基本福利需求作为部门整合的立足点和结合点，在不同主管部门之间建立共享性的社会福利信息平台，健全规范化和制度化的沟通、协作与联动机制，共同满足不同社会成员的同一福利需求和同一社会成员的不同福利需求。综合考虑各种制约因素，在上述三套方案中，第三套方案最具可行性。

## 三　经办机构整合

经办机构是社会福利政策的具体执行机构，是确保社会福利政策能够落到实处的操作组织。我国现行社会福利经办机构主要有三种类型：第一类是社会保险经办机构。社会保险经办机构是人力资源和社会保障部门下设的社会保险业务经办机构，主要包括城镇职工五大社会保险、城乡居民基本养老保险和基本医疗保险。2014 年 6 月 24 日人力资源和社会保障部发布的《2013 年全国社会保险情况》数据显示：截至 2013 年底，全国共有社会保险经办机构 8363 个，工作人员 17.7 万人；全国建立劳动保障工作机构的街道社区 78271 个，占全部街道社区的 86.9%；在街道社区从事社会化管理服务的工作人员共有 14.8 万人，平均每个街道社区 1.6 人；全国有 25406 个

---

① 毕天云：《论大福利视阈下我国社会福利体系的整合》，《学习与实践》2012 年第 2 期。

乡镇建立劳动保障工作机构，占全部乡镇的 87.9%；乡镇从事社会化管理服务的工作人员 4.7 万人，平均每个乡镇 1.6 人。① 第二类是新型农村合作医疗经办机构。新型农村合作医疗的经办机构是原卫生部门下设和管理的业务经办机构，卫生部农村卫生管理司的专项调查结果发现，全国各地新农合经办机构的设置模式各有特点，设有省级、地（市）级、县（区）级和乡镇级四个层次。② 第三类是社会救助经办机构。社会救助经办机构由民政部门下设和管理，主要是办理城乡最低生活保障业务的"低保服务中心"、"低保站"和"低保所"。

在难以改变现有行政管理体制的前提下，如何整合各类社会福利经办机构？关键在于选择整合的地域范围。在城市，应以街道办事处为地域基础进行整合，一个街道办事处设立一个综合性的经办机构，把街道层次的各类经办机构集中起来，先采取"合署办公"，然后过渡到"实质性合并"。在农村，应以乡镇为地域基础进行整合，一个乡镇成立一个综合性的经办机构，把乡镇一级的新农合管理办公室、劳动社会保障所、低保站（所）等整合起来，也可以采取先"合署办公"，然后再"实质性合并"。以街道办事处和乡镇为地域基础进行整合，既能增加基层经办机构的工作人员，提高服务能力，又能统筹分散的管理资源，降低经办机构的运行成本。③

### 四　信息系统整合

随着社会福利覆盖面的扩大，参保人员数量快速增长，人员流动性不断增强，信息管理越来越重要，信息化建设越来越紧迫。彻底改变信息管理碎片化的根本出路在于加强信息系统整合，以此提升宏观决策水平，提高微观工作效率，满足人员流动需要，实现社会化管理，确保信息系统安全。信息系统整合涉及社会福利管理体制、主管部门的利益、社会福利政策的变化、建设经费的投入，以及计算机技术和网络技术的更新等因素，最难协调和解

---

① 《人社部发布 2013 年全国社会保险情况》，2014 年 6 月 24 日，人民网（http://politics.people.com.cn/n/2014/0624/c1001-25194397-2.html）。

② 卫生部农村卫生管理司：《农村卫生司进行新型农村合作医疗管理与经办机构调查》，《农村卫生工作通讯》2006 年第 14 期。

③ 毕天云：《论大福利视阈下我国社会福利体系的整合》，《学习与实践》2012 年第 2 期。

决的问题是非技术因素。信息系统整合必须坚持"全国统一、标准一致、网络互联、信息共享"的原则,采取"纵向贯通、横向衔接"的思路,有组织、有计划、分阶段实施。第一阶段实现各个主管部门的内部整合。各个主管部门内部实行全国统一的技术标准,人力资源和社会保障部门要健全统筹城乡的公共就业服务信息系统,整合城镇职工五大社会保险信息系统,建立城乡居民基本养老保险信息系统和基本医疗保险信息系统。2010 年 4 月,人力资源和社会保障部下发《关于进一步整合资源加强基层劳动就业社会保障公共服务平台和网络建设的指导意见》,整体规划了城乡基层社会保障信息系统建设。民政部门要实现各类社会救助信息系统特别是城乡低保信息管理系统的整合;卫生计生部门要实现新型农村合作医疗信息管理系统的整合;住房和城乡建设部门要实现保障性住房信息管理系统的整合。第二阶段实现不同主管部门之间的信息系统整合。各个主管部门相互共享信息资源,相互提供信息支持,彻底打破"信息部门化"、"信息地方化"等壁垒。

### 五　统筹层次整合

统筹层次整合是社会福利管理整合的重要组成部分,也是提高社会福利管理水平的客观要求。统筹层次不仅关系到社会福利保障的互济能力、地域公平和转移衔接,也关系到社会福利管理的统一性和效率性。统筹层次整合的重点是社会保险制度,主要包括三个方面:一是统一同一社会保险项目的统筹层次。当前,我国同一社会保险项目的统筹层次仍然存在着地区差异,有的是县级统筹,有的是市级统筹,有的是省级统筹。因此,缩小同一社会保险项目的统筹层次差距,是统筹层次整合的基础工程。例如,在全国范围内彻底完成城乡居民基本养老保险制度和基本医疗保险制度的市级统筹,完成城镇职工基本医疗保险制度的市级统筹和基本养老保险制度的省级统筹,完成城镇职工失业保险、工伤保险和生育保险的市级统筹。二是逐步提高不同社会保险项目的统筹层次。提高统筹层次涉及很多因素,统筹层次较低则问题较多,但全部实现全国统筹未必就没有问题。城镇职工基本养老保险中的基础养老金应该实现全国统筹,基本医疗保险中的"社会统筹"部分应该实现省级统筹,失业保险、工伤保险和生育保险应该在市级统筹基础上实现省级统筹,城乡居民基本养老保险和基本医疗保险应该实现省级统筹。三是规划城镇职工与城乡居民之间的社会保险统筹层次。随着户籍制度改革深化，以及城乡居民基本养老保险制度和基本医疗保险制度整合的实现，城乡居民与城镇职工之间的社会保险制度统筹势在必行。需要未雨绸缪，提前规划城镇职工与城乡居民之间的社会保险统筹及其统筹层次问题。

## 第三节　社会福利政策整合

### 一　社会福利政策整合的必要性

社会福利政策是调整社会福利关系、规范社会福利行为的行动准则，是解决社会福利问题和实现社会福利目标的工具和手段。由于各种原因，我国社会福利政策体系内部存在两类突出的"政策分离"现象：一类是社会福利政策在中央与地方之间的"纵向分离"。中央政府制定的社会福利政策，在地方政府"因地制宜"执行过程中产生了各式各样的"政策变通"、"政策变形"甚至是"政策走样"。有的社会福利政策被"悬置摆设"，有的社会福利政策执行缓慢，有的社会福利政策执行不力，有的社会福利政策"贯彻不全"，有的社会福利政策"目标置换"，等等。另外一类是社会福利政策在不同地区和领域之间的"横向分离"。一方面是地区分离，主要表现在不同省、市、县三级行政区划之间，由于存在着经济实力、财政能力、人口结构等方面的客观差异，导致同一级别的不同行政区划之间，在同一社会福利政策执行过程中形成"地方性"差异。有的地区覆盖面大、缴费多、待遇高，有的地区覆盖面小、缴费少、待遇低。在同一层级的不同地区之间形成差距，难以相互衔接融合，形成地区之间的"福利封闭"甚至"福利排斥"现象。另一方面是"领域分离"，主要表现在不同民生领域的社会福利政策之间"各自为政"和"独立运行"，缺乏相互关联机制和相互协同机制。例如，扶贫政策与低保政策之间、低保政策与就业政策之间、教育政策与扶贫政策之间，等等。

总之，社会福利政策体系内部的分离、矛盾甚至冲突，既有损社会福利政策的统一性和权威性，也影响社会福利政策执行的公平性和有效性，迫切需要推进社会政策体系的统筹与整合。

## 二　社会福利政策的纵向整合

纵向整合直接针对纵向分离。制定社会福利政策的行政主体分为不同的层级，纵向整合的目的在于实现国家福利政策与地方福利政策之间的一体化，保证同一福利政策在不同行政区划层次上的统一性。实现社会福利政策纵向整合的基本途径有二：一是自上而下整合。中央政府及其主管部门首先做好"顶层设计"，制定统一的国家政策，然后由地方政府逐级贯彻执行。如新型农村合作医疗政策、新型农村社会养老保险政策、城镇居民基本医疗保险政策和城镇居民社会养老保险政策的出台与实施，都是采取"自上而下"模式。"自上而下"整合模式具有权威性，有利于保持"政令统一"，能够加快社会福利政策推广进程，能够有效降低今后政策再整合的各种成本。例如，我国从 2011 年 7 月 1 日启动城镇居民社会养老保险试点，到2012 年底基本实现城镇居民养老保险制度全覆盖，先后仅用了一年半的时间。二是自下而上整合。在我国的社会福利发展中，有些社会福利政策的出台和实施，最先不是来自国家的统一设计，而是来自地方的创新实践，如城镇低保政策、农村低保政策和城乡居民社会养老保险整合政策等。中央政府在总结和提炼地方政策创新经验的基础上，制定和出台全国性的统一政策。"自下而上"模式既有利于充分调动和发挥地方的创造性和积极性，也有利于中央政府制定符合地方实际的统一政策，提高国家政策的针对性和有效性。坚持"自上而下"与"自下而上"的有机结合，根据实际需要灵活选择，既可以同时并举，也可以先后有别。

## 三　社会福利政策的横向整合

横向整合直接针对横向分离。横向整合的目的在于促进社会福利政策在不同地区、领域之间的相互衔接与相互融通。一是推进社会福利政策的地区整合。根据我国的行政区划层次，地区整合包括县际整合、市际整合、省际整合和全国整合四种形式。县域统筹是我国各种社会福利制度统筹的基础，县际整合是社会福利政策地区整合的起点。通过县际整合，实现县际的政策衔接与融通，既有利于劳动力的县际流动，也有助于社会福利的县际公平，还能为市域统筹创造条件。在县际整合的基础上实现市域统筹，在市域范围内实现福利政策的统一性。在市域统筹基础上，推进市际的政策衔接与融通，实现市际整合，均衡社会福利的市际差距，为省域统筹奠定基础。在市际整合基础上实现省域统筹，实现省域统筹范围内容的政策整合。在省域统筹基础上推进省际的政策衔接，实现省际整合，均衡社会福利的省际差异。省际整合机制的建立和运行，为全国整合奠定了基础，全国整合的时机也就成熟了。二是推进社会福利政策的领域整合。从理论上讲，社会成员的社会福利需求分为不同方面，社会福利政策对应于不同领域；但从实践角度看，不同方面的福利需求归根结底落脚于"个体"或"家庭"，不同领域的社会福利政策存在着内在关联性，不能把它们完全割裂开来。例如，在教育保障政策与就业保障政策之间，养老保障政策与最低生活保障政策之间，医疗保障政策与养老保障政策之间，收入保障政策与住房保障政策之间，完全具有相互衔接的必要与可能。

# 第四节　社会福利主体整合

在社会福利发展进程中，福利提供主体的类型不断增加，并日益呈现出多元化的趋势。福利供给主体的多元化为满足社会成员的各种福利需求提供了丰富的资源和渠道，有利于改进和提高社会成员的生活质量和福利水平。与此同时，也要防止福利供给主体多元化演变为分散化和重叠化，降低福利供给的"合力"功能。为此，需要建立"政府主导、社会参与"的协同机制，有效整合多元福利主体的力量，减少福利供给主体之间的内耗，实现社会福利供给效益的最大化。

## 一　始终坚持政府的主导地位

### （一）政府在福利供给中的地位

政府在社会福利供给中的地位经历了一个历史发展过程，在社会福利发展的不同时期，政府的地位不尽相同。在传统农业社会中，处于社会福利供给"前台"的主体是家庭（家族）、社区和慈善组织，个人首先依靠家庭（家族）、社区和慈善组织来满足自己的福利需求。政府在福利供给中处于"后台"位置，扮演着"最后出场"的消极角色，政府提供的社会福利仅是对家庭、社区和慈善组织的补充，主要针对社会中的弱势群体特别是贫困人群。① 在中国社会福利发展史上，新中国成立之前的历朝历代政府，在福利供给上也一直扮演着"补缺者"的辅助角色，所提供的福利支持也主要限于弱势人群。②

在现代工业社会中，政府成为最重要的福利供给主体，扮演着福利供给主导者的角色，主要源于两个方面的原因③：一方面是国家责任的转变。近代国家理念强调国家权利源于公民权利，国家不得干预公民个人自由权，国家充当"守夜人"角色。19 世纪末 20 世纪初，自由资本主义向垄断资本主义转变，经济危机产生社会问题，个人和家庭的抗风险能力面临严峻挑战，要求政府积极干预社会事务以保护全体公民特别是社会弱者的生存权和发展权。政府在社会福利供给中从"后台"走向"前台"，政府为公民提供社会福利既是政府的重要责任，也是政府获得合法性的重要基础。另一方面是政府能力的增强。在现代工业社会，满足日益增长的社会福利需求，需要大量的社会福利资源。如果仅仅依靠民间组织，远远不能解决福利资源的筹集与调动问题。只有通过政府的力量，才能调动和整合各种社会资源，保障社会福利的供给。在工业社会，随着国民经济增长，国家拥有广泛税源，财政收入不断增加，政府也拥有足够的财力为民众提供社会福利。"传统社会网络无力应对市场给人们生活带来的不确定性危机，只有国家有能力运用手中的权力保护人民免于社会风险。"④ 总之，在现代工业社会，政府承担福利供给主导责任是绝大多数发达国家的共性特征。中国正在追求和实现社会现代化的宏伟目标，不能也不应该违背世界社会福利发展的共同趋势和普遍规律。

（二）政府在福利供给中的责任

政府作为福利供给的主导者，主要承担六个责任：一是选择社会福利制度。社会福利制度是一个国家社会福利发展中最为重要和关键的问题，福利制度选择不当或者失败，所带来的不仅仅是社会福利事业发展的挫折问题，

---

① 毕天云：《社会福利供给系统的要素分析》，《云南师范大学学报》2009 年第 5 期。
② 参见王子今、刘悦斌、常宗虎《中国社会福利史》，中国社会出版社 2002 年版。
③ 周沛：《社会福利体系研究》，中国劳动社会保障出版社 2007 年版，第 97 页。
④ 钱宁：《现代社会福利思想》，高等教育出版社 2006 年版，第 193 页。

还有可能是国家的失范与动荡问题。在任何一个国家，社会福利制度的选择权和决策权只可能由政府行使，也必须由政府行使。目前，世界上已有172个国家和地区建立了不同形式、不同程度的社会福利制度。① 立足中国的历史与传统，辩证认识和合理借鉴国外福利模式，选择一个适合中国国情的社会福利制度，是我国政府作为社会福利供给主体最重要的职责。我国政府已建成覆盖城乡全体居民的社会保障体系。二是制定社会福利法规。通过国家立法推动社会福利体系的建立和完善，是世界各国社会福利发展史上的共同做法和成功经验，是实现社会福利法制化的根本途径。改革开放以来，我国一直努力推进社会福利法制建设，在2010年10月28日通过了《中华人民共和国社会保险法》。《中华人民共和国社会保险法》的颁布与实施是我国社会福利法制化进程中的一座里程碑，有利于规范社会保险关系，维护公民合法权益，为社会保险制度良性运行提供了坚实的法律保障。三是制定社会福利政策。制定和实施社会福利政策既是现代政府的重要职责，也是现代政府公共政策能力的体现。通过制定和实施社会福利政策，既能把社会福利法律法规具体化，又能为社会福利实践提供具体规范和准则。在社会福利立法相对滞后、"政策治理"传统比较深厚的中国，社会福利政策具有十分重要的作用。新中国成立以来，各级政府颁布和实施了一系列的社会福利政策，促进了中国社会福利事业的发展。四是提供社会福利资金。政府通过财政转移支付对社会福利进行投入是世界上许多国家的普遍做法，政府的财政支持是社会福利资金的重要来源之一，也是政府作为福利供给主体的重要职责。改革开放以来，中央政府和地方政府逐年加大社会福利保障的财政投入，用于社会福利保障的财政支出不断增加，社会福利保障水平不断提高。五是兴办社会福利设施。社会福利设施是保障全体社会成员特别是弱势群体基本生活权益的物质基础，是为社会成员提供社会福利服务的"硬件"。社会福利设施的数量和质量是衡量一个国家社会福利水平的重要指标，也体现一个政府对社会福利发展的重视程度。由于社会福利设施属于非营利性设施，完全依靠市场力量（公司企业）投资兴办显然不切实际，完全依靠民间力量也难以满足社会需要，政府应该成为兴办社会福利设施的主体力量。改革开放

---

① 张彦、陈红霞：《社会保障概论》，南京大学出版社1999年版，第24页。

以来，我国的社会福利设施建设成效显著，较好地满足了特殊群体（老人、儿童、残疾人）的福利需要。六是整合其他福利主体。在多元福利主体中，唯有政府才具备对其他主体进行整合的资格和能力。政府要主动加强与其他福利主体之间的联系，在不同福利主体之间建立通畅高效的沟通交流机制，及时协调并处理不同福利主体之间的关系；政府要为其他福利主体划定相对的边界与空间，保证各个福利供给主体之间既有相互分工，又有相互配合；政府要综合协调不同福利主体的行为，避免福利资源筹集中的"福利争夺"现象，提高福利分配的效率与公平。

## 二　充分发挥非政府主体作用

### （一）强化单位的福利责任

工作单位是现代社会中的主要福利供给主体，承担着重要的福利供给责任。美国学者内尔·吉尔伯特和保罗·特雷尔指出："工作单位——工厂、农场、大学和服务公司——常常为其职员提供连同正常薪酬一起的与工作相关的商品和服务以提升他们的福利。……工作单位不仅提供了日常生活开支的来源，而且提供了各种工作福利，即平常所说的额外或职业福利。"[①] 我国是一个典型的"单位制"社会，工作单位是我国占主导地位的业缘组织，在社会生产和社会生活中承担着多方面的社会功能。工作单位的福利供给责任总体上分为两大类：一是履行社会保险缴费责任。社会保险是我国社会福利体系的核心，社会保险缴费直接关系到整个社会保险制度体系的正常运行与持续发展。各类工作单位承担着为职工缴纳养老保险、医疗保险、失业保险、工伤保险和生育保险费的法定责任，只有按时足额缴纳各类社会保险费，才能为社会保险体系的正常运行提供资金支持。二是健全单位职工福利制度。单位福利是以工作单位（机关、事业、企业等）为主体，举办集体生活和服务设施，建立各种补贴制度，向职工提供物质帮助和服务活动的总称。由于单位福利的受益对象主要限于单位内部的职工和职员，单位福利也可称为职工福利。发展和健全单位福利，有利于改善职工生活质量，增强职

---

① ［美］内尔·吉尔伯特、保罗·特雷尔：《社会福利政策导论》，黄晨熹、周烨、刘红译，华东理工大学出版社 2003 年版，第 11 页。

工凝聚力，提高单位竞争力。由于我国单位类型的多样性，决定了我国单位福利制度的多样化，主要包括机关单位福利制度、事业单位福利制度和企业福利制度。

（二）完善社区福利服务体系

社区既是人类共同生活的地域共同体，也是社会福利供给的重要主体之一。从社会的空间结构看，社区是承接和落实社会福利的地域平台。只有地域性的社区福利基础坚实了，整个国家的社会福利体系才不会成为"空中楼阁"。社区福利的典型形式是社区福利服务，涉及居民的"婚、生、幼、教、孤、残、扶、贫、老、病、丧"等方面，涵盖居民生命的全部历程。①

社区福利服务包括两大类：一类是社区内部组织提供的福利服务。一是老年人服务。包括生活照料方面的服务、生理保健方面的服务、心理保健方面的服务、文化娱乐和再学习方面的服务以及婚姻家庭方面的服务。二是残疾人康复服务。包括通过医学手段保存、改善和恢复残疾人身体功能的医学康复，为残疾人重新参与社会生活提供文化素质条件的教育康复，为残疾人就业或重新就业提供培训教育的职业康复，以及为残疾人平等参与社会生活、实现人生价值创造条件的社会康复。三是儿童生活照顾服务。包括对完整家庭的儿童提供支持性服务，对不完整家庭的儿童提供保护性服务、补充性服务和替代性服务等。四是犯罪青少年的社区矫治服务。包括对青少年进行思想教育和行为矫正，建立社区矫治服务组织等。另外一类是政府委托社区实施的福利服务。主要有劳动与就业服务，实施最低生活保障制度服务，计划生育及残疾人保健服务，离休、退休人员管理，社会救助的审查与发放，部分优抚对象的定期抚恤、定期定量补助和优待金的发放，组织各种褒扬优抚对象及帮助优抚对象排忧解难的活动等。

（三）重视家庭的基础保障

家庭是建立在婚姻关系、血缘关系或收养关系基础上的生活共同体，是一个多种功能的社会共同体，保障功能是家庭的基本功能。在传统农业社会，家庭是最重要的福利提供者，有时甚至是唯一的福利提供者；在现代社会，虽然家庭的福利功能确实存在弱化现象，但家庭仍是不可缺少的福利提

① 江立华、沈洁：《中国城市社区福利》，社会科学文献出版社2008年版，第208页。

供者。重视家庭的保障功能，是中华民族的优良传统，我们不能重走西方福利国家"重新找回家庭"的老路。中国的家庭保障具有鲜明的伦理属性，家庭成员之间的相互扶助与支持是一种道德义务，渗透着浓厚的亲情关怀。在中国家庭中，父母不养育子女或子女不赡养老人、父母遗弃子女或子女遗弃父母等行为，首先遇到的是道德评价和道德谴责，而非法律的追究与惩罚。家庭至少可以提供三个方面的福利支持：一是物质支持。物质支持是家庭福利保障的基本形式，主要是货币支持与实物支持。中国家庭的物质支持包括父辈对子辈的支持、子辈对父辈的支持和同辈之间的相互支持。二是服务支持。服务支持体现为家庭成员之间的相互服务，如子女对父母日常生活的照料、夫妻之间的相互照顾、家庭成员对疾病患者的长期护理等。三是情感支持。家庭是情感因素最深厚的共同体，是思想感情交流最充分的场所。家庭能够消融社会生活中带来的各种苦恼和挫折，缓和个人与社会的紧张关系。

（四）支持慈善组织提供福利

慈善组织是"基于慈善和公益等非营利目的而设立并从事各种慈善或公益活动的组织或机构"①。慈善组织与社会福利之间具有内在亲和关系，慈善组织是为弱势群体提供福利支持的重要主体。慈善组织在福利供给中具有多方面作用②：一是募集慈善资源。慈善组织通过面向企业、政府、社会团体、福彩发行机构、海外机构和个人，募集资金（现金、支票、有价债券等）、实物（日常生活用品和医疗用品等）和劳务（慈善义工或慈善志愿者的志愿服务行为等）。二是实施慈善救助。慈善组织通过慈善救助行动把募集的慈善资源输送给最需要的人群，主要形式有慈善助贫（贫困老年人慈善救助、贫困儿童慈善救助和失业人员慈善救助）、慈善助残（改善残疾人居住环境、为残疾人提供志愿服务、兴办助残实体、组织残疾人职业培训等）、慈善助学（发放慈善助学金、岗位助学、结对子帮扶和设立助学基金等）和慈善救灾（募集救灾款物并及时发放给灾民以保障灾民的基本生活）。三是架接慈善桥梁。慈善组织既是连接政府与民众的桥梁，也是连接慈善捐助

---

① 孟令君主编：《中国慈善工作概论》，北京大学出版社 2008 年版，第 69 页。

② 毕天云：《论慈善组织的福利供给》，《云南民族大学学报》（哲学社会科学版）2009 年第 6 期。

者与受助者的桥梁。通过接受政府部门"委托",把政府福利传递和输送给有需要的福利对象;通过调查和收集社会成员特别是弱势群体的福利需求反映给政府,为政府的社会福利政策决策提供民意基础。通过收集慈善捐助者的信息或资源,为援助慈善需求者做好准备;通过收集慈善需求者的信息和需要,为慈善捐助者提供帮助对象。慈善事业在中国具有悠久的历史,大力发展慈善事业对于缩小贫富差距、化解社会矛盾、增进社会和谐具有重要的历史意义。

## 第五节　社会福利类型整合

社会福利的具体形态各式各样,归结起来不外乎货币福利、实物福利和服务福利三种类型。三类福利各有优点和缺点,促进三类福利均衡发展,实现三类福利协同补充,发挥三类福利的整合效应,是我国社会福利体系整合的重要任务。

### 一　坚持货币福利的基础地位[①]

货币福利是以现金形式支付的社会福利,是现代社会福利保障体系得以生存和持续的根基。现代社会福利保障体系以社会保险为核心,社会保险基金的预算、筹集、缴纳、管理、使用和支出,直接关系到社会保险制度能否正常运行和持续发展。现代社会福利保障体系中的社会救助制度,主要以公共财政资金为经济基础,没有公共财政的有力支持,各种社会救助就会落空,社会救助体系就可能解体。离开了资金保障,现代社会福利体系就无从建立,也难以维系;离开了资金保障,提高社会福利水平就会成为空话。总之,现代社会福利保障体系建设中,货币福利具有无可置疑的优先性,必须坚持货币福利的基础地位。

在我国社会福利体系中,货币福利是最普遍、最基本、最重要的福利类型,广泛存在于社会福利保障的各个领域。在教育保障领域,有为学生减免的学费杂费、发给各级各类学生的助学金和奖学金;在就业保障领域,有下

---

① 毕天云:《论普遍整合型福利体系》,《探索与争鸣》2011 年第 1 期。

岗失业人员的失业保险金、职业技能培训补助金；在医疗保障领域，有城镇职工和城乡居民住院的医疗保险统筹基金、城乡医疗救助基金、生育保险基金、工伤保险基金等；在养老保障领域，有城镇职工的基本养老金、城乡居民的基础养老金，以及高龄老人津贴；在住房保障领域，有补助住房困难家庭的租房补贴、城乡住房救助金；在生活保障领域，有发给城乡最低生活保障对象的生活保障金、农村五保供养资金、临时生活救助金、重要节日慰问金等。货币福利是最直接、最方便的福利类型，具有多方面的优点：对于福利提供者而言，可以节省非现金支持的各种成本费用，手续简单方便；对于福利对象而言，手中握有货币，就可以根据自己的实际需要购买最紧迫的生活必需品或者用于其他支出事项。当然，货币福利也可能产生一些负面作用：有的福利对象不一定完全能够合理开支甚至浪费金钱，有的福利对象可能手中握有现金也不能买到自己急需的物品或服务。

## 二　发挥实物福利的辅助作用

实物福利是以各种消费品形式提供的社会福利。在我国的社会福利体系中，实物福利也是最常见的福利类型，主要满足福利对象日常生活中吃、穿、住、行等基本需要。在教育保障领域，有为农村义务教育阶段学生提供的免费午餐，为农村留守儿童和贫困家庭子女免费提供的学习用品（书包、铅笔、文具盒等）和生活用品（如衣服等）；在就业保障领域，有单位为职工提供的各种福利设施，如职工食堂、职工宿舍、托儿所、幼儿园、浴室、理发室、休息室等生活福利设施，以及文化室、俱乐部、职工图书馆、健身房、游泳池、运动场、歌舞厅等文体娱乐设施和场所；在医疗保障领域，有为儿童免费接种的各种疫苗，为病人提供成本收费或免费的常用药品，城乡居民享受的基本公共卫生服务设施等；在养老保障领域，既有为老年人提供的养老机构、活动场所和福利设施，也有为老年人提供的生活用品；在住房保障领域，有为低收入住房困难家庭提供的"廉租住房"和"公共租赁住房"，为灾民提供的临时住房等；在生活保障领域，实物福利相对较多，主要是为城乡低保对象和农村五保对象提供的各种生活必需品，如粮食、油盐、衣服和被子等。实物福利的最大优点是直接性，直接为福利对象提供满足其基本生活需要的物品，能够解决货币福利不能直接满足的福利需要。例如，对于缺乏生活必需品的绝对贫困者，提供实物福利是最有效的社会支持；对于没有住房的特困家庭，最重要的支持可能是直接提供住房而非住房补贴。当然，实物福利也有局限性，主要是实物福利的质量保障问题、运输成本和公平分配问题以及传递过程中可能存在"滴漏效应"①。

### 三 加快服务福利的体系建设②

服务福利是以行动方式提供的各种社会服务。社会成员的福利需求多种多样，有的福利对象最需要的福利支持既不是货币，也不是实物，而是社会服务。一个好的社会福利体系，绝不仅仅是资金保障和实物保障，如果没有服务保障，资金保障和实物保障的实际效益将大打折扣。服务福利具有鲜明的行动特征，本质上是一种行动支持，在社会福利体系中越来越成为一种重要的福利类型，越来越成为广大民众改善和提高生活质量的紧迫需求。改革开放30多年来，我国的经济建设成就举世瞩目，综合国力大幅提升，经济社会发展已进入到一个新阶段。在新的发展阶段，广大人民群众在解决温饱问题和实现总体小康的基础上，对过上美好生活有了更多的新期待和新要求，其中之一就是急剧增长的社会服务需求。如老龄化进程中的居家养老服务以及空巢老人的精神慰藉服务；高校毕业生的就业指导、创业培训和"待业大学生"的心理支持；城市化进程中"失地农民"的养老服务和再就业服务；"城中村"改造中"失房市民"的临时住房安置服务；农村小学校点集中后的交通服务、安全服务和卫生服务；农村留守儿童、留守妇女和留守老人的服务；进城务工人员的养老、住房、就业和医疗服务等。与社会服务需求的快速增长相比，现行社会服务的可得性、可及性、针对性、便捷性等方面仍然存在不少问题，迫切需要全面加强社会福利服务体系建设。在"十三五"期间，必须进一步完善社会服务法规政策，增加社会服务投入，加快发展社会服务组织，改善社会服务管理，提升社会服务技术，提高社会服务水平，以满足人民群众越来越强烈的社会服务需求。

---

① 所谓"滴漏效应"，就是指在社会福利输送过程中，用于帮助和支持福利对象的各种实物资源在传输过程中会被各个中间环节"截留"和"私吞"，等最后"流"到弱势群体时，已经所剩不多或所剩无几。

② 毕天云：《论大福利视阈下我国社会福利体系的整合》，《学习与实践》2012年第2期。

### 四　社会福利类型的整合模式

既然单一福利类型不能完全满足社会成员的基本福利需求，就需要在三类福利之间形成"取长补短"的优化组合，增强社会福利供给的针对性、适用性和有效性。一类是"两位一体"模式。把三类福利进行"两两组合"，具体形式有三种：第一种是"货币福利+实物福利"。这种组合形式比较适合城乡最低生活保障对象和农村五保对象，以货币福利为主、实物福利为辅，保障他们的最低生活水平。第二种是"货币福利+服务福利"。这种组合形式比较适合低收入的贫困老年人群体，他们既需要货币福利，也需要服务福利。第三种是"实物福利+服务福利"。这种组合形式比较适合那些具有货币支付能力，但基本丧失生活自理能力的福利对象。另一类是"三位一体"模式。在这种整合模式中，同时为福利对象提供货币福利、实物福利和服务福利。这种组合形式比较适合完全由国家财政供养的特殊福利对象，如公办福利院、孤儿院、孤老院里的弱势群体。在这些社会福利机构中，政府不仅提供福利机构建设与正常运转的财政支持（货币福利），福利机构还为福利对象提供各种生活用品（实物福利）和生活服务。

# 第六节　社会福利机制整合

社会福利机制是社会福利体系运行的内在机理，是社会福利体系内部各种因素之间相互作用的规律性模式。社会福利机制直接影响社会福利体系的运行质量，社会福利机制整合是社会福利体系整合的内在要求。在社会福利机制整合中，尤为重要的是责任机制整合、供给机制整合、调节机制整合和监控机制整合。

### 一　责任机制整合

任何一种社会福利体系设计的背后，都隐含或包含着某种责任关系与责任结构；每一次社会福利体系改革的实质，都是责任关系的调整和责任结构的再界定。社会福利责任机制包括责任分担机制和责任共担机制，责任机制整合就是实现责任分担机制与责任共担机制的有机结合。一是建立明确的责任分担机制。责任分担机制主要从宏观上解决福利主体之间的责任关系，明确哪些主体应该或必须承担福利责任？各个主体应该或必须承担哪些福利责任？责任分担机制明确了福利责任主体及其各自的责任分工，为福利主体有效履行责任划定了清晰的责任边界，也为责任考核和责任追究提供了依据。在我国社会福利体系中，应该或必须承担福利责任的主体主要包括政府、单位、社区、家庭和个人。在大福利体系的各个领域（教育、就业、医疗、养老、住房和生活保障），政府、单位、社区、家庭和个人都承担着不可推卸的福利责任。强调责任分担机制，就是要求各司其职、各尽其责；建立责任分担机制，就是强调责任担当，预防责任逃避，消除责任转嫁。当然，责任分担机制并不等于平均主义地分配福利责任，有的福利主体要承担更重更多的责任，有的福利主体可能承担较轻较少的责任。二是建立协调的责任共担机制。责任共担机制主要从微观层面解决各个主体在共同承担同一社会福利责任时的协调配合。在多个主体共同承担同一福利责任时，在明确责任划分的基础上，必须加强各个责任主体之间的相互配合，形成福利支持的合力机制。如果没有协调的责任共担机制，责任分担就有可能演变为"各自为政、各行其是"。以义务教育为例，政府、学校、教师、家庭和学生都承担着责任，如果各个责任主体之间没有达成共识，没有形成合力，义务教育必然"深受其害"。责任分担是共担的前提，只有形成合理的分担机制，才能实现责任共担；责任共担是分担的必然结果，只有形成有效的共担机制，责任分担才能实现预期效果。

### 二　供求机制整合

福利供给与福利需求是社会福利发展中的一个基本矛盾，如何平衡二者之间的关系是社会福利体系整合中的一个难点。按照理性选择理论的假设，福利供给者总想以最小的福利投入解决福利需求问题，福利需求者则希望获得更全、更多、更高的福利待遇。在社会福利体系整合中，要合理运用供求机制来协调福利供给与福利需求之间的矛盾，寻求福利供给与福利需求之间的相对平衡，防止因福利供求失衡引发其他经济社会问题，影响社会和谐稳定。

福利供求机制包括三种形式：一是供给主导机制。供给主导机制根据供方的供给能力来确定福利供给的范围、项目、水平和方式，在我国社会福利发展中长期占有主导地位。供给主导机制的形成既与国家的经济水平和财政实力直接相关，也与政府的社会政策理念密切相关。经济实力只是福利供给的必要条件，政策理念才是决定福利供给的关键因素。供给主导机制面临信息不对称问题，可能出现供给不足、供给过度和供给针对性不强等现象，其中最突出的是供给不足问题。完善供给主导机制的途径，主要包括增加供给主体、扩大供给范围、优化供给方式和提高供给针对性。二是需求主导机制。需求主导机制根据需方的福利需求来确定福利供给的范围、项目、水平和方式。福利供给归根结底是要满足社会成员的福利需求，只有满足人民需求的福利供给才有生命力和可持续性，建立需求导向和需求主导机制就成了一种选择。需求主导机制面临着需求无限性的挑战，可能出现福利过度、福利滥用、福利依赖和福利特权等问题。实践表明，在社会福利发展中，抽象地讨论"供给决定论"和"需求决定论"是不够的，必须具体分析福利供给与福利需求之间的关系。三是供求平衡机制。由于供给主导机制和需求主导机制都存在局限性，促进供给与需求之间相互渗透与相互融合，建立供求平衡机制尤为必要。供求平衡机制不能机械地理解为一半供给主导一半需求主导，也不能理解为先供给主导后需求主导。从辩证角度出发，供求平衡机制包括两层含义：第一，供给是包含需求评估的有效供给。在提供福利支持前，充分评估社会成员的需求状况，甄别需求的轻重缓急，确保供给的针对性、适度性和有效性。第二，需求是包含供给评估的有效需求。在确认福利需求前，充分评估供给能力，统筹供给资源，确保需求满足的适当性、可能性和可行性。

### 三　调节机制整合

社会福利体系处于变化发展之中，外部环境和内部因素的变化，都需要对社会福利体系进行调整，使之适应内外环境变化的需要，保证社会福利体系充满活力和生命力。社会福利体系整合过程本身就是调整过程，其中涉及职能调整、管理调整、政策调整、责任调整、供求调整等；对于国家和个人而言，归根结底是利益调整。福利调节机制的核心是要处理好经济发展与福利发展、底线福利与非底线福利、政府与市场、政府与社会的关系，实现经济发展与福利发展相适应、底线福利与非底线福利相统一、政府机制与市场机制相配合的目标。

福利调节机制包括三种形式：一是刚性调节机制。刚性机制包括两层含义：一方面，要随着经济发展和社会进步，不断拓展社会福利范围，逐渐提高社会福利水平。这种"能升不能降"的趋势成为社会福利发展中的普遍规律，甚至是社会福利事业发展中绝对不能违背的社会福利"铁律"，这就是福利增长的刚性规律。另一方面，社会成员的福利需求分为底线需求和非底线需求，满足社会成员的底线福利需求，为社会成员提供底线福利保障，是政府不可推卸的政治责任、法律责任和道德责任，底线责任是政府必须承担的绝对责任。按照刚性调节机制的要求，在我国社会福利体系整合进程中，既不能降低民众的总体福利水平，也不能放弃政府的底线福利责任。

二是柔性调节机制。柔性机制也包括两层含义：一方面，社会福利范围与水平要与经济发展水平相适应，社会福利增长要适度，要留有回旋的"空间"和"余地"。另一方面，政府不能承担非底线福利需求的第一责任，政府不能包揽非底线福利需求。社会成员的非底线福利需求，主要交给市场机制和社会机制去解决。按照柔性调节机制的要求，在我国社会福利体系整合过程中，既不能盲目追求"福利至上"，也不能追求"政府全能主义"。

三是刚柔相济机制。刚柔相济机制就是整合刚性调节机制与柔性调节机制，使之成为一个有机整体，共同服务于社会福利体系整合。在社会福利体系整合中实现刚柔相济，必须坚持"双管齐下"：一方面，整合政策和措施必须遵循"福利刚性"法则，必须确保底线福利。否则，要么遇到目标群体的抵制而困难重重，要么违背和突破政府的底线责任。另一方面，整合政策和措施要发挥柔性调节的作用，防止和避免"刚性调节柔性化"和"柔性调节刚性化"现象。

### 四　监控机制整合[①]

世界各国的社会福利发展表明，健全监控机制是保证社会福利体系良性运行的有效保障。只有建立强有力的监控机制，才能有效地保护公民的社会

---

① 毕天云：《论大福利视阈下我国社会福利体系的整合》，《学习与实践》2012 年第 2 期。

福利权益。

（一）健全内部监控体系

内部监控实质上属于行政监督机制，是政府系列中的相关职能部门根据其管理职能，代表国家对社会福利运行进行监督控制。从纵向角度看，我国的内部监控包括自上而下监控和自下而上监控两种形式。前者指上级政府对下级政府的监控，包括中央政府对地方政府的监控、上级地方政府对下级地方政府的监控、上级政府职能部门对下级政府职能部门的监控；后者指下级政府对上级政府的监控，包括下级政府职能部门对上级政府职能部门的监控、下级地方政府对上级地方政府的监控、地方政府对中央政府的监控。

从横向角度看，内部监控主要有八种形式：一是人力资源和社会保障部门的监控。在我国的社会福利主管部门中，人力资源和社会保障部门承担着非常重要的责任。人力资源和社会保障部门是我国城乡劳动就业事务和社会保险事务的主管部门，主要依据劳动法、社会保险法及其配套法规政策，对社会保险事务的各个方面和各个环节进行全方位监控。二是民政部门的监控。民政部门是我国社会救助和社会福利服务事务的主管部门，依据社会救助和社会福利服务的相关法规政策进行监控。三是教育部门的监控。教育部门是我国各级各类教育事业的主管部门，依据教育法、义务教育法、职业教育法、高等教育法、民办教育促进法及其配套法规政策，对各级各类教育事务进行监控。四是卫生计生部门的监控。卫生计生部门是我国基本公共卫生服务和新型农村合作医疗制度的主管部门，依据国家的卫生法规和政策对基本公共卫生服务和新型农村合作医疗制度运行状况进行监控。五是住房和城乡建设部门的监控。住房和城乡建设部门是我国保障性住房和住房公积金制度的主管部门，依据国家的住房政策对保障性商品房、保障性租赁住房、住房公积金和住房救助事务进行监控。六是财政部门的监控。财政部门主要通过对社会保险基金、社会救助基金等财政专户的监督和对社会保障机构财务会计报表的审核来行使监督权。七是审计部门的监控。审计部门是国家财经法纪的维护者，主要监督社会保障机构遵守社会保障法律法规的情况，重点是社会保障基金的收支情况。八是监察部门的监控。监察部门是国家授权监督、考察国家机关公务人员行为的专门部门，依据相关法律制度监控社会保障领域工作人员的工作行为，纠正不规范行为，查处违规违法行为等。从制度设计角度讲，如果内部监控机构能够真正各司其职、各负其责，社会福利体系的良性运行就有坚实保障。

（二）加强外部监控体系

社会福利体系监控的实践表明，内部监控机制存在着局限性甚至"漏洞"，仅仅依靠内部监督机制远远不够，还需要加强外部监控机制。我国社会福利体系的外部监控主要有六种形式：一是立法机关的监控。立法机关是我国的国家权力机关，其权力来源于人民，代表人民监督社会福利体系运行。立法机关的监控形式有：通过社会福利立法进行监控；通过听取和审议政府工作报告和预算决算进行监控；对社会福利政策的内容进行监控；通过人事任免来影响监控社会福利制度；通过质询和诘问等方式加以监控；通过视察、检查和组成特别调查委员会对政府的政策执行情况进行监控。例如，《社会保险法》第 76 条规定："各级人民代表大会常务委员会听取和审议本级人民政府对社会保险基金的收支、管理、投资运营以及监督检查情况的专项工作报告，组织对本法实施情况的执法检查等，依法行使监督职权。"二是司法机关的监控。司法机关是国家的法律监督机构，对社会福利体系运行的监控主要有：裁定社会福利政策的制定程序与原则是否合法；裁定社会福利政策的内容是否合法；裁定社会福利政策的执行是否合法；裁定社会福利政策执行方式是否符合法律程序；惩处社会福利政策执行中的各种违法犯罪行为。三是企业组织的监控。企业是我国五大社会保险制度中的主要责任主体，承担着为职工缴纳各种社会保险费的责任，企业组织有权利也有义务监督社会保险基金的管理和使用情况。四是社会团体的监控。我国的社会团体不只是在政治生活中发挥作用，还应该在社会福利领域有所作为。例如，工会组织是代表会员利益、反映会员诉求的群众组织，应该把维护会员的社会福利权益作为重要的"本职工作"，积极参与社会福利政策执行的监督。"妇联"是妇女福利和儿童福利的代言人，应该承担起对有关妇女福利和儿童福利制度及其运行的监督责任；"残联"是残疾人福利的代言人，应该承担起对有关残疾人福利制度及其运行的监督责任。五是目标群体的监控。每一项社会福利政策都有特定的目标群体，目标群体是社会福利政策的利害关系人和直接受益者，有权利也有责任对社会福利政策的运行过程进行监控。目标群体的监控既有利于遏制社会福利管理部门和经办机构的"越轨行为"

和腐败现象，也有利于维护自身的社会福利权益少受侵害或不受侵害。六是大众传媒的监控。包括电视、报刊、广播、网络等在内的大众传播媒介，在社会生活中发挥着传递信息、揭示真相、针砭丑恶、颂扬善举等作用，完全可以发挥自身优势来监督社会福利体系的运行。例如，大众传媒可以通过宣传国家的社会福利法规和政策、普及社会福利和社会保障知识、反映社会成员在社会福利方面的呼声和诉求、揭露社会福利体系运行中的腐败案件、抨击社会保障机构或工作人员的渎职行为、发表社会福利研究成果等形式，来维护社会福利体系的健康发展和良性运行。

# 第八章

# 中国社会福利体系整合的实施对策

推进社会福利体系整合既是我国社会福利发展的必由之路，也是我国社会福利体系现代化的重要目标。推进社会福利体系整合，必须坚持全面的整合原则，创造良好的整合条件，采取合理的整合步骤。

## 第一节　整合的基本原则

### 一　民生为本原则

社会福利事业实质上是民生事业，社会福利体系是满足民生需求的福利体系，坚持民生为本是社会福利体系整合的首要原则。首先，坚持民生为本具有充足的理论依据。在马克思主义唯物史观中，强调人民群众是历史的创造者，强调"群众史观"、"群众路线"和"群众观点"；马克思主义政治经济学认为，社会主义生产的根本目的是满足人民群众日益增长的物质文化需要；科学社会主义认为，共产主义是人类生活最美好的理想，共产主义的优越性归根结底体现在人民群众的生活上；毛泽东思想强调共产党的根本宗旨是全心全意为人民服务，实际上就是要全心全意改善民生；邓小平理论指出，贫穷不是社会主义，社会主义要走共同富裕道路；"三个代表"重要思想强调，要始终代表中国最广大人民的根本利益；科学发展观强调，"发展为了人民、发展依靠人民、发展成果由人民共享"。因此，坚持民生为本符合马克思主义的基本理论和基本立场。其次，坚持民生为本是人民群众的迫切要求。民生问题实质上就是老百姓的衣、食、住、行、教和生、老、病、死、穷等日常生活问题，是老百姓过日子所遇到的各种切身利益问题，是人民群众最关心、最直接、最现实的利益问题。正如习近平总书记所说："我们的人民热爱生活，期盼有更好的教育、更稳定的工作、更满意的收入、更可靠的社会保障、更高水平的医疗卫生服务、更舒适的居住条件、更优美的环境，期盼着孩子们能成长得更好、工作得更好、生活得更好。人民对美好生活的向往，就是我们的奋斗目标。"坚持民生为本，就是要把保障和改善民生作为社会福利体系整合的出发点和落脚点。凡是有利于改善民生的政策和措施，就要坚定不移地执行；凡是有损于民生的政策和措施，就要及时修改和调整。

## 二　政府主导原则

政府是推进社会福利体系整合的第一责任人，集法律责任、政治责任、经济责任和道义责任于一身。坚持政府主导既是由政府在我国社会福利体系中的地位和责任决定的，也是我国社会保障制度改革和社会福利体系建设的基本经验。推进社会福利体系整合是一项复杂的系统行动，涉及各类利益主体和多元参与主体，既有政府也有企业，既有家庭也有个人，既有社区也有社会组织。各类主体在整合过程中的地位和作用不同，唯有政府才具备主导福利体系整合的资格、条件和能力。政府主导主要体现在四个方面：一是顶层设计。反思我国社会福利普遍性增长过程中出现的福利碎片化，其重要原因之一就是政府的顶层设计不足，不能再在社会福利体系整合过程中重蹈覆辙。中央政府要对社会福利体系整合进行统筹规划，制定国家层面的总体方案，确保整合的统一性、计划性和组织性，减少整合的盲目性和无序性。二是政策指导。各级政府特别是中央政府和省级政府，要系统梳理和清理现行的社会福利政策，废止不合时宜的旧政策，修订完善部分适用的老政策，适时制定和出台整合的新政策，明确社会福利体系整合的项目、内容、标准、方式、时间和步骤，统一全国或全省的整合行动，最大限度地减少"二次整合"或"重复整合"。三是财政支持。推进社会福利体系整合涉及管理机构重组、信息系统建设、扩大覆盖范围、待遇水平提高、工作任务加重、工作人员增加等方面，整合过程中必然增加经济成本。新增的经济成本不能依靠社会保障基金化解，只能通过增加公共财政支出加以解决。四是协调整合。政府要加强与其他福利主体之间的联系，明确其他福利主体的地位角色和功能边界，保证各个福利供给主体之间既有相互分工，又有相互配合和相互补充；政府要及时协调与处理不同福利主体之间的关系，规范和引导不同福利主体的行动，减少福利供给主体之间的内耗冲突，形成福利供给的"合力"机制；弥补"福利空白"，防止"福利重叠"，实现福利供给最大化。

### 三 统筹城乡原则

我国经济社会发展已进入以城带乡、以工促农、城乡互动、协调发展的新阶段，统筹城乡发展是科学发展观中"五个统筹"的基本内容之一。统筹城乡发展，就是要打破城乡界限，把农村经济社会发展纳入整个国民经济与社会发展的全局中进行通盘筹划，统筹解决城市和农村发展中的各种问题，实现城乡经济社会一体化发展的目标。在统筹城乡发展的过程中，统筹城乡社会福利保障应该成为统筹城乡发展的突破口。在计划经济体制下，我国形成了以城乡二元经济结构为基础的社会管理模式，城乡社会福利保障项目分设、分治。在新的社会历史条件下，社会福利保障城乡分割的格局不能有效满足"增进公平性、适应流动性、保证可持续性"的发展要求，已经成为我国社会福利保障制度持续发展的主要瓶颈。必须抓住社会福利体系整合的时代机遇，打破城乡分割格局，推进城乡社会福利保障体系一体化建设。坚持统筹城乡原则，就是要对城乡社会福利体系建设进行统一规划，基本途径是推进城乡社会福利体系整合。一是实现城乡义务教育均衡发展，缩小城乡义务教育差距，实现城乡义务教育公平；二是健全和完善城乡一体的公共就业服务体系，促进城乡公共就业服务均等化；三是整合城乡居民基本养老保险制度，提高城乡居民基本养老保障权益的公平性；四是整合城乡居民基本医疗保险制度，提高城乡居民基本医疗保障权益的公平性；五是健全城乡住房社会保障体系，提高城乡居民住房救助的公平性；六是整合城乡居民最低生活保障制度，缩小城乡居民最低生活保障差距，提高最低生活保障的公平性。

### 四 利益平衡原则

社会福利体系整合过程实质上是一个利益调整过程，必须坚持利益平衡原则。在整合过程中，既有城乡之间的利益调整，也有地区之间的利益调整；既有部门之间的利益调整，也有人群之间的利益调整。在利益调整过程中，可能出现利益增加、利益持平、利益减少三种情形，必须全面处理好长远利益与当前利益、整体利益与局部利益、社会利益与个人利益之间的关系，处理好城乡利益、地区利益、部门利益和人群利益之间的关系，确保整合进程顺利实施。坚持利益平衡原则，需要解决好四个问题：一是确保现有利益不受损失。福利刚性规律的存在，要求实施任何整合政策和整合措施，都必须以保证民众现有利益水平为底线，不能损害和减少民众现有的利益水平，否则，任何整合方案都难以推行和实施。例如，整合城乡居民基本医疗保险制度，既不能让农村居民的利益受损，也不能让城镇居民的利益受损，更不能让城乡居民的利益都受损。二是适度提高利益水平。在整合过程中适度提高福利水平有利于赢得民众支持，减少整合阻力，加快整合进度。例如，从 2014 年 7 月起，全国城乡居民基本养老保险基础养老金最低标准提高至每人每月 70 元，比原来增加了 15 元。三是避免利益分配平均化。利益平衡不是利益平均，绝对平均主义既不符合效率原则，也违背公平原则。在整合过程中，必须同时兼顾效率与公平，强调个人责任、单位责任与国家责任的有机统一。四是防止利益差距扩大化。在社会福利领域，存在一定的利益差距既是必然的也是必要的，但利益差距不能超过一定的限度。在整合过程中，防止利益差距扩大化的基本途径是提高低收入群体的待遇标准，逐步缩小待遇差距并保持在一个合理的、可接受的范围内。例如，从 2005 年开始到 2015 年，我国连续 11 年提高企业退休人员基本养老金水平，缩小了企业退休职工与机关事业单位退休人员之间的基本养老保障差距。

### 五　持续发展原则

社会福利体系作为维系整个社会持续发展的重要子系统，首先必须保证自身的可持续发展，关键是财务的可持续发展。之所以推动社会福利体系从"普遍—碎片型"向"普遍—整合型"转变，其重要目标之一就是要进一步增强现行福利体系的可持续发展能力，使之更加适应国民经济和社会发展的客观要求，更好地满足广大人民群众的基本福利需求。在整合过程中坚持可持续发展，一要继续扩大覆盖面。覆盖面大小是反映社会福利保障制度可及性和有效性的首要指标，扩大覆盖面是社会福利体系可持续发展的基本前提。只有继续扩大覆盖面，才能实现必要的资金余缺调剂，才能有效地分散风险，才能保证制度体系的可持续发展。目前，基本养老保险、失业保险、工伤保险和生育保险等项目，尚未完全实现人员全覆盖，扩大覆盖面还有相当大的空间。二要多渠道加大资金投入。资金是社会福利体系可持续发展的物质保证，没有资金支持，社会福利体系就成为"空中楼阁"。要逐步增加公共财政对社会福利保障的支出比重，加强各类社会保险基金征缴，建立健全个人缴费的激励机制，实现社会保障基金的投资运营和保值增值。三要适度提高保障水平。随着经济发展和社会进步，适度提高保障水平，是社会福利体系可持续发展的必然要求。通过适度提高保障水平，逐步缩小城乡之间、地区之间和群体之间的待遇差距，增强社会福利体系的公平性，提高社会福利体系的认可度和支持度，才能保障社会福利体系的可持续发展。四要提高管理服务质量。管理服务系统是落实各项社会福利政策的重要载体和必要条件，只有提高管理服务效率和管理服务质量，才能为广大福利对象提供更加高效便捷和规范有序的服务，才能保证整合福利体系全方位持续发展。

### 六　循序渐进原则

在基本实现普遍性基础上推进我国社会福利体系整合，建设普遍整合型社会福利体系，是一个复杂艰巨的历史过程，并非一蹴而就。在推进社会福利体系整合过程中，既要有历史紧迫感，又不能急于求成，更不能实施"休克疗法"。坚持循序渐进原则，就是要在整合过程中区分轻重缓急，先易后难，脚踏实地，力求实效。在制度整合方面，要优先整合城乡居民基本养老保险制度和基本医疗保险制度，整合城乡最低生活保障制度和城乡医疗救助制度，整合廉租住房制度和公共租赁住房制度，优先实现县域城乡义务教育均衡发展。在管理整合方面，要优先解决新型农村合作医疗的管理职能归属，尽快突破城乡居民基本医疗保险制度整合的瓶颈；要加快社会保险制度统筹层次力度，优先实现各类社会保险制度的市级统筹，逐步实现省级统筹；要加速社会保障信息化建设，提升社会保障信息共享的层次和范围。在政策整合方面，要优先推进社会福利政策体系的纵向整合，为降低横向整合难度创造条件。在主体整合方面，要优先强调政府的主导责任和主导作用，同时调动其他主体的积极性。在类型整合方面，在保障货币福利基础地位的同时，要加快服务福利体系建设特别是社会养老服务体系建设。在机制整合方面，要优先巩固底线福利机制的作用，优先健全底线福利制度体系。

## 第二节　整合的支撑条件

社会福利体系整合涉及方方面面，必须具备良好的支撑条件。支撑条件越充分，整合进展越顺利；支撑条件越坚实，整合效果就越好。

### 一　思想条件

推进我国社会福利体系整合不是"自发秩序"的产物，而是"自觉选择"的社会行动。众所周知，人的行动是受思想认识指导和支配的，社会福利体系整合必须具备充分的思想认识基础和良好的社会心理氛围。只有解决和统一了思想认识，才能形成齐心协力的合力机制，保证整合行动的顺利开展。一是要深刻认识碎片化的危害性。福利碎片化产生了一系列消极后果：扩大社会成员之间的福利待遇差距，产生新的福利不公平，诱导福利攀比之风，导致新的社会矛盾和社会隔阂；形成制度封闭、地区封闭和人群封闭，相互转移衔接渠道不通畅，阻碍劳动力合理流动，不能适应流动性；重复参保与"漏保"并存，重复补助与重复建设并举，浪费财政资源和管理资源等。只有深刻认识福利碎片化的各种危害性，才能增进社会福利整合的紧迫感，才能为社会福利体系整合提供思想动力。二是凝聚整合的社会共识。要加强宣传工作和思想教育工作，提高全社会对推进社会福利体系整合紧迫性、必要性、重要性和艰巨性的认识，形成支持、认同、理解、参与社会福利体系整合的社会心理氛围，达成推进社会福利体系整合的社会共识，为社会福利体系整合提供广泛的民意基础。三是打破地方保护主义。社会福利发展中的地方保护主义进一步强化和固化了福利碎片化特别是地域福利碎片化，既阻碍社会福利统筹层次的提高，又阻碍社会保险关系的跨区域转移衔接，是社会福利体系整合的"拦路虎"。只有打破地方保护主义，才能提高社会福利制度的统筹层次，增强社会保障资金的调剂功能，提高社会保险关系转移的便携性和快捷性，实现福利待遇的地区平衡和地区公平。四是破除部门利益观念。"多头分治"的管理体制在促进福利管理专业化的同时，也为部门利益观念的形成提供了客观条件。社会福利领域的部门利益观念不仅体现在不同福利项目的管理部门之间，也体现在不同福利项目的经办机构之间，还体现在同一福利项目的不同相关管理部门之间；不仅存在于中央政府的主管部门之间，也存在于各级地方政府的主管部门之间。一旦部门利益优先甚至部门利益至上的思维方式转化为行动逻辑，部门利益最大化就必然成为部门行动的目标，部门之间的相互协同和相互补台机制就难以落实，相互扯皮和相互争夺就成为常态。只有彻底破除部门利益观念和行动，才能形成社会福利体系整合的"部门合力"。

### 二 经济条件

社会福利体系整合必须具备坚实的经济基础，经济条件是社会福利体系整合的决定性条件。社会福利体系整合是经济发展的必然要求，经济发展又为社会福利体系整合提供有力支撑。一是保持经济总量持续增大。虽然我国的经济总量已经位居世界第二，但中国仍是全球最大的发展中国家，将长期处于社会主义初级阶段，发展经济仍然是解决我国一切社会问题的关键，社会福利体系整合也不例外。只有保持适度的经济发展速度，才能持续扩大经济总量，创造更多的社会财富，增强国家经济实力；只有国家经济实力增强，才能继续增加社会福利投入，扩大社会福利覆盖面，提高社会福利体系整合度，提升社会福利待遇水平。我国正处于经济结构转型的关键期，经济发展正在进入新常态，增长速度从高速增长转向中高速增长，经济发展方式从粗放增长转向集约增长。只有通过经济发展转型提升经济发展质量，才能提高企业的经济效益，保障企业能够按时足额缴纳职工的各种社会保险费用，更好地为社会福利体系整合提供可持续的资金支持。二是财政投入持续增加。公共财政投入是发展社会福利事业的核心支柱，既要承担非缴费型福利项目支出，还要补贴缴费型福利项目差额。社会福利体系整合过程是一个增加公共财政投入的过程，保持财政投入持续增加是确保社会福利体系整合成功的基础条件。只有确保财政投入持续增加，才能继续扩大社会福利覆盖面，提高低收入群体社会保障水平，缩小不同福利制度之间的待遇差距，弥补社会保险基金特别是养老保险基金赤字，承担制度转型与制度合并带来的经济成本。三是居民收入持续增长。从社会福利角度看，居民收入增加既能提高居民的自我保障能力，也有利于增强居民的社保缴费能力。据统计，我国企业职工养老、医疗、失业、工伤、生育五项社会保险的缴费比例，合计已超过个人缴费工资的 40%。根据《国务院关于机关事业单位工作人员养老保险制度改革的决定》规定，机关事业单位工作人员的基本养老保险和职业年金缴费比例，已达到个人缴费工资的 40%；城乡居民基本养老保险和基本医疗保险的个人缴费金额，随着国家财政补贴的提高也在逐年增加。

### 三　法制条件

依法治国是我国的基本方略，完善社会福利法制体系，依法推进社会福利体系整合，是全面推进依法治国的客观要求。十八届四中全会通过的《中共中央关于全面推进依法治国若干重大问题的决定》提出："依法加强和规范公共服务，完善教育、就业、收入分配、社会保障、医疗卫生、食品安全、扶贫、慈善、社会救助和妇女儿童、老年人、残疾人合法权益保护等方面的法律法规。"要加强社会福利法制建设，提高社会福利体系整合的法治化水平。一是加快社会福利立法。社会福利法是我国法律体系中的独立法律部门，健全社会福利法律体系，是实现社会福利体系整合"有法可依"的前提条件。目前，我国社会福利立法总体上滞后于社会福利实践，除了2010 年全国人民代表大会常务委员会通过的《社会保险法》外，绝大多数都是国务院颁布的行政法规及其职能部门颁布的行政规章以及一些地方性法规。为适应福利体系整合需要，必须加快立法步伐，提高立法层次，完善立法体系。要继续修订完善《社会保险法》，尽快制定《社会救助法》、《社会福利服务法》、《住房保障法》和《慈善事业法》等，在此基础上制定一部综合性的《中华人民共和国社会福利法》。二是严格社会福利执法。法律的生命力在于执行，法律的权威性在于实施。没有严格的社会福利执法，社会福利法治就失去了依托。根据十八届四中全会提出的"深入推进依法行政、加快建设法治政府"的要求，必须健全完善社会保障的行政执法机构。社会福利行政主管部门及其经办机构，在管理过程中必须依照法定职权和法定程序，严格执行社会福利法律法规。在社会福利执法过程中，必须统一执法标准，规范执法程序，公开执法流程，完善社会福利执法过程中的民主决策制度，建立执法责任制和责任追究制，确保执法的公正性和有效性。三是完善社会福利司法。社会福利体系整合涉及政府、企业、单位、公民等各方利益，完善社会福利司法是惩治社会福利违法犯罪行为，保护公民社会福利合法权益的重要保障。必须增强社会福利司法的独立性，提高社会福利司法的公正性；探索建立社会保障法庭制度，完善社会保障案件诉讼程序；健全社会福利司法救助制度，强化资金保障，扩大救助范围，提供法律援助，维护福利对象尤其是弱势群体的社会福利保障权利。①

**四　政策条件**

"政策治理"既是我国社会福利保障领域的显著特色，也是我国社会福利保障管理的传统优势。在社会福利立法相对滞后、社会福利立法条件尚未完全成熟的形势下，运用社会福利政策促进、统一和规范社会福利体系整合就显得非常重要。要多措并举，为社会福利体系整合提供系统的政策支持。一是废止完全过时的政策。在社会福利整合成为大势所趋的形势下，凡是违背社会福利体系整合趋势与要求，凡是继续巩固、助长甚至加剧社会福利碎片化的政策，都是不合时宜的政策，都是应该及时废止的政策。要系统梳理现行社会福利保障领域的各级各类政策，全面清理已经过时的社会福利政策，预防继续出台制造福利碎片的新政策。二是修订不合时宜的政策。社会福利政策的实施不是一成不变的，需要通过社会福利政策评估加强政策效果的监控。有的社会福利政策虽然尚未全部过时，但其中部分内容和规定已不适应现实要求，需要进行及时修改调整。通过修订，删除无效的内容，保留适用的内容，增加适应新形势的内容。政策修订可以采取政策合并、政策拆分和政策重组等方式，通过修订使之更加符合社会福利体系整合的要求。三是落实已经颁布的政策。我国已经颁布了一系列促进社会福利体系整合的政策规定，关键在于狠抓落实，提高政策执行的效率和效果。在教育保障领域，比较重要的有城乡义务教育均衡发展政策和进城务工人员随迁子女义务教育政策；在就业保障领域，比较重要的有城乡基本公共就业服务均等化政策和扩大失业保险覆盖面政策；在养老保障领域，有整合城乡居民基本养老保险政策、机关事业单位工作人员养老保险制度改革政策、基本养老保险关

---

①　王国军：《中国社会保障制度一体化研究》，科学出版社 2011 年版，第 258 页。

系转移衔接政策；在医疗保障领域，有整合城乡居民基本医疗保险政策、城乡医疗救助一体化政策、异地就医费用结算政策；在住房保障领域，有廉租住房制度与公共租赁住房并轨政策、城乡住房救助政策等；在基本生活保障领域，有城乡最低生活保障统筹政策等。四是适时出台新政策。在某种程度上讲，社会福利体系整合孕育着社会福利政策创新的机遇，社会福利政策创新反过来推进社会福利体系整合。社会福利体系整合必然遇到许多新问题、新情况、新现象，难以继续沿用现行政策解决新问题，只有依靠政策创新方式出台新政策。例如，要在全国层面推行新型农村合作医疗制度和城镇居民基本医疗保险制度并轨运行，只有通过政策创新才能实现。

## 五　队伍条件

我国的社会福利体系是世界上规模最大的福利体系，社会福利体系整合的各项任务归根结底要依靠人来完成，迫切需要建设一支数量充足、结构合理、业务精湛、高效精干的人才队伍。实践表明，没有人才队伍支撑，再好的顶层设计、政策规定和行动方案都难以落到实处。根据我国社会福利体系整合的任务，着重加强建设四支队伍。一是行政管理队伍。在社会福利保障领域，行政管理队伍是履行国家社会福利行政管理职能的公务员队伍，在社会福利政策运行过程中，主要承担政策制定者和执行者的角色。行政管理队伍的政治素质、政策水平、专业素养和管理能力，体现和反映我国社会福利管理的水平，直接影响我国社会福利体系整合的进度与质量。在社会福利保障领域，要培养和造就一支熟悉国内外社会福利保障发展历史与规律，熟悉我国社会福利保障法规、政策与制度，政治坚定、业务精通、勤政廉洁、开拓创新的行政管理队伍。二是业务经办队伍。业务经办队伍是具体执行社会福利政策，专门承担社会福利保障具体业务经办的专业人才。业务经办队伍的专业化建设至关重要，直接关系到各项社会福利保障业务的经办能力与经办水平，直接影响社会福利体系整合政策的执行效果。在业务经办队伍中，最重要的是社会保险业务经办队伍，承担着养老保险（机关事业单位工作人员基本养老保险、城镇企业职工基本养老保险、城乡居民基本养老保险）、医疗保险（城镇职工基本医疗保险、新型农村合作医疗、城镇居民基本医疗保险和城乡居民大病医疗保险）、失业保险、工伤保险和生育保险的业务经办。其次是社会救助业务经办队伍，具体承担城乡最低生活保障和各类专项社会救助的业务经办，需要进一步提高专业化水平。三是社会工作专业队伍。从大福利视角看，社会工作专业人才是社会福利服务、社会救助、扶贫济困、慈善事业、社区建设、残障康复、教育辅导、就业援助、矫治帮扶等领域直接提供社会服务的专业人员，在社会福利传递和输送过程中的作用越来越重要。根据《社会工作专业人才队伍建设中长期规划（2011—2020年）》要求，要加快建设规模宏大的社会工作专业队伍，提供专业化的社会福利服务。四是社会福利研究队伍。我国社会福利体系整合必须建立在科学研究的基础上，需要学习借鉴国外的成功经验，需要进行大量的实证研究和经验调查，需要借助大数据技术进行统计分析。整合政策的制定、执行、评估和修订，必须有科学研究成果的支撑。加强社会福利研究队伍建设，要充分依托研究机构和高等学校的学术力量，提高福利整合决策的科学性。

## 六　技术条件

社会福利体系整合涉及数以亿计的财务精算和信息管理，必须依靠先进的精算技术、信息化技术、计算机技术、网络技术、统计分析技术等支撑。只有高度重视技术条件建设，才能满足社会福利体系整合的技术要求，提高社会福利体系整合的科技含量，保障整合型社会福利体系正常运行。一是构建社会保障精算体系。精算设计是社会福利保障制度顶层设计中的顶层，是实现社会保障基金收支平衡、预防社会保障财务风险的重要措施。与发达国家相比，我国社会福利保障领域的精算设计还比较落后，无论是理论研究还是实践运用都还存在较大差距，迫切需要提高社会保障精算水平。社会保障精算体系主要包括社会养老保险基金的平衡精算、隐形债务精算、投资精算和替代率精算、社会医疗保险基本指标测算和社会医疗保险收支状况测算、失业保险精算、工伤保险精算、生育保险精算，以及社会救助精算。二是制定社会保障信息化建设规划。2006年中办、国办印发的《2006—2020年国家信息化发展战略》提出，推进社会信息化是我国信息化发展的战略重点之一，要求加快教育科研信息化步伐，加强医疗卫生信息化建设，完善就业和社会保障信息服务体系。2009年民政部印发《民政信息化中长期规划纲要（2009—2020年）》和《民政部信息化总体架构设计》；2011年人力资源和社会保障部印发《人力资源和社会保障信息化建设"十二五"规划》。三是全面加强社会保险信息化建设。全面实施全民参保登记计划，建立全面、完整、准确的社会保险基础数据库，健全社会保险登记信息数据动态管理机制；建立社会保险国家标准体系，推进行业标准、地方标准与国家社会保险标准协调配套，将社会保险服务、评价、管理等领域的全过程纳入标准化管理轨道，以标准化手段提升社会保险经办管理服务能力；依托国家电子政务网络，建立覆盖全国、连通城乡、安全可靠的社会保险业务信息网络和跨地区信息交换结算平台，建立多险种统管、跨区域接续、城乡一体化的社会保险经办服务系统。四是加快社会救助信息化建设。2014 年颁布实施的《社会救助暂行办法》，构建了最低生活保障、特困人员供养、受灾人员救助、医疗救助、教育救助、住房救助、就业救助、临时救助八项制度构成的综合性社会救助体系。根据民政部的要求，县级以上地方政府按照国家统一规划建立社会救助管理信息系统，实现社会救助信息互联互通、资源共享。只有加快社会救助信息化建设，才能实现各类社会救助信息资源的整合与共享，提高社会救助管理的信息化水平。

## 第三节　整合的发展阶段

回顾我国社会福利体系建设与发展的历史进程，社会福利整合是在社会福利普遍性增长和碎片化加剧过程中提出来的历史任务。在社会福利普遍性基础上提高整合性，实现社会福利体系从"普遍—碎片型"向"普遍—整合型"转化，是我国社会福利体系发展的必然趋势。

社会福利体系整合的最终目标是建立普遍整合型福利体系，实现普遍性与整合性的高度统一。全面建成普遍整合型福利体系，是一个循序渐进的过程，总体上需要经过低度整合、中度整合和高度整合三个历史阶段。

### 一　低度整合阶段

低度整合阶段是社会福利体系整合的起步阶段和初级阶段，主要任务是在继续扩大普遍性的同时推进局部性整合，基本建成部分整合型福利体系。

（一）教育保障体系整合

一是实现县域义务教育基本均衡发展。在全面普及城乡免费义务教育基础上实现义务教育均衡发展，是我国教育保障体系整合的基础工程。在社会福利体系的低度整合阶段，县域义务教育基本均衡发展是实现义务教育均衡发展的关键。根据国务院 2012 年 9 月发布的《关于深入推进义务教育均衡发展的意见》的要求："到 2015 年，全国义务教育巩固率达到 93%，实现基本均衡的县（市、区）比例达到 65%；到 2020 年，全国义务教育巩固率达到 95%，实现基本均衡的县（市、区）比例达到 95%。"[①] 二是建立城乡普惠型学前教育体系。建立政府主导、社会参与、公办民办并举的办园体制，构建覆盖城乡的学前教育公共服务体系，保证城乡儿童学前一年毛入园率达到 80%以上。三是统筹发展普通高中和中等职业教育。保持普通高中教育与中等职业教育的招生比例大体相当，探索普通高中教育与中等职业教育相互融合、贯通的教育模式。

（二）就业保障体系整合

一是建立覆盖城乡的公共就业服务体系。坚持基本公共就业服务的公益性质，建立覆盖城乡和普遍享有的公共就业服务体系，面向全社会提供统一、规范、高效的公共就业服务，逐步实现地区间、城乡间基本公共就业服务均等化。二是扩大失业保险覆盖面。截至 2014 年底，全国参加失业保险人数为 17043 万人[②]，占全国城镇就业人员 43.36%。在低度整合阶段，失业保险参保率至少提高到 60%以上。三是扩大工伤保险覆盖面。截至 2014 年底，全国参加工伤保险人数为 20639 万人[③]，占全国城镇就业人员 52.50%。在低度整合阶段，工伤保险参保率至少提高到 60%。四是建立全国就业信息公共服务网络。根据人力资源和社会保障部的规划，按照"统一标准、互联互通、覆盖全国、优质高效"的要求，建立由部、省、市三级组成的全国就业信息公共服务网络，实现全国各级公共就业和人才服务机构招聘信息互联

---

① 国务院：《关于深入推进义务教育均衡发展的意见》（http：//www.gov.cn/zwgk/2012-09/07/content_ 2218783. htm）。

② 人力资源社会保障部：《2014 年度人力资源和社会保障事业发展统计公报》（http：//www.mohrss.gov.cn/SYrlzyhshbzb/dongtaixinwen/buneiyaowen/201505/t20150528_ 162040. htm）。

③ 同上。

互通和共享发布，为各类求职人员免费提供"信息真实、内容完整、岗位有效、查询便利"的就业岗位信息服务。[①]

（三）养老保障体系整合

一是建立统一的城乡居民基本养老保险制度。整合新型农村社会养老保险制度与城镇居民社会养老保险制度，建立城乡居民基本养老保险制度，是我国社会养老保障制度整合的起点。截至 2014 年底，全国已有 30 个省（区、市）出台城乡居民基本养老保险制度整合的实施办法及相关配套政策，全国参加城乡居民社会养老保险人数为 50107 万人。[②] 在完成基本制度整合的基础上，还需要进一步提高居民参保率，扩大人员覆盖面。二是扩大城镇企业职工基本养老保险覆盖面。截至 2014 年底，全国参加城镇企业职工基本养老保险人数为 34115 万人[③]，占全国城镇就业人员的 86.78%，扩面工作仍有空间。三是建立机关事业单位工作人员基本养老保险制度。从社会养老保障公平出发，彻底改革现行机关事业单位工作人员退休金制度，建立机关事业单位工作人员基本养老保险制度，为今后与城镇企业职工基本养老保险制度进行并轨整合创造条件。四是建立社会养老服务体系。积极应对人口老龄化挑战，建立以居家养老为基础、以社区养老为依托和以机构养老为补充的"三位一体"社会养老服务体系，满足老年人的养老服务需求，提升老年人的生活质量。

（四）医疗保障体系整合

一是建立统一的城乡居民基本医疗保险制度。在已经实现"全民医保"的基础上，加快新型农村合作医疗制度与城镇居民基本医疗保险制度整合，建立统一的城乡居民基本医疗保险制度，是我国社会医疗保障制度整合的当务之急和重中之重。在整合城乡居民基本医疗保险制度的过程中，关键是理顺管理职能，明确主管部门。二是建立职工基本医疗保险异地就医结算服务制度。在职工基本医疗保险统筹层次多元化的条件下，要把建立以异地安置

---

① 人力资源和社会保障部：《关于加快推进就业信息公共服务网络建设的通知》（人社部发〔2011〕101 号）（http：//www. mohrss. gov. cn/jycjs/JYCJSzhengcewenjian/201109/t20110920_ 86556. htm）。

② 人力资源社会保障部：《2014 年度人力资源和社会保障事业发展统计公报》（http：//www. mohrss. gov. cn/SYrlzyhshbzb/dongtaixinwen/buneiyaowen/201505/t20150528_ 162040. htm）。

③ 同上。

退休人员和异地住院费用为重点的异地就医结算制度，作为职工基本医疗保险制度整合的核心任务。三是扩大生育保险覆盖面。截至 2014 年底，全国参加生育保险人数为 17039 万人①，占全国城镇就业人员的 43.35%。在低度整合阶段，生育保险参保率至少提高到 60%。四是建立统一的城乡医疗救助制度。我国于 2003 年建立农村医疗救助制度，2005 年建立城市医疗救助制度，随着户籍制度改革中取消农业户口与非农业户口区分，应该尽快整合农村医疗救助制度和城市医疗救助制度，建立统一的城乡居民医疗救助制度。

（五）住房保障体系整合

一是建立统一的保障性商品房制度。整合经济适用住房制度和限价商品房制度，建立统一面向城市低收入家庭的保障性商品房制度。二是建立统一的保障性租赁住房制度。改变独立平行运行的廉租住房制度和公共租赁住房制度，合并建立统一的保障性租赁住房制度。三是建立托底性的城乡住房救助制度。针对住房困难的城乡低保家庭和分散供养的特困人员，通过配租公共租赁住房、发放住房租赁补贴、农村危房改造等方式提供住房救助，确保城乡特困家庭的最低住房需求。

（六）生活保障体系整合

统筹农村最低生活保障制度和城市最低生活保障制度，在县（市、区）范围内建立统一的城乡居民最低生活保障制度，逐步从"一套制度、两个标准"向"一套制度、一个标准"过渡。

## 二　中度整合阶段

中度整合阶段是社会福利体系整合的定型阶段，主要任务是实现全面普遍性基础上的系统性整合，基本建成全面整合型福利体系。

（一）教育保障体系整合

一是全面实施普惠型学前教育，拓展义务教育年限。将学前三年教育纳入义务教育范围，全面实施十二年制义务教育，城乡儿童学前三年毛入园率达到 90%。二是实现市域内义务教育基本均衡发展。在全面实现县域义务教

---

① 人力资源社会保障部：《2014 年度人力资源和社会保障事业发展统计公报》（http://www.mohrss.gov.cn/SYrlzyhshbzb/dongtaixinwen/buneiyaowen/201505/t20150528_ 162040. htm）。

育基本均衡发展的基础上，提高义务教育均衡发展的行政区划层次，全面实现市域内义务教育基本均衡发展。三是建成均衡发展的普通高中教育体系与中等职业教育体系，实现普通高中教育与中等职业教育间的全面融合、贯通。四是大力发展专科、本科层次的高等职业教育，促进普通高等教育体系与职业高等教育体系协调发展。五是建立覆盖全程的教育救助体系。整合各种教育救助资源，建立覆盖学前教育、小学教育、初中教育、高中教育和高等教育等各阶段的全程教育救助体系。

（二）就业保障体系整合

一是完善城乡公共就业服务体系，健全全国就业信息公共服务网络，全面实现地区之间、城乡之间基本公共就业服务均等化。二是继续扩大失业保险覆盖面，实现失业保险参保率达到80%以上。三是继续扩大工伤保险覆盖面，实现工伤保险参保率达到80%以上。

（三）养老保障体系整合

一是建立统一的城镇职工基本养老保险制度。整合城镇企业职工基本养老保险制度与机关事业单位工作人员基本养老保险制度，建立统一的城镇职工基本养老保险制度，从制度层面解决机关事业单位与城镇企业职工之间的基本养老保险制度"双轨制"问题。二是完善城乡居民基本养老保险制度。在建立城乡居民基本养老保险制度的基础上，提高城乡居民基本养老保险的参保率，实现城乡居民基本养老保险的人员全覆盖，健全城乡居民基本养老保险制度的运行机制，提高城乡居民基本养老保险水平。三是健全城乡社会养老服务体系。提高社会养老服务体系的供给能力和服务水平，面向城乡全体老年人全面提供生活照料、家政服务、康复护理、医疗保健、精神慰藉和紧急救援等服务。

（四）医疗保障体系整合

一是完善城乡居民基本医疗保险制度。实现城乡居民基本医疗保险省级统筹，全面建立城乡居民基本医疗保险省内异地就医直接结算服务制度，提高城乡居民基本医疗保险标准。二是完善城镇职工基本医疗保险制度。实现城镇职工基本医疗保险制度省级统筹，建立城镇职工基本医疗保险跨省异地就医直接结算服务制度，满足跨省流动人口就医结算服务需求。三是继续扩大生育保险的覆盖面，实现生育保险参保率达到80%以上。四是全面建立城乡居民大病医疗保险制度，提高大病医疗保险水平；完善城乡医疗救助制度，提高城乡医疗救助水平。

（五）住房保障体系整合

建立"四位一体"的多层次住房保障体系，满足不同收入水平家庭的住房需求。一是适度建设普通商品住房，满足中高收入群体的住房需求；二是完善保障性商品房制度，为城镇中低收入家庭提供保障性商品住房；三是完善保障性租赁住房制度，为城镇最低收入人群（家庭）提供保障性租赁住房；四是完善托底性住房救助制度，为住房困难的城乡低保家庭和特困人员提供住房救助。

（六）生活保障体系整合

提高城乡居民最低生活保障制度的统筹层次，实现城乡居民最低生活保障制度市级（地、州）统筹，在统筹区域内逐步从"一套制度、两个标准"向"一套制度、一个标准"过渡。

## 三　高度整合阶段

高度整合阶段是社会福利体系整合的完善阶段，主要任务是进一步完善全面整合型福利体系，全面建成普遍整合型福利体系。

（一）教育保障体系整合

一是全面实施 15 年制义务教育。将三年学前教育、六年小学教育、三年初中教育、三年高中教育全部纳入义务教育体系，为提高全民人均教育年限、建设人力资源强国奠定坚实基础。二是全面实现省域内义务教育基本均衡发展。在实现市域范围内义务教育基本均衡发展的基础上，提高义务教育均衡发展的行政区划层次，全面实现省域范围内义务教育基本均衡发展。三是全面建成协调发展的普通高等教育与职业高等教育体系，均衡培养研究型与应用型的高级专门人才，全面提高高等教育质量。

（二）就业保障体系整合

一是完善部、省、市、县、乡（镇）五级公共就业服务体系和就业信息公共服务网络，实现基本公共就业服务和就业信息公共服务网络的地区全覆盖、城乡全覆盖。二是实现失业保险制度的人员全覆盖，失业保险参保率达到 95％以上。三是实现工伤保险制度的人员全覆盖，工伤保险参保率达到

95%以上。

(三) 养老保障体系整合

一是实现基础养老金全国统筹，建立全民基础养老金制度。整合城镇职工基本养老保险制度和城乡居民基本养老保险制度中的基础养老金制度，建立全国统一的全民基础养老基金制度，实现全国公平的基础养老金。至于社会养老保障中的职业差异、个人贡献和激励机制，可以通过"个人账户"、"职业年金"、"企业年金"等制度加以体现。二是健全城乡社会养老服务体系。提高社会养老服务体系的供给能力和服务水平，面向城乡全体老年人全面提供生活照料、家政服务、康复护理、医疗保健、精神慰藉和紧急救援等服务。

(四) 医疗保障体系整合

一是建立全民基本医疗保险制度。在实现省级统筹的基础上，整合城镇职工基本医疗保险制度和城乡居民基本医疗保险制度，建立全国统一的全民基本医疗保险制度，实现基本医疗保险制度全国统筹。二是建立基本医疗保险全国就医直接结算制度。实现基本医疗保险全国统筹，劳动者在全国范围内流动时，就不再需要转移基本医疗保险关系，可以直接结算就医费用。三是实现生育保险制度的人员全覆盖，生育保险参保率达到95%以上。

(五) 住房保障体系整合

完善"四位一体"的多层次住房保障体系，保证普通商品住房和保障性商品住房的有效供给，扩大保障性租赁住房的数量，提高保障性租赁住房的质量，扎牢托底性住房救助网络，全面实现全体人民"住有所居"目标。

(六) 生活保障体系整合

一是实现城乡居民最低生活保障制度省级统筹，在省级行政区域内逐步从"一套制度、两个标准"向"一套制度、一个标准"过渡。二是在省级层次实现城乡低保制度与农村五保制度整合，缩小补助差距，实现保障标准统一。

# 结束语

本书从大福利视阈出发，全面研究我国社会福利体系整合的必然趋势、理论基础、政策基础、实践基础、民意基础、基本任务、制约因素和实施对策，主要结论如下。

第一，加快社会福利体系整合是全面深化社会福利改革的必然选择。经过改革开放38年来的发展，我国基本建立起覆盖城乡居民基本福利需求的普遍型社会福利体系。与此同时，在社会福利普遍性增长过程中，也产生了城乡福利二元化、制度设置身份化、管理部门多头化、信息系统分散化和统筹范围地域化等福利碎片化现象。福利碎片化扩大了福利待遇差距、有悖于社会公平正义，导致重复参保现象、浪费公共财政资源，增加转移接续难度、阻碍劳动力自由流动，产生社会福利分化、影响社会和谐稳定，必须尽快跳出"碎片化陷阱"。加快推进社会福利体系整合，有利于增强社会福利公平，有利于提高福利管理效率，有利于提高制度统筹层次，有利于深化户籍制度改革，有利于推进新型城镇化建设。

第二，我国社会福利体系整合需要科学的理论支撑。社会建设理论、普遍福利理论、底线公平理论、基础整合理论和适度普惠福利理论，为我国社会福利体系整合提供了理论支持，对增强社会福利体系整合的效率性、公平性和持续性具有重要的指导意义。

第三，我国社会福利体系整合具备一定的政策基础。中国政府在扩大社会福利普遍性的同时高度重视社会福利碎片化问题，先后制定和出台了一系列政策文件，主要包括教育保障体系整合政策、就业保障体系整合政策、养老保障制度整合政策、医疗保障制度整合政策、住房保障制度整合政策和最低生活保障制度整合政策。这些政策在一定程度上为推进社会福利体系整合提供了相应依据，同时也存在着局限性，需要进一步修改与完善，以适应社会福利体系深化改革的需要。

第四，我国社会福利体系整合具有成功的实践基础。我国社会福利体系整合既需要中央的"顶层设计"，也需要主动的地方实践。重庆、厦门、苏州、红河等地方政府根据党和国家的相关政策，结合地方经济社会发展实际，积极开展社会福利体系整合的地方性探索，为推进全国社会福利体系整合积累了实践经验。

第五，我国社会福利体系整合具备坚实的民意基础。公民参与是社会福利政策的基石，社会福利体系整合必须具有坚实的民意基础。问卷调查结果表明，广大民众支持全面推进教育保障整合、就业保障整合、养老保障整合、医疗保障整合、住房保障整合、社会救助整合和社会服务整合，对社会福利体系整合具有较高的期待，对社会福利体系整合拥有丰富具体的意见和建议。

第六，我国社会福利体系整合受制于多种因素。社会福利体系并非独立的社会设置，而是"嵌入"中国社会的宏观结构之中。研究表明，制约我国社会福利体系整合的因素主要有经济因素、人口因素、体制因素、法制因素、政策因素、人才因素、技术因素和思想因素，它们制约社会福利体系整合的方式既有"单独作用模式"也有"综合作用模式"。提高我国社会福利体系整合的效率与质量，必须综合考虑这些因素的制约方式和制约机制。

第七，我国社会福利体系整合是一项系统工程。社会福利体系整合涉及方方面面，是一项艰巨复杂的社会系统工程。我国社会福利体系整合的基本任务包括社会福利制度整合、社会福利管理整合、社会福利政策整合、社会福利主体整合、社会福利类型整合和社会福利机制整合。完成社会福利体系整合的任务，需要总体布局，统筹规划，全面平衡。

第八，我国社会福利体系整合要讲究实施对策。在社会福利体系整合过程中，要全面坚持民生为本原则、政府主导原则、统筹城乡原则、利益平衡原则、持续发展原则和循序渐进原则，要持续不断地创造坚实的思想条件、经济条件、法制条件、政策条件、队伍条件和技术条件，要采取"三步走"策略，将经历低度整合、中度整合和高度整合三个发展阶段。

　　总之，全面推进社会福利体系整合是我国社会福利发展的必由之路，全面完成社会福利体系整合任务是一项伟大的社会建设，全面建成普遍整合型社会福利体系是全体中国人民的民生之幸！

# 主要参考文献

一 著作类

1. 毕天云：《社会福利场域的惯习：福利文化民族性的实证研究》，中国社会科学出版社 2004 年版。

2. 毕天云：《构建普遍整合型社会保障体系》，云南人民出版社 2015 年版。

3. 曹艳春：《我国适度普惠型社会福利制度发展研究》，上海人民出版社 2013 年版。

4. 江立华、沈洁：《中国城市社区福利》，社会科学文献出版社 2008 年版。

5. 景天魁主编：《基础整合的社会保障体系》，华夏出版社 2001 年版。

6. 景天魁：《底线公平：和谐社会的基础》，北京师范大学出版社 2009 年版。

7. 景天魁、毕天云、高和荣：《当代中国社会福利思想与制度》，中国社会出版社 2011 年版。

8. 景天魁：《底线公平福利模式》，中国社会科学出版社 2013 年版。

9. 景天魁等：《普遍整合的福利体系》，中国社会科学出版社 2014 年版。

10. 廖益光：《社会救助概论》，北京大学出版社 2009 年版。

11. 林义等：《统筹城乡社会保障制度建设研究》，社会科学文献出版社 2013 年版。

12. 孟令君主编：《中国慈善工作概论》，北京大学出版社 2008 年版。

13. 钱宁：《现代社会福利思想》，高等教育出版社 2006 年版。

14. 孙光德、董克用主编：《社会保障概论》，中国人民大学出版社 2000 年版。

15. 王洪春：《住房社会保障研究》，合肥工业大学出版社 2009 年版。

16. 王国军：《中国社会保障制度一体化研究》，科学出版社 2011 年版。

17. 王子今、刘悦斌、常宗虎：《中国社会福利史》，中国社会出版社 2002 年版。

18. 文林峰编著：《城镇住房保障》，中国发展出版社 2007 年版。

19. 郑功成：《社会保障学——理念、制度、实践与思辨》，商务印书馆 2001 年版。

20. 郑功成：《中国社会保障改革与发展战略》，人民出版社 2008 年版。

21. 郑功成：《中国社会保障 30 年》，人民出版社 2008 年版。

22. 郑功成主编：《中国社会保障改革与发展战略：总论卷》，人民出版社 2011 年版。

23. 郑功成主编：《中国社会保障改革与发展战略：养老保障卷》，人民出版社 2011 年版。

24. 郑功成主编：《中国社会保障改革与发展战略：医疗保障卷》，人民出版社 2011 年版。

25. 郑功成主编：《中国社会保障改革与发展战略：救助与福利卷》，人民出版社 2011 年版。

26. 中国发展研究基金会：《中国发展报告 2008/09：构建全民共享的发展型社会福利体系》，中国发展出版社 2009 年版。

27. 周良才：《中国社会福利》，北京大学出版社 2008 年版。

28. 周沛：《社会福利体系研究》，中国劳动社会保障出版社 2007 年版。

二 论文类

29. 安华：《养老保障和住房保障整合发展的探讨》，《中国行政管理》2006 年第 8 期。

30. 毕天云：《当代中国社会福利学术思想初探》，《学术探索》2011 年第 3 期。

31. 毕天云：《论普遍整合型社会福利体系》，《探索与争鸣》2011 年第 1 期。

32. 毕天云：《论大福利视阈下我国社会福利体系的整合》，《学习与实践》2012 年第 2 期。

33. 毕天云、朱珠：《社会福利公平与底线福利制度建设》，《云南民族大学学报》（哲学社会科学版）2013 年第 5 期。

34. 毕天云：《城乡居民社会保障制度普遍整合的实现路径》，《学术探索》2014 年第 11 期。

35. 毕天云：《略论我国社会保障体系整合的支撑条件》，《云南社会主义学院学报》2015 年第 2 期。

36. 毕天云：《我国会保障体系普遍整合的制约因素》，《学术探索》2015 年第 9 期。

37. 白维军：《我国农村养老保障的"碎片化"与制度整合》，《经济体制改革》2009 年第 4 期。

38. 常宗虎：《中国社会保障制度的总体思考——论建立目标整合的社会保障体系》，《中国民政》2002 年第 11 期。

39. 陈峰：《我国住房保障体系的优化重构——基于体系顶层设计视角的探讨》，《华中师范大学学报》（人文社会科学版）2012 年第 5 期。

40. 陈颐：《论我国社会养老保险的整合》，《学海》2009 年第 6 期。

41. 代恒猛：《社会救助政策的转型与整合——北京经验》，《当代世界社会主义问题》2009 年第 2 期。

42. 邓宏乾、王贤磊、陈峰：《我国保障住房供给体系并轨问题研究》，《华中师范大学学报》（人文社会科学版）2012 年第 5 期。

43. 丁建定：《中国社会保障制度整合与体系完善纵论》，《学习与实践》2012 年第 8 期。

44. 董海军、郭云珍：《中国社会福利分层：一个多维结构视角的分析》，《中共天津市委党校学报》2010 年第 1 期。

45. 窦玉沛：《中国社会福利的改革与发展》，《社会福利》2006 年第 10 期。

46. 窦玉沛：《社会福利事业将转为适度普惠型》，《政协天地》2007 年第 11 期。

47. 高和荣：《论整合型社会保障制度的建设》，《上海行政学院学报》2013 年第 2 期。

48. 高和荣、廖小航：《我国失业保险制度的实施与普遍整合》，《西北人口》2012 年第 1 期。

49. 关信平：《论我国社会保障制度一体化建设的意义及相关政策》，《东岳论丛》2011 年第 5 期。

50. 顾雪非：《基本医疗保险制度整合路径的探讨——基于公平的视角》，《卫生经济研究》2013 年第 11 期。

51. 耿爱生：《医保制度中农民工重复参保问题透析》，《湛江师范学院学报》2013 年第 2 期。

52. 郝俊杰：《重庆推进城乡教育统筹发展的成效、问题与对策》，《西部论坛》2013 年第 5 期。

53. 何克春、袁红梅、陈亚炜等：《基本医疗保险制度下三种不同险种制度之间的整合与衔接》，《中国社会医学杂志》2012 年第 5 期。

54. 何文炯：《中国社会保障发展与展望》，《社会保障研究》2013 年第 1 期。

55. 贾丽萍：《新型农村养老保险和城市居民养老保险运行情况及制度整合研究——以吉林省为个案的分析》，《社会科学战线》2013 年第 5 期。

56. 景天魁：《中国社会保障的理念基础》，《吉林大学社会科学学报》2003 年第 5 期。

57. 景天魁：《底线公平与社会保障的柔性调节》，《社会学研究》2004 年第 6 期。

58. 景天魁：《社会保障：公平社会的基础》，《中国社会科学院研究生院学报》2006 年第 6 期。

59. 景天魁、毕天云：《从小福利迈向大福利：中国特色福利制度的新阶段》，《理论前沿》2009 年第 11 期。

30. 景天魁：《社会福利发展路径：从制度覆盖到体系整合》，《探索与争鸣》2013 年第 2 期。

61. 景天魁：《民生建设的"中国梦"：中国特色福利社会》，《探索与争鸣》2013 年第 8 期。

62. 景天魁：《底线公平：公平与发展相均衡的福利基点》，《北京工业大学学报》（社会科学版）2015 年第 1 期。

63. 黎民：《社会保障领域的道德风险及其规避》，《社会科学研究》2014 年第 5 期。

64. 李薇、丁建定：《主体整合：构建中国多元化社会救助制度》，《社会保障研究》2013 年第 2 期。

65. 李薇：《论城乡最低生活保障制度结构体系的整合》，《探索》2013 年第 5 期。

66. 李迎生：《探索中国社会保障体系的城乡整合之路》，《浙江学刊》2001 年第 5 期。

67. 林闽钢：《中国社会救助体系的整合》，《学海》2010 年第 4 期。

68. 刘昌平、殷宝明：《农村养老社会保障体系整合路径及政策选择》，《西北大学学报》（哲学社会科学版）2013 年第 4 期。

69. 刘明慧：《社会救助的城乡整合研究》，《财政研究》2005 年第 4 期。

70. 鲁全：《养老保障制度的整合分析框架及其应用》，《中国人民大学学报》2008 年第 3 期。

71. 吕萍、甄辉：《城乡统筹发展中统一住房保障体系的建设》，《城市发展研究》2010 年第 1 期。

72. 彭华民：《中国组合式普惠型社会福利制度的构建》，《学术月刊》2011 年第 10 期。

73. 彭华民：《制度主义视角下的中国反贫困政策研究》，《社会建设》2014 年第 1 期。

74. 彭华民：《中国社会救助政策创新的制度分析：范式嵌入、理念转型与福利提供》，《学术月刊》2015 年第 1 期。

75. 齐红芳、曾瑞明：《近年来关于适度普惠型社会福利的研究综述》，《社会保障研究》2011 年第 5 期。

76. 申曙光、侯小娟：《我国社会医疗保险制度的"碎片化"与制度整合目标》，《广东社会科学》2012 年第 3 期。

77. 申曙光、侯小娟：《我国社会医疗保险制度整合的内涵与条件》，《湖湘论坛》2012 年第 4 期。

78. 申曙光、李亚青、侯小鹃：《医保制度整合与全民医保的发展》，《学术研究》2012 年第 12 期。

79. 唐钧：《基础—整合的失业保障方案》，《中国改革》2001 年第 5 期。

80. 王东进：《切实加快医疗保险城乡统筹的步伐》，《中国医疗保险》2010 年第 8 期。

81. 王逵昱：《整合住房保障机构　完善住房保障体系》，《中国房地产》2008 年第 4 期。

82. 王绍光：《中国仍然是低福利国家吗？——比较视角下的中国社会保护"新跃进"》，《学术前沿》2013 年第 22 期。

83. 王思斌：《我国适度普惠型社会福利制度的建构》，《北京大学学报》2009 年第 3 期。

84. 王亚柯、王宾、韩冰洁等：《我国养老保障水平差异研究——基于替代率与相对水平的比较分析》，《管理世界》2013 年第 8 期。

85. 王争亚、吕学静：《我国最低生活保障制度城乡一体化研究——以基本公共服务均等化为研究视角》，《中国劳动》2014 年第 8 期。

86. 卫生部农村卫生管理司：《农村卫生司进行新型农村合作医疗管理与经办机构调查》，《农村卫生工作通讯》2006 年第 14 期。

87. 韦樟清：《社会养老保险制度整合模式研究——基于养老保险关系转移接续视角》，《福建农林大学学报》（哲学社会科学版）2012 年第 3 期。

88. 蔚志新：《乡—城流动人口参加基本养老保险城乡统筹分析——基于〈社会保险法〉规定的基本养老保险制度》，《中国社会科学院研究生学报》2014 年第 1 期。

89. 吴春霞：《中国城乡义务教育经费差距演变与影响》，《教育科学》2007 年第 6 期。

90. 夏学銮：《构建整合社会福利制度探讨》，《北京大学学报》（哲学社会科学版）2006 年第 3 期。

91. 夏艳清：《城镇职工医保个人账户应保留还是取消——基于部分地区医保个人账户抽样调查数据的分析》，《宏观经济研究》2014 年第 4 期。

92. 薛惠元、张翼：《医疗保险个人账户何去何从———一个研究述评》，《广西经济管理干部学院学报》2010 年第 3 期。

93. 严国萍：《当代中国碎片化社会福利体制的形成与突破》，《中国行政管理》2014 年第 7 期。

94. 杨宜勇、高言：《关于整合我国就业保障体系的建议》，《中国经贸导刊》2012 年 8 月（下）。

95. 杨燕绥：《小康社会目标与社会保障整合发展》，《中国社会保障》2003 年第 3 期。

96. 杨燕绥、张曼：《社会保险“五险整合”运作模式研究》，《广西社会科学》2010 年第 9 期。

97. 张毓辉、万泉、翟铁民等：《2012 年中国卫生总费用核算结果与分析》，《中国卫生经济》2014 年第 2 期。

98. 翟雅娟：《劳动保障信息平台的整合与城乡统筹就业的促进》，《中国就业》2007 年第 2 期。

99. 赵东辉、汪早立：《我国基本医疗保障制度整合路径探析———从覆盖人群特征分析》，《卫生经济研究》2013 年第 5 期。

100. 赵建国、杨燕绥：《中国社会保障体系的整合发展与重构———基于就业方式变革趋势下的分析》，《劳动保障世界》2010 年第 1 期。

101. 郑秉文：《中国社保“碎片化制度”危害与“碎片化冲动”探源》，《甘肃社会科学》2009 年第 3 期。

102. 郑秉文：《扩大社保制度覆盖范围：国际经验与教训》，《思想工作》2009 年第 4 期。

103. 郑秉文：《中国社会保险经办服务体系的现状、问题及改革思路》，《中国人口科学》2013 年第 6 期。

104. 郑秉文：《人社部门管理医疗保险的十条理由》，《中国医疗保险》2013 年第 5 期。

105. 郑真真、杨舸：《中国人口流动现状及未来趋势》，《人民论坛》2013 年第 11 期。

106. “中国社会保障体系研究”课题组：《中国社会保障制度改革：反思与重构》，《社会学研究》2000 年第 6 期。

107. 朱坤、程晓明等：《新型农村合作医疗门诊家庭账户分析》，《中国卫生资源》2007 年第 3 期。

108. 祝建华、倪克敏：《最低生活保障制度城乡统筹发展过程中服务输送机制的完善》，《浙江工业大学学报》（社会科学版）2015 年第 3 期。

109. 邹贵海、刘峥：《社会救助制度道德风险及防范》，《道德与文明》2010 年第 3 期。

### 三　政策文件类

110.《中共中央　国务院关于进一步加强农村卫生工作的决定》（中发〔2002〕13 号）

111.《中共中央　国务院关于深化医药卫生体制改革的意见》（中发〔2009〕6 号）

112.《国务院关于建立统一的企业职工基本养老保险制度的决定》（国发〔1997〕26 号）

113.《国务院关于建立城镇职工基本医疗保险制度的决定》（国发〔1998〕44 号）

114.《国务院关于开展城镇居民基本医疗保险试点的指导意见》（国发〔2007〕20 号）

115.《国务院关于开展新型农村社会养老保险试点的指导意见》（国发〔2009〕32 号）

116.《国务院关于开展城镇居民社会养老保险试点的指导意见》（国发〔2011〕18 号）

117.《国务院关于进一步加强和改进最低生活保障工作的意见》（国发〔2012〕45 号）

118.《国务院关于深入推进义务教育均衡发展的意见》（国发〔2012〕48 号）

119.《国务院关于建立统一的城乡居民基本养老保险制度的意见》（国发〔2014〕8 号）

120.《国务院关于机关事业单位工作人员养老保险制度改革的决定》（国发〔2015〕2 号）

121.《国务院关于整合城乡居民基本医疗保险制度的意见》（国发〔2016〕3 号）

122.《国务院办公厅关于转发人力资源和社会保障部 财政部〈城镇企业职工基本养老保险关系转移接续暂行办法的通知〉》（国办发〔2009〕66 号）

123.《国务院办公厅关于印发机关事业单位职业年金办法的通知》（国办发〔2015〕18 号）

124.《国务院办公厅转发民政部等部门关于进一步完善医疗救助制度全面开展重特大疾病医疗救助工作意见的通知》（国办发〔2015〕30 号）

125.《国务院办公厅关于全面实施城乡居民大病保险的意见》（国办发〔2015〕57 号）

126. 劳动和社会保障部、财政部、人事部等：《关于职工在机关事业单位与企业之间流动时社会保险关系处理意见的通知》（劳社部发〔2001〕13 号）

127. 人力资源和社会保障部、财政部、卫生部：《关于开展城镇居民基本医疗保险门诊统筹的指导意见》（人社部发〔2009〕66 号）

128. 人力资源和社会保障部：《关于推进公共就业服务信息化建设工作的指导意见》（人社部发〔2009〕186 号）

129. 人力资源和社会保障部、财政部：《关于基本医疗保险异地就医结算服务工作的意见》（人社部发〔2009〕190 号）

130. 人力资源和社会保障部、卫生部、财政部：《关于印发〈流动就业人员基本医疗保障关系转移接续暂行办法〉的通知》（人社部发〔2009〕191 号）

131. 人力资源和社会保障部：《关于建立全国就业信息监测制度的通知》（人社部发〔2010〕86 号）

132. 人力资源和社会保障部：《关于加快推进就业信息公共服务网络建设的通知》（人社部发〔2011〕101 号）

133. 人力资源和社会保障部、财政部：《关于印发〈城乡养老保险制度衔接暂行办法〉的通知》（人社部发〔2014〕17 号）

134. 人力资源和社会保障部、财政部、国家卫生和计划生育委员会：

《关于进一步做好基本医疗保险异地就医医疗费用结算工作的指导意见》（人社部发〔2014〕93号）

135. 人力资源和社会保障部：《关于机关事业单位工作人员养老保险信息系统建设指导意见》（人社部发〔2015〕52号）

136. 人力资源和社会保障部、国家发展和改革委员会、财政部、国家卫生和计划生育委员会：《关于印发〈关于做好进城落户农民参加基本医疗保险和关系转移接续工作的办法〉的通知》（人社部发〔2015〕80号）

137. 人力资源和社会保障部、财政部：《关于印发〈在京中央国家机关事业单位工作人员养老保险制度改革实施办法〉的通知》（人社部发〔2015〕112号）

138. 人力资源和社会保障部：《关于做好贯彻落实〈国务院关于整合城乡居民基本医疗保险制度的意见〉有关工作的通知》（人社部发〔2016〕6号）

139. 国家卫生计生委、财政部：《关于做好新型农村合作医疗跨省就医费用核查和结报工作的指导意见》（国卫基层发〔2015〕46号）

140. 民政部、财政部、卫生部等：《关于进一步完善城乡医疗救助制度的意见》（民发〔2009〕81号）

141. 住房和城乡建设部、财政部、发改委：《关于公共租赁住房和廉租住房并轨运行的通知》（建保〔2013〕178号）

**四　统计公报类**

142. 国家统计局：《2001—2014年国民经济和社会发展统计公报》

143. 劳动和社会保障部：《2001—2007年劳动和社会保障事业发展统计公报》

144. 人力资源和社会保障部：《2008—2015年人力资源和社会保障事业发展统计公报》

145. 卫生部：《2001—2011年我国卫生事业发展统计公报》

146. 国家卫生和计划生育委员会：《2012—2014年我国卫生和计划生育事业发展统计公报》

147. 民政部：《2006—2009年民政事业发展统计公报》、《2010—2014

年社会服务事业发展统计公报》

148. 教育部:《2003—2014 年全国教育事业发展统计公报》

149. 中国残疾人联合会:《2013—2014 年中国残疾人事业发展统计公报》

150. 重庆市统计局:《2007—2014 年重庆市国民经济和社会发展统计公报》

151. 厦门市统计局:《2007—2014 年厦门市国民经济和社会发展统计公报》

152. 苏州市统计局:《2008—2014 年苏州市国民经济和社会发展统计公报》

153. 红河州统计局:《2008—2014 年红河州国民经济和社会发展统计公报》

# 后　记

　　本书是在 2011 年度国家社会科学基金项目"大福利视阈下的我国社会福利体系整合问题研究"（批准号：11BSH064）结项成果基础上修改而成的。该课题于 2011 年 7 月立项，2015 年 12 月结项（证书号：20151923），历时四年多完成。在研究过程中以论文形式发表了系列阶段性成果，其中的代表性论文《论大福利视阈下我国社会福利体系的整合》于 2014 年 4 月获云南省第十七次哲学社会科学优秀成果奖（证书号：17B134）。

　　2016 年 1 月至 2 月，根据我国社会福利体系整合的新政策和新进展，对结项成果《大福利视阈下的我国社会福利体系整合问题研究》进行了及时修改、补充和完善，形成正式书稿《大福利视阈下的中国社会福利体系整合研究》。3 月初，本书稿申报 2016 年度《云南省哲学社会科学成果文库》出版资助。5 月初，经云南省哲学社会科学规划办公室组织的资格审查、匿名审读、会议评审等程序，本书稿最终入选云南省哲学社会科学成果文库。书稿入选文库后，认真听收了评审专家的修改意见，对部分章节进行了修改、校对和完善，补充了最新的政策精神和统计数据，于 6 月 6 日定稿。

　　当前，我国社会福利事业正处于从"普遍—碎片型"向"普遍—整合型"转变的关键时期，全面推进社会福利体系整合是提高我国社会福利公平性、适应性和持续性的重要途径。本书突破传统的"小福利"概念，从"大福利"视角出发，系统阐述了我国社会福利体系整合的必然趋势、理论基础、政策基础、实践基础、民意基础、基本任务、制约因素和实施对策，努力回答我国社会福利体系整合中所面临的理论和实践问题。

　　本书得以完成和出版，要衷心感谢课题组同人的团结合作！感谢评审专家的宝贵意见！感谢云南省哲学社会科学规划办公室的经费支持！感谢中国社会科学出版社重大项目出版中心主任王茵女士、责任编辑孙萍女士的辛勤付出！

课题完成有期限，科学研究无止境，学术永远在路上。从大福利视角研究中国社会福利体系整合具有较多的探索性，书中难免存在不妥之处。敬请广大读者在阅读本书时给予批评指正。

毕天云

2016 年 6 月 6 日于昆明呈贡雨花毓秀小区